城市基础设施更新技术丛书

# 消防监督管理
# 与消防技术研究

李 敬 韩 冰 徐 晶 主 编

哈尔滨工程大学出版社
Harbin Engineering University Press

## 内容简介

本书从完善和创新城市消防安全管理的理念、方法和手段的角度入手,以较简洁通俗的语言来阐述单位消防安全中最基本的知识范畴,以较直接且贴近实际的方式规范单位在消防安全管理、消防安全检查和火灾应急处置方面的流程,力求理论和实践相统一,达到实用性高,操作性强的目的,以方便各单位相关管理人员学习和掌握。同时,本书也可作为单位消防设施操作员、消防设施检测人员、企业专兼职消防人员的培训参考书。

**图书在版编目(CIP)数据**

消防监督管理与消防技术研究/李敬,韩冰,徐晶主编. —哈尔滨:哈尔滨工程大学出版社,2024.3
　　ISBN 978-7-5661-4280-1

　　Ⅰ.①消…　Ⅱ.①李…②韩…③徐…　Ⅲ.①消防-监督管理-研究-中国②消防-技术-研究-中国　Ⅳ.①D631.6②TU998.1

中国国家版本馆 CIP 数据核字(2024)第 054795 号

消防监督管理与消防技术研究
XIAOFANG JIANDU GUANLI YU XIAOFANG JISHU YANJIU

选题策划　田　婧
责任编辑　张　彦　王雨石
封面设计　李海波

出版发行　哈尔滨工程大学出版社
社　　址　哈尔滨市南岗区南通大街 145 号
邮政编码　150001
发行电话　0451-82519328
传　　真　0451-82519699
经　　销　新华书店
印　　刷　哈尔滨午阳印刷有限公司
开　　本　787 mm×1 092 mm　1/16
印　　张　12.75
字　　数　338 千字
版　　次　2024 年 3 月第 1 版
印　　次　2024 年 3 月第 1 次印刷
书　　号　ISBN 978-7-5661-4280-1
定　　价　59.80 元
http://www.hrbeupress.com
E-mail:heupress@hrbeu.edu.cn

# 前　　言

水是最常用的灭火剂,建筑消防给水系统和自动喷水灭火系统是工业与民用建筑中广泛应用的固定消防设施,承担扑救建筑火灾的重要职责。随着城市精细化管理要求的不断提高,消防设施的设计、施工及维护的技术与管理水平亦应与时俱进,不断提高。

消防与每个人息息相关,在生活中无处不在,时时会出现在我们身边。因此,学习消防知识,掌握火灾逃生技能,对每个人来说,都是对自身和他人生命、财产的呵护。

本书为消防应用技术的专门读物,主要介绍了建筑消防系统和安全防护系统的基本概念、工作原理、消防工程技术、消防管理等基本内容。本书将消防安全基础、消防技术和消防管理分开介绍,由浅入深、由表及里,较系统地介绍了消防工程的学科特点、涵盖的主要内容以及消防工程专业的背景与发展。本书力求简明扼要、通俗易懂,通过大量的分析图表,介绍了消防工程涉及的多个领域的专业知识,既体现了消防工程专业知识内容的基础性、理论性和系统性,又体现了消防工程综合性、交叉性的学科特点以及消防工程行业的专业性、技术性、应用性和拓展性。基于理论与实践相结合的原则,本书力求实用,有针对性。本书从认识消防基础知识入手,让读者对消防的含义、历史传承、消防救援队伍的组成有所了解,进而了解家庭、学校、公共场所等的火灾隐患,从而掌握有效防范和消除这些火灾隐患及在关键时刻逃生自救等的相关常识。

随着时代的发展,消防科普知识也要与时俱进。在本书编写过程中,编者一方面对旧知识进行整理与筛除,另一方面针对近年来的消防新知识、新问题予以梳理和补充,加入了适应现代生活的新内容,增强了实用性。相比现有同类读本,本书在内容上有所突破。

限于编者的水平和能力,书中难免有不足之处,敬请广大读者批评指正,以便对内容进行及时完善,更好地服务于消防宣传。

编　者

2023 年 12 月

# 目　　录

# 第一章　消防监督检查的基本规定与技术装备

## 第一节　消防监督检查的性质、特点和作用

消防监督检查是国家赋予公安消防机构的一项重要职责。公安消防机构应当对机关、团体、企业、事业单位遵守消防法律、法规的情况依法进行监督检查。

### 一、消防监督检查的性质

消防监督检查是行政机关的执法行为。由公安消防机构依法对机关、团体、企业、事业单位遵守消防法律、法规情况进行监督检查；对违反消防法律、法规行为责令改正，并依法实施行政处罚。

消防监督检查是国家消防监督制度的主要组成部分，是预防火灾和减少火灾危害，保护公民人身、公共财产和公民财产安全，维护公共安全的有效措施。1957年，全国人民代表大会常务委员会第八十六次会议批准的第一部消防法律《消防监督条例》确立了国家施行消防监督制度，明确规定"消防监督工作，由各级公安机关实施"。1984年在改革开放初期，第六届全国人民代表大会常务委员会第五次会议批准的《中华人民共和国消防条例》进一步明确规定，县级以上公安机关设立消防监督机构，负责消防监督工作，并赋予包括消防监督检查在内的十一项职权。2008年，第十一届全国人民代表大会常务委员会第五次会议修订《中华人民共和国消防法》，进一步明确了消防监督检查的权限和任务。公安部制定了《消防监督检查规定》，从而使消防监督制度更加完善，体现了依法治国的基本方略。

### 二、消防监督检查的特点

消防监督检查是公安消防机构依法行使的消防监督管理职责，具有以下几个特点。

（一）权威性

消防监督检查是法律赋予的职责，并且依据国家和地方消防（或与之有关的）法律法规，具有权威性。

（二）强制性

消防法律、法规对公民、法人和其他组织具有普遍约束力。公安消防机构对机关、团体、企业、事业单位的消防监督检查不受时间和场所的限制，不管被监督者是否愿意接受，监督检查具有强制作用。这种监督检查不同于企业、事业单位内部的防火检查，单位内部

的防火检查是企业事业单位自身的管理行为,不是执法行为。

### (三)客观公正性

消防监督检查是一种抽查性检查,通过监督检查,督促企业、事业单位履行消防安全职责。公安消防机构在检查中发现和纠正违反消防法律、法规的行为,提出整改意见,消除火灾隐患,逾期不改的,依法实施处罚。监督检查的目的是纠正,辅之以处罚,具有客观公正性。

### 三、检查形式

(1)对单位(场所)履行法定消防安全职责情况的监督检查。
(2)对举报投诉的消防安全违法行为的核查。
(3)对居民住宅区物业服务企业、居(村)民委员会履行消防安全职责情况的监督检查。
(4)根据需要进行的其他消防监督检查。

### 四、消防监督检查的作用

#### (一)督促作用

督促企业、事业单位切实贯彻预防为主,防消结合的消防工作方针,落实消防安全责任制。预防为主,防消结合这一方针是我国人民同火灾做斗争的科学总结,它正确反映了消防工作的客观规律。企业、事业单位应当认真贯彻落实各项消防法律、法规,制定消防安全管理制度和技术措施,切实落实消防安全责任制和逐级防火责任制。公安消防机关依法进行检查、监督,促进消防工作经常化、制度化。

#### (二)纠正作用

及时发现和纠正违反消防法律、法规的行为,消除火灾隐患。当前,由于人们的消防法制意识和安全意识不强,忽视消防安全,违法、违章行为时有发生。据统计,每年由于违法、违章造成的火灾约占火灾总数的一半,给社会造成了很大危害。消防监督检查通过正确地行使法律手段,可以纠正违法、违章行为,消除火灾隐患,保障消防安全。

## 第二节　公众聚集场所投入使用、 营业前的消防安全检查

《中华人民共和国消防法》(以下简称《消防法》)规定,公众聚集场所在投入使用、营业前,建设单位或者使用单位应当向场所所在地的县级以上地方人民政府消防救援机构申请消防安全检查。

在我国经济建设发展的强大推动下,人们的生活水平大大提高,城市建设规模也呈现出明显的增长趋势,公众聚集场所越来越多,所以火灾发生率也不容忽视。公众聚集场所的火灾问题,严重威胁着人们的人身安全和财产安全,所以我国对消防安全提出了明确的

要求,做好消防安全管理工作,避免火灾的出现,构建安全、稳定的公众聚集场所。

## 一、公众聚集场所火灾的特点分析

公众聚集场所火灾具有如下三个特点。

第一,人员伤亡严重。对于公众聚集场所,如果建筑防火与国家规范要求不相符,再加上缺少齐全的消防设施,一旦出现火灾,极容易造成伤亡事故,而且人们的自救逃生训练缺失,其后果不堪设想。

第二,经济损失严重。现阶段,社会物质财富呈现出明显的增长趋势,有效扩大了公众聚集场所的发展规模,涌现出了较多的综合性高层建筑。在这些场所中,人员具有较高的集中性,其设备和流通物品数量不计其数,如果出现火灾,其经济损失的严重性不可估量。

第三,政治影响深远。公众聚集场所关系到人们的衣食住行各个方面,而且也是新闻传播的一大重要媒介,面对火灾造成的严重伤亡现象,其政治影响程度非常巨大。

## 二、公众聚集场所存在的消防安全隐患

### (一)缺少完善的消防设施

在公众聚集场所的建筑设计中,对消防给水系统、火灾自动报警系统等进行了设置,一些单位尚未充分了解消防的法律、法规,在建筑过程中,出于节约建筑资金的目的,对消防设施予以擅自更改。同时,相关从业人员的消防知识并不完善,尚未对维护和修理等予以高度重视,消防设备不完善,从而造成不必要的经济损失。

### (二)非法使用非耐火材料

目前,一些商人对于经济效益过于注重,违法改建公共场所,乱建行为比较严重,甚至对建筑物的用电线路进行随意更改,一定程度上增大了建筑物的用电负荷。同时,质量较差的材料的使用,极大加剧了火灾风险。此外,在场所内装饰过程中,部分违法分子有偷工减料等不良行为,用一些聚酯材料代替耐火材料,火灾事故出现时,聚酯材料燃烧,会造成一氧化碳、甲醛等有害气体的出现,从而不利于维护人们的生命、财产安全。

### (三)消防安全管理力度不足

现阶段,一些业主欠缺完善的消防安全意识,没有对场所的火灾危险性予以高度重视,也尚未有效改造和维护消防设施,而且执行力差。消防安全重点单位,没有对消防安全管理人进行明确,防火重点部位的标识缺失,单位员工的火灾隐患检查能力、组织人员疏散能力等有待提升。此外,多业主场所各方在承租合同中,虽然对各方的消防安全责任进行了明确,但是没有对消防设计审验的申报予以高度重视,也引发了相关违法行为,如对公共消防设施进行损坏等。

第一,一些饭店、超市、商店等场所,未经消防救援机构许可,即投入营业,办理消防行政许可缺乏约束力,特别是在当前消防执法改革、"放管服"改革及优化营商环境的深入推进过程中,大力取消前置审批、实行"证照分离"等便民利企措施的推行,使消防行政许可工作面临严峻挑战,出现放管脱节,放松对事中、事后监管,监管缺位等现象。

第二,消防管理水平参差不齐,消防安全工作的落实及监督存在滞后性等,会造成如下问题:一是先天性火灾隐患暴露,如防火间距不足、无消防水源等;二是后天性重大隐患产生,如未安装自动灭火设施、装修材料燃烧性能等级低等。进而出现以下两种情况:一是虽

有经济能力整改,但因费用高昂,致使部分或故意拖延,或拒不整改;二是无力整改或无法整改,这使得经营场所和个人或不配合消防工作,或自我关停。

第三,部分公众聚集场所更换法定代表人(经营者)、名称等较为频繁,场所使用性质、装修设计等未发生改变;大型酒店、商场整体办理了公众聚集场所投入使用、营业前的消防安全检查,之后部分区域转让给不同业主、使用者,装修、改建后经营饭店、公共娱乐场所等。按照法律、法规要求,以上需要重新办理公众聚集场所投入使用许可、进行营业前的消防安全检查,但符合此种情况的公众聚集场所按规定进行此程序的办理率较低。

第四,消防执法人员监管不到位,选择性执法、执法不严及业务量逐渐增加等主客观因素,造成未严格开展办理公众聚集场所投入使用许可、营业前的消防安全检查工作,很多场所违规营业、"带病"运转,火灾隐患整改得不到专业指导,违法行为得不到惩处。

第五,消防监督管理体制不够完善,责任制未得到有效落实,相关部门未履行各自职责,未对本行业、本系统开展消防安全管理,使得消防监管的主要基础不牢,根本抓手不足。部门之间不沟通、不协调,企业群众"办事难"。

### (四)消防安全责任主体意识有待提高

一些单位的消防责任制的落实力度不足,对于消防工作的开展产生了诸多不利的影响。而且一些单位对于短期经济效益过于注重,针对消防机构提出的火灾隐患问题,其处理态度是比较散漫的,甚至在经费缺失的影响下,拒绝实施整改。此外,一些建筑工程项目施工和申报同时进行,在没有经过消防部门审批的情况下,擅自施工,从而留下了火灾隐患。

第一,消防法律、法规普及率低,部分经营场所和个人不清楚公共聚集场所未经消防救援机构许可不得投入使用、营业,也不知道擅自投入使用、营业是违法行为,需要承担相应的法律责任。

第二,消防安全意识淡薄,部分经营场所和个人抱着得过且过的思想,未意识到公众聚集场所有人员密集、可燃物较多等特点,一旦发生火灾,极易造成人员伤亡及较大财产损失和社会影响,法律后果严重。

第三,近几年,瑜伽馆、健身房、练舞房等不断增多,它们均属于公众聚集场所,需要办理业前检查,但消防执法人员对此项工作掌握不到位,经营场所和个人更是不清楚。

第四,因个人需办理贷款等主客观原因,只办理注册了公众聚集场所营业执照,实际未营业。

## 三、改进营业前消防安全检查工作的对策

### (一)拓宽许可告知渠道

与行政审批和政务服务、市场监督管理部门积极对接,形成长效合作机制,在公众聚集场所申请营业执照时,以书面形式一次性告知其在投入使用、营业前应当依法申请消防安全检查的相关内容。针对消防安全检查工作的本质与突出特点,需要对检查工作内容、消防法规等关键内容进行明确告知,普及消防安全工作的重要性,让消防安全建设凸显出长远性。

### (二)大力开展宣传、警示

通过电视、广播、电子屏、互联网等多种方式,对公众聚集场所投入使用、营业前消防安

全检查管理的范围进行科学明确,掌握相应依据与条件,同时对工作程序做到全面性了解,对相关的法律责任等内容进行公告,对典型执法案例进行宣传,提高群众对消防法律、法规的关注度、知晓度及敬畏感。与此同时,提高公众聚集场所的消防意识,对中央决策部署做到细致化落实,特别是注意"证照分离"的深化,让消防执法改革逐渐深化,实现"放管服"改革。对于事中、事后的监管必须做到重视,保证营商环境得以持续优化,使市场主体潜在创业活力有效释放。具体而言,一是保证实现营业前消防安全检查告知承诺管理;二是对违法行为进行遏制,同时设计相应法律责任,保证各单位对《消防法》有进一步理解,抓好各阶段宣传与警示工作,从而将消防责任与经营信用做到充分结合,实现市场监管环境不断优化,也有利于市场自由度有效提升。在执法原则的遵循下,日常消防工作及管理细则也应明确,让公众聚集场所经营者形成自觉性,让许可制巧妙转换为承诺制,有力推动消防监督执法机构各阶段宣传工作。

### (三)全面排查实时跟进

开展消防安全检查时,重点掌握辖区小型饭店等是否依法通过投入使用、营业前消防安全检查,并将情况及时反馈至所在地的消防救援机构。申请人必须通过消防业务处理窗口、政务服务平台等方式提交场所消防设施详细平面图、应急疏散预案、场所平面布置图等,特别是保证行政法规相关材料的全面性。

运用好"国家企业信用信息公示系统",查询、掌握辖区内办理营业执照的公众聚集场所相关信息,安排监督人员进行逐一排查;根据需要对拟投入使用、营业的场所,通过约谈、技术服务等方式督促申请投入使用、营业前消防安全检查。为做好实时跟进,消防机构需要对营业场所进行随机方式抽查,对于与承诺内容不同的行为,必须予以严厉处罚,若达到查封条件,必须予以临时查封。在此基础上,需要自核查之日开始3个工作日之内向营业场所送达正规的限期改正通知书。待责令限期改正期满时,消防机构需要再一次复查,若依然有不进行整改,或者虽然进行整改但依旧未能满足消防要求的营业场所,可以依法对其营业许可进行撤销。

### (四)提升质效、规范执法

严格按照《中华人民共和国行政处罚法》《消防法》等现行法律法规和相关政策性文件,规范监督执法程序,督促火灾隐患整改,惩处消防违法行为;同时将突出情况函告相关行业主管部门;对于符合不予、从轻或减轻及从重处罚条件的,要严格落实,并确保证据充分。在现场核查基础上,为了保证执法规范,申请人需要通过消防业务窗口或服务平台递交营业执照、消防安全制度等内容,保证满足消防要求。

### (五)建立联合监管机制

在落实各项改革措施等过程中出现的新情况、新问题,要会同有关部门及时协商解决,防止出现工作脱节;要与国家发展和改革委员会、住房和城乡建设部等部门积极沟通,建立联审联批、会商会审等协作机制,形成监管合力。在新时期下,各级消防机构必须依法督促,将主体责任制全面落实,让行业自律能力有效提升,同时规范行业行为。基于行业标准,若出现与国家标准不相符合,未达到行业相关标准的活动,必须予以严处。当出现严重情节时,应吊销相应资格,责令其停业。对于监督执法形式更应做到大力创新:一是选用双人检查方式,同时将其与双人核查进行有效结合,不仅使公众聚集场所的消防安全检查工作质量有所提升,也能对公众聚集场所进行具体筛查,避免出现消防漏洞。二是做好事前监督,将公众聚集场所的消防安全检查移至场所装修之前。消防部门应提出与消防安全技术标准相关的指导意见,将先天性、后天性事故隐患逐渐减少。例如,在公众聚集场所投入使用前要求责任主体做出承诺,与改革精神相契合。三是借助社会力量完成联合监管,对公众聚集场所的建筑消防设施、各类管路、电线线路等完成综合监测与消防安全评估。保证根据消防类法律每年对其至少完成一次的全面消防检查,发挥出监管机制应有的作用。

### (六)强化信用监管

对承诺严重失实、存在重大火灾隐患、拒不改正违法、违规行为和多次违法、违规的单位与个人,推送至国家企业信用信息公示系统,实现联合惩戒。对于日常消防检查,需要对服务质量进行抽查,特别在火灾事故调查过程中对服务机构责任进行倒查,避免出具虚假文件。例如,一旦造成重大损失,相关部门将马上对其营业执照进行吊销操作,通过终身市场禁入方式进行严惩。若有严重失信情况,则应将其失信记录纳入全国企业信用信息公示平台,最大限度地强化信用监管力度和实现联合性惩戒。

### (七)进行督导核查

落实上级核查执法工作,实地抽查各地社会单位,对监督管理开展情况进行复核,以避免消防管理中出现违法行为,弥补业务能力不足,推动消防监督执法责任落实。在此基础上,组织全体执法人员参与执法条文的学习,从而结合时代特征,把握立法精神,对工作方案进行统一执行。相关管理人员还应借助媒体优势,通过多样化方式完成法律条文的深层解读工作,企业与群众能够对监督核查工作有全新了解,同时通过技术服务活动能让各项法律制度得到细致化落实。

### (八)规范、取消部分公众聚集场所消防行政许可的办理

办理消防行政许可的目的在于预防安全事故,保障人民群众的财产安全,服务社会。目前,《消防法》中规定,公众聚集场所在投入使用、营业前应当申请消防安全检查,但有一些面积小、火灾风险较小的场所,如小型药店、陶瓷店等,需要办理许可的必要性有待探讨。建议根据面积、营业性质等进行分类、设置办理标准,杜绝出现"一刀切"现象;消防机构进行实地考察,免除部分场所消防行政许可的强制办理。除此之外,结合公众聚集场所特点,规范消防行政许可办理工作,保证建筑总平面布局、防火分区、安全疏散、消防设施、内外部装修、防火分隔和平面布置等内容与消防法律、法规要求相契合。如果公众聚集场所消防安全技术条件与新颁布并开始落实的消防技术标准出现不同,应以新规定为标准办理许可证,同时履行相应的消防安全职责,做到办理水平与消防安全水平同步提升。

### (九)明确法律法规内容,减少执法争议

《消防法》中规定,"擅自投入使用"和"擅自营业"两个不同的违法行为并不适用同种行政处罚,易出现争议。以某一电影院为例,在该场所内对员工进行培训,是对该场所的使用,但其处于未接待不特定客流的非营业状态,发生火灾的可能性及危害性会小于营业阶段。建议实施行政管理、运用自由裁量时,针对以上类似问题,对不同的违法情节,适用不同的处罚标准,做到过罚相当;借助法律解释,明确阐述"使用"和"营业"的具体所指,提高法律约束。为此,各地应对相关规章、法规等文件进行深入解读。若在规章制度落实中遇到困难或者出现问题,必须及时向消防救援局进行反馈,让《消防法》内容得到深入贯彻。在此基础上,相关租赁或承包合同应与相关法律当中明确的安全责任相契合,保证承包人

或受委托经营者在管理时能够履行安全责任人职责,配合消防部门完成执法,从而最大限度地减少执法纠纷问题。

# 第三节　消防安全检查工作内容及流程

## 一、内容

### (一)合法性

(1)单位(场所)所在建筑物依法通过建设工程消防验收或竣工验收备案,按照相关规定要求,属于公众聚集场所的,应依法取得公众聚集场所投入使用、营业前消防安全检查合格证。

(2)合法性文书与现场情况(含使用性质、面积、层数等)应保证一致。

### (二)消防安全管理

(1)消防安全制度:通常包含消防安全教育、培训,防火巡查检查,安全疏散设施管理,消防(控制室)值班,消防设施、器材维护管理,火灾隐患整改,用火、用电安全管理,易燃、易爆危险品和场所防火、防爆,专职和义务消防队的组织管理,灭火和应急疏散预案演练,燃气和电气设备的检查与管理,消防工作考评和奖惩等内容。

(2)灭火和应急疏散预案:单位(场所)应结合实际,制定灭火和应急疏散预案。预案内明确灭火行动、通信联络、疏散引导等各项职责分工,预案内容应随使用性质调整、建筑布局改变、人员变动及时进行更新。

(3)消防安全教育培训:单位的消防安全责任人、消防安全管理人,专、兼职消防管理人员,消防控制室的值班、操作人员应当接受消防安全专门培训,其中,消防控制室的值班、操作人员应持证上岗,并保证消防控制室 24 h 双人值班。

单位应当组织新上岗和进入新岗位的员工进行上岗前的消防安全培训。

公众聚集场所对员工的消防安全培训至少每半年进行一次。

(4)防火检查:单位(场所)应按要求组织防火检查、巡查,并填写检查、巡查记录,及时整改发现的火灾隐患;防火检查每月进行一次;公众聚集场所营业期间的防火巡查至少每 2 h 一次。

(5)消防演练:单位(场所)每年至少组织一次消防演练,并建立台账,包括演练记录、现场演练及灭火器使用等照片。

## 二、消防安全检查流程(图 1-1)

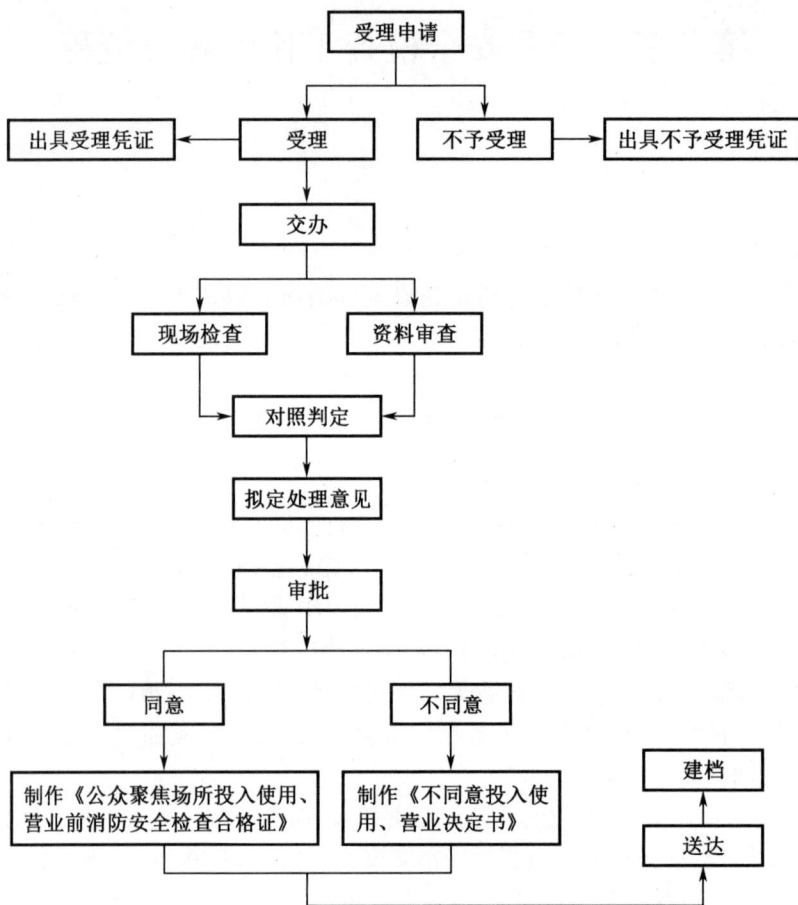

```
                          ┌──────────┐
                          │  受理申请 │
                          └──────────┘
                               │
        ┌──────────────────────┼──────────────────────┐
        │                      │                       │
┌──────────┐            ┌──────────┐            ┌──────────┐            ┌──────────────┐
│ 出具受理凭证│◄───────────│   受理   │            │  不予受理 │───────────►│ 出具不予受理凭证│
└──────────┘            └──────────┘            └──────────┘            └──────────────┘
                               │
                          ┌──────────┐
                          │   交办   │
                          └──────────┘
                               │
              ┌────────────────┴────────────────┐
        ┌──────────┐                      ┌──────────┐
        │  现场检查 │                      │  资料审查 │
        └──────────┘                      └──────────┘
              └────────────────┬────────────────┘
                          ┌──────────┐
                          │  对照判定 │
                          └──────────┘
                               │
                        ┌────────────┐
                        │  拟定处理意见 │
                        └────────────┘
                               │
                          ┌──────────┐
                          │   审批   │
                          └──────────┘
                               │
        ┌──────────────────────┴──────────────────────┐
  ┌──────────┐                                   ┌──────────┐
  │   同意   │                                   │  不同意  │
  └──────────┘                                   └──────────┘
        │                                              │
┌────────────────┐                        ┌────────────────┐       ┌──────────┐
│制作《公众聚焦场所投入使用、│                        │制作《不同意投入使│       │   建档   │
│营业前消防安全检查合格证》│                        │用、营业决定书》 │       └──────────┘
└────────────────┘                        └────────────────┘            ▲
                                                                    ┌──────────┐
                                                                    │   送达   │
                                                                    └──────────┘
```

图 1-1  消防安全检查流程图

# 第四节  智慧消防在消防安全管理中的应用

智慧消防是信息时代的产物,它主要依托互联网、物联网、人工智能等多项信息技术,实现消防数据的实时采集、管理和查看,开展对相关系统的远程监控、操控工作,为社会消防安全管理提供各方面的支持。目前来说,消防安全管理中存在诸多问题,技术限制、人为影响等都会影响工作效率,威胁社会的稳定和人们的人身财产安全。为了有效解决这些问题,构建新的消防安全管理模式,及时发现其中存在的安全隐患,避免形式主义,需要充分应用智慧消防,构建智慧消防系统。

智慧消防的应用能实现消防安全管理的智能化、自动化和网络化,构建消防安全管理网络,提高消防安全管理的覆盖面积;完善消防系统建设,加强对各区域管理的控制,充分发挥技术优势,及时采集各项数据信息,开展有效的消防安全管理工作。

## 一、建立消防安全监督平台

消防安全监督平台主要负责火情信息的接收和传输,及时掌握火灾的具体信息,了解位置和火情后,将信息及时传递给消防救援站,第一时间内处理火情。该平台包括数据共享系统、GIS 信息系统、语音呼叫系统等。首先,消防安全监督平台接收到火情信息后传输给消防救援站,帮助他们迅速反应,掌握火情信息的等级,了解具体的火情。其次,借助GPS 定位系统和 GIS 信息系统确定火灾的位置,提供最优化的路线。在路程中,消防指战员做好工作部署,及时到达火灾位置。再次,借助这一平台在火灾范围内开展语音播报,提醒人们。此外,该平台还具有数据存储功能,针对每次火情信息开展各项记录,包括消防救援站的出警情况、救援情况和火灾原因,为后续的安全管理提供重要的依据。最后,消防安全监督平台也接受群众的监督,群众充分发挥自身的监督功能,加强对消防救援站和消防人员的监督,及时反馈存在的问题。消防安全监督平台在接收到群众反馈时,做好调查工作,如情况属实,则根据安全管理责任制进行处理,强化消防救援站和消防人员的责任意识。

## 二、建立消防远程监控系统

消防远程监控系统主要包括火警监控、视频监控、GPS 定位、值班人员巡查、消防设施管理等多项系统。在日常管理工作中,消防人员可借助该系统发现火情,进行定位,开展对火情的实时监控,了解现场的具体情况,开展火灾救援的布局工作。各建筑物中包含自动报警系统,借助物联网技术实现各系统的有效联系,构建一个安全网络,由消防远程监控系统进行监督管理。在日常的消防设施管理中,该系统可远程监控消防设施的各项性能、日常维护等。消防设施的安全管理人员需要及时上传各种保养维修管理的信息,系统开展实时追踪,通过自动筛选,查询出没有按照计划进行维修管理的消防设施,追究相关人员的责任,提高它们的责任意识。做好消防设施的维修管理工作,保障它们的各项功能和质量,能提高消防救援的效率,保障消防人员和人民群众的生命财产安全。

## 三、消防安全大数据系统

借助大数据技术构建消防安全大数据系统,将消防救援站负责的救援区域的建筑物的资料进行统一整理,完善数据库的建设。在各个区域安装传感装置,并与自动报警系统相关联。一旦出现火情,自动报警系统进行报警,借助这一数据库,也能及时掌握该建筑的具体情况,及时和相关单位联系,在他们的配合下做好人员疏散工作,提高救援工作的效率。另外,这一数据系统在日常管理工作中也能提高依据性,做好对各项信息的分析、处理,了解火灾的具体原因,加强对多发事故地区的巡检工作,减少安全隐患。

## 四、智能调配消防救援站

在管理工作中,借助智慧消防构建智能调配消防救援站,加强各消防救援站之间的沟通联系。在执行救援任务的过程中,根据现场的实际情况科学调配消防救援站,确保现场救援人员的数量符合实际需求,快速布局,开展消防救援工作。不仅如此,还需要充分考虑消防车辆和消防装备的实际情况,借助物联网改进图像监测系统,向消防救援站传输现场的实施情况,合理调配消防车辆和消防设施,为救援任务提供帮助,将火灾事故的危害降到最低。

### 五、智能巡检系统

智能巡检系统依托物联网构建,同时拥有无线传感器网络和 RFID 网络的功能。该系统主要包括消防栓信息维护、消防巡检展示和处理巡检数据三个方面。首先,在消防栓信息维护工作中,借助物联网实现信息的有效传输,汇总到移动终端进行处理,提高信息处理的效率。其次,消防巡检展示借助 GIS 信息系统定位,构建一个可视化的地图,能展示消防设施的各项位置以及巡检的具体情况,便于合理安排巡检计划,开展有效的管理工作。最后,在巡检数据的处理工作中,借助大数据技术合理处置各项数据信息,进行对比分析,及时发现其中存在的异常数据,做好现场勘察工作,保障消防安全。

# 第二章　消防监督管理系统的设计

近年来,随着我国社会经济发展速度加快,城镇化建设进程加快,各类火灾问题会对人们的生命和财产造成重大损失,因此做好防火监督活动至关重要。但是从防火监督工作开展现状来看,防火监督活动仍需进一步创新优化,便于有效构建社会主义和谐社会。本章从消防监督管理系统设计的重要作用出发,分析消防防火管理工作的现状,提出设计并实现消防监督管理系统的措施。

## 第一节　消防监督管理系统的设计概述

### 一、消防监督管理系统设计的重要作用

在新时期消防工作开展中,消防监督管理系统的设计工作是一项重要内容,此项内容涉及范围较广。当发生火灾之后,借助良好的消防监督管理系统能够保证消防人员第一时间出警。在消防监督中,相关消防人员要注重提高警惕意识,能集中察觉到周边环境存有的各项安全隐患,这样能对各项问题第一时间集中处理,对问题发展集中控制,事先采取有效预防和控制措施。通过良好的消防监督管理系统设计,能够实现对人力资源、物力和社会资源、财力和社会资源的集中分配,强化防火监督的工作成效。

消防监督管理系统设计是有效保障人们生命、财产安全的最好方式,进行消防监督管理系统的设计工作,能够合理地进行消防管理工作的分配,明确消防管理工作的责任划分,全面提高消防员工作的安全性以及消防灭火工作的质量,促使消防管理稳定落实,为我国人民的生活提供良好的安全保障。随着信息化的发展,各类场所发生火灾的概率也逐渐提升,很多电子设备爆炸、电热毯着火等火灾危险事故频繁发生,并且火灾发生没有规律性可循。在这种情况下,消防管理人员要提高警觉,才能集中控制各类火灾风险。消防监督管理系统设计工作中,要更加注重针对可能出现的火灾危险事件提前做好预防,降低火灾的危害,所以目前全面做好消防监督管理系统设计是积极构建稳定生活环境的重要措施。

### 二、消防防火管理工作的现状

#### (一)消防安全工作得不到重视

消防安全工作得不到重视的问题,不仅体现在人们的日常生活中,也体现在各个部门的日常工作中。例如,在大多数公共区域,消防通道基本上都被一些随意堆放的垃圾占据。同时,公共区域的消火栓周围的清洁度无法保证。这样,如果发生火灾事故,由于杂物的存在,防火门就不能及时打开,不仅会影响消防控制,还会在一定程度上阻碍人员的疏散。此外,大多数居民的消防安全意识不强。这主要体现在居民不将家用灭火器放置在厨房等一

些特殊的地方。即使在一些公共场所,相关部门也没有配备相对完善的消防设备。

## (二)基础建设创新有限

消防监督管理存在基础设施问题。在监测设备方面,很多地区不仅没有及时更换先进的设备类型,而且经常出现设备停用的情况。不仅无法准确判断火灾风险发生率,而且难以及时预警火灾,延误事故防控;当前社会已经进入信息时代,监管工作应及时适应信息模式。然而,许多监管部门的工作还停留在表面,如制作监管统计表,远程沟通监管状况,没有整合先进的信息技术,没有建立完整的网络信息管理平台,限制了消防监管的优化升级。

## (三)监督机制尚不健全

消防监督机制存在的问题也是制约监督工作顺利开展的重要因素。许多消防监管部门还在运用传统的工作模式,在责任网络建设上存在各种漏洞。在制度细化、工作单一化方面存在不足,缺乏与时俱进的细化监理建设,工作人员职责划分不明确,监理职责落实存在严重不足,监管需要加强。缺乏严格的监督和检查是一个主要问题。对生产、生活中发生人为火灾事故的当事人监督和处罚较少,致使许多消防安全规范难以实施。监督工作只是监督,难以保证效果。

## (四)监督人员素质有待提升

消防监督管理系统需要一支兼具先进监督意识和监督能力的工作队伍,以此作为消防防火监督工作中的重要保障,但就目前各监督部门工作人员综合能力而言,还存在严重不足,很多监督人员对监督工作报以应付心理,没有意识到安全防控工作的重要性,在实际监督工作中未能严格遵循工作要求细致开展监督工作;同时,不少监督人员专业能力有限,而且缺乏必要的工作经验,无法有效遵循工作要求,再加上人才培养机制的不健全,以至于监督人员的综合素质大受影响,对防火监督实效性提升产生较大阻碍。

## 三、实现消防监督管理系统措施

### (一)构建消防检查队伍

建设一支消防检查队伍对消防安全监测工作具有重要的突破作用。消防检查部门可以在单位内进行考核,选拔高质量人才进行消防检查队伍的构建,同时,建立消防安全科学办公场所,以保证层层落实消防责任,进而有效改进原本消防检查队伍中力量薄弱、人员不足等问题。相关地区政府需要基于地方政府的主导,合理地构建一支消防监督管理队伍,组织社会各界的力量,确保其在消防管理工作中可能存在的各种问题有效地解决。与此同时,还需要进一步科学评价和制定监督准则,确保能够对其管理人员工作行为进行合理约束,同时还需要科学延伸检查队伍,使其合理融入各个小区和居民委员会,确保相关人员具有更高的自我救助能力和自我保护能力,保障消防安全工作具有更大的覆盖面积。可以通过消防部门和社区进行联动的方式,优化消防管理模式,推进社区消防管理事业的进一步发展。

在监督人员工作意识培养上,应着重考虑以往监督工作中出现的态度不端正、责任意识不强、服务意识不佳等思想问题,并在实际工作中定期组织思想教育,明确工作中容易出现的各种错误思想认知,结合信息技术应用下的人员管理制度与工作考评机制,对因个人工作意识不合理而造成的工作失误问题加以明确。

## (二)深入落实消防安全监督责任制

在消防监督管理系统设计的过程中,要充分利用消防安全监督责任制来贯彻实现消防工作总体目标和方针,要始终坚持从地方政府部门领导、专业单位监督管理到对企业负责的社会监督理念。消防监督管理作为一项社会性的活动,需要确保其参与的主体的多元化,可以从根本上实现加强安全意识宣传和学习消防知识、增强消防专业技能等作用。消防安全部门应该把安全消防标准化工作纳入民生保障建设规划,并交由专门的消防监督管理分部负责,确保其消防监督管理系统有效地满足人们日益增长的经济社会需要。

在监督力度强化过程中,要先对各项消防事故问题加以明确,要联合公安、社区、市场监督管理局等单位进行联合监督,认真开展消防检查工作,确保被管理目标处于完善的监督管控中,各个单位和部门均应建设消防监督责任机制,将监督管理职责落实到具体的负责人,防止责权混乱,相互推诿的现象发生。监督巩固中,要从规范化监督规划开始,按照区域内易发火灾事故点,构建串联监管体系,通过分级管理制度的严格落实,将各项防火监督指标均一连贯,确保能够全面而准确地完成各项监督任务。在监管执法中要将过程公开化,依据火灾防控的相关法律规范公正执法、严格执法,使监督执法环节置于阳光之下,既保证监督工作的规范性,又能增进群众认知,使监督工作更遵其责、落其实,取得应有的监督效果。

## (三)优化建筑消防设施的工程设计

在对建筑工程建设消防系统进行设计时,应确保建筑消防具有更高的安全性,有效避免各类安全隐患。随着我国经济水平的提高,许多建筑的设计为了追求美观、艺术、智能等属性改变了原有的建筑设计风格,传统的防火设计已经不能很好地兼容在这些建筑物之中了。这种情况下,消防安全部门应该利用不同建筑物自身所具备的特点,通过现代科学技术手段来模拟现场可能发生火灾的情况,从而制定出一套符合该类型消防建筑物防火设计要求的设计方案。在消防工程的施工和验收环节,检查部门都需要对其设计进行严格的把关,合理地优化和完善消防工程设计。同时还要严格地对比目前的施工状况和设计图纸,确保现场检查人员的检查具有专业性,避免验收过程流于形式。各级部门都需要针对现场的具体情况,科学地引进专业的验收人员和机构,强化项目的工程验收管理,同时还要求定期向全国社会各界报告和公布项目验收的结果,对其他施工单位科学地构建信誉档案,如果在过程中发现某一个施工单位在长期的工作中频繁出现了质量不合格的情况,则需要及时地建立项目黑名单,保障整个项目的施工安全。

## (四)加强消防安全宣传

充分调动社会的传媒组织,利用线上资源宣传消防安全知识,对各种典型案例进行全面普及,对其相关人员进行有效的警示教育,全面普及火场自救知识、初期火灾扑救知识和火灾报警知识,确保社会大众具有更高的安全意识,从而实现其逃生自救能力的有效增强。在线下通过开展消防安全讲座、举办消防安全知识竞赛等方式,加强对群众消防知识的宣传教育。这种线上宣传与线下宣传有机结合起来的方法,能够极大地提升群众的消防安全意识水平。只有人民群众的消防意识得到了提高,才能够从根本上减少火灾的发生。在人员密集的场所,还需要督促有关经营单位加强对企业内工作人员的火灾应急知识培训及消防安全知识培训,加强火灾逃生和疏散演习的科学性开展,使得员工对于火灾的风险有更为充分的了解和认识,进而保证工作人员全面地掌握火灾逃生的路线,使各级工作人员的应急意识和能力得到有效提高。

综上所述,当前我国消防安全管理面临的形势十分复杂,任务越来越重,难度越来越大,传统粗放式的监督管理模式已难以适应社会的快速发展和变化,产生了诸多隐患。因此,消防安全监督管理部门应深入分析需要解决的主要问题,设计消防监督管理系统,将创新的管理理念和先进的技术手段融入消防监督管理系统建设,通过高效率、高质量的监督、管理和服务,降低火灾发生概率,避免人民生命、财产安全损失。

# 第二节  系统功能需求分析

在深入了解消防监督管理系统工作的工作流程和具体需求后,本书进行了详细的需求分析。系统功能需求分析的主要目的是了解用户的问题,分析用户的需求,并做出能够解决这些问题的软件系统。只有反复与客户进行沟通,并对相关的知识进行学习,才能做出一个好的需求分析。如果需求分析做得不好,那么做出来的软件系统对实际问题的解决也是不能达到理想的效果的。下文将对消防监督管理系统的技术架构设计、业务流程、系统功能、非功能性需求进行详细分析。

## 一、需求分析概述

本书确定的消防监督管理系统需要的具体功能主要包括首页功能、基础信息功能、受理登记功能、监督检查功能、火灾调查功能、行政处罚功能、档案管理功能、决策分析功能、系统维护功能。其中,首页功能包括待办事项、工作查询、批语管理等;基础信息功能包括单位维护、管辖审批、建筑管理、户籍化管理、资料库入库审核等;受理登记功能包括举报投诉受理登记、火灾事故调查登记、火灾重新认定登记、行政处罚受案登记、产品复检受理;监督检查功能包括生成检查任务、本人检查任务、隐患跟踪管理、隐患统计分析、执法统计、查询统计等;火灾调查功能包括生成火灾事故调查任务、火灾事故调查、火灾重新认定、延期认定、查询统计等;行政处罚功能包括受理登记、处罚任务、拘留登记、当场处罚、刑事案件、查询统计等;档案管理功能包括任务重新归档、任务挂接单位;决策分析功能包括单位分析、建筑分析、检查分析、隐患分析、单位预警;系统维护功能包括代码表管理、文书管理、执法单位、处罚知识库、角色管理、流程管理、项目移交、数据同步管理等。

消防监督管理系统的总体功能如图2-1所示。

## 二、系统功能分析

功能性需求分析是开发消防监督管理系统的重要环节。下面将围绕首页功能、基础信息功能、受理登记功能、监督检查功能、火灾调查功能、行政处罚功能、决策分析功能、系统维护功能进行详细分析。

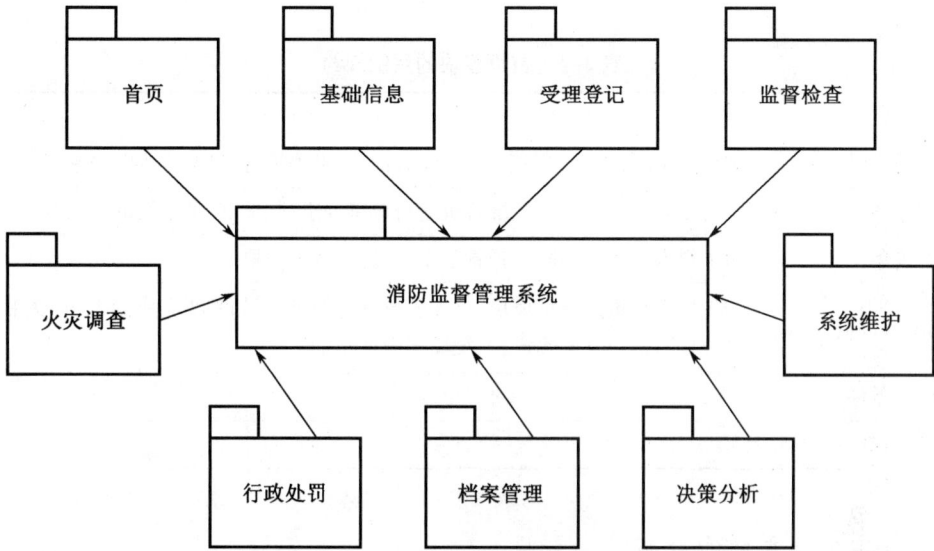

图 2-1　系统总体功能

## (一) 首页功能分析

首页模块主要提供了系统的入口页面,完成对待办事项、工作查询、批语管理等的设置。登录之后可以查看所需要的相关信息。

消防监督管理系统首页模块的用例如图 2-2 所示。

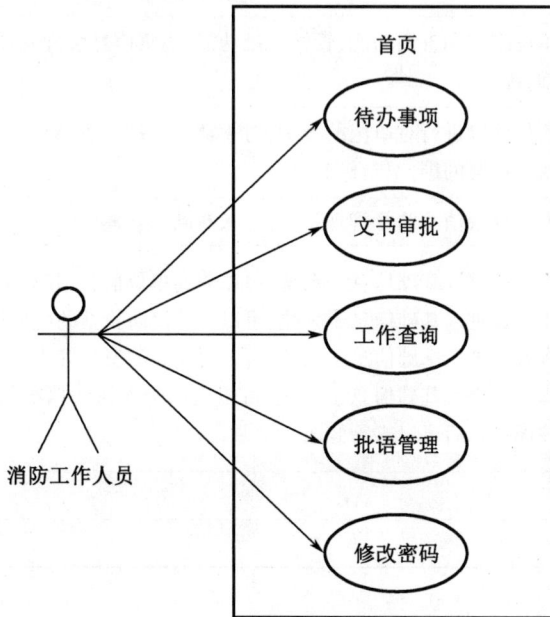

图 2-2　首页模块的用例

消防监督管理系统首页模块的用例规约表见表 2-1。

**表 2-1　首页模块的用例规约**

| 用例名称 | 首页 |
|---|---|
| 主要功能用例 | 处理代办事项,进行文书审批,工作查询,对批语进行管理,修改账号密码 |
| 描述 | 消防工作人员可以登录系统首页进行对待办事项、文书、批语等的更改与查看 |
| 前置条件 | 消防工作人员登录消防监督管理系统,进入首页模块 |
| 基本事件流 | 消防工作人员进入首页模块,点击想要进行的操作,如需要完成的事项,文书的审批,批语的管理,点击确定,系统反馈设置结果 |
| 后置条件 | 无 |
| 异常事件流 | 无 |

## (二)基础信息功能分析

消防监督管理系统中的基础信息模块具有单位维护和查询功能、管辖审批功能、建筑信息管理功能、户籍化管理和查询统计功能以及查询统计功能。

消防监督管理系统中的基础信息模块的用例如图 2-3 所示。

消防监督管理系统中的基础信息模块的用例规约见表 2-2。

**表 2-2　基础信息模块的用例规约**

| 用例名称 | 基础信息 |
|---|---|
| 主要功能用例 | 可以进行单位维护和查询功能、管辖审批功能、建筑信息管理功能、户籍化管理和查询统计功能、查询统计 |
| 描述 | 消防工作人员可以进行对单位的维护,对管辖的审批通过,对建筑信息的维护,对个人档案和单位执法档案的维护与查询 |
| 前置条件 | 消防工作人员登录消防监督管理系统,进入基础信息模块 |
| 基本事件流 | 1.消防工作人员进入基础信息子系统,可以查询单位信息,并对单位信息进行维护。<br>2.消防工作人员进入基础信息子系统,可以对其消防管辖的区域进行消防审批。<br>3.消防工作人员进入基础信息子系统,可以对建筑的安全等进行审批。<br>4.消防工作人员进入基础信息子系统,可以查询个人执法档案与单位执法档案,且在得到上级审核通过之后可以进行修改 |
| 后置条件 | 无 |
| 异常事件流 | 无 |

## (三)受理登记功能分析

消防监督管理系统中的受理登记模块功能包括审核验收受理登记、安全检查受理登记、备案抽查受理登记、举报投诉受理登记、大型活动安全检查、监督复查申请登记、火灾事故调查受理登记、火灾认定复核受理登记、火灾重新认定登记、行政处罚受理登记。审核验收受理登记是对建筑工程设计审核、竣工验收项目进行受理登记,并对设计审核进行局部变更,对竣工验收项目进行复验;安全检查受理登记是对公众聚集场所投入使用、营业前安全检查项目进行受理登记;备案抽查受理登记是对建设工程设计备案、验收备案项目进行受理登记;举报投诉受理登记是对举报投诉消防违法行为核查项目进行受理登记;大型活动安全检查是对大型群众性活动举办前的消防安全检查进行受理登记;监督复查申请登记是对监督检查后不合格的单位及行政处罚中对被检查的单位进行"三停"处罚后的单位进行复查;火灾事故调查受理登记是对接到报警的火灾事故调查项目进行受理登记;火灾认定复核受理登记是对火灾发生后复核的结果进行受理登记;火灾重新认定登记是对火灾的调查结果进行重新认定之后的受理登记;行政处罚受理登记是对消防不合格的单位进行行政处罚的受理登记。

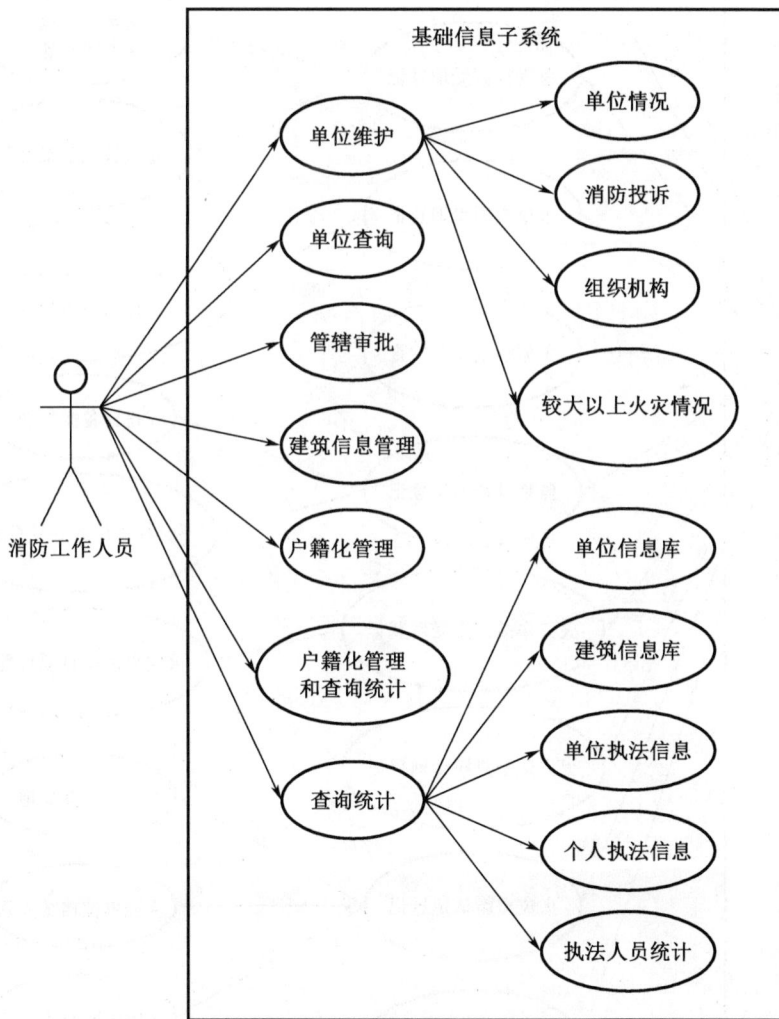

**图 2-3　基础信息模块的用例**

消防监督管理系统中的受理登记模块的用例如图 2-4 所示。

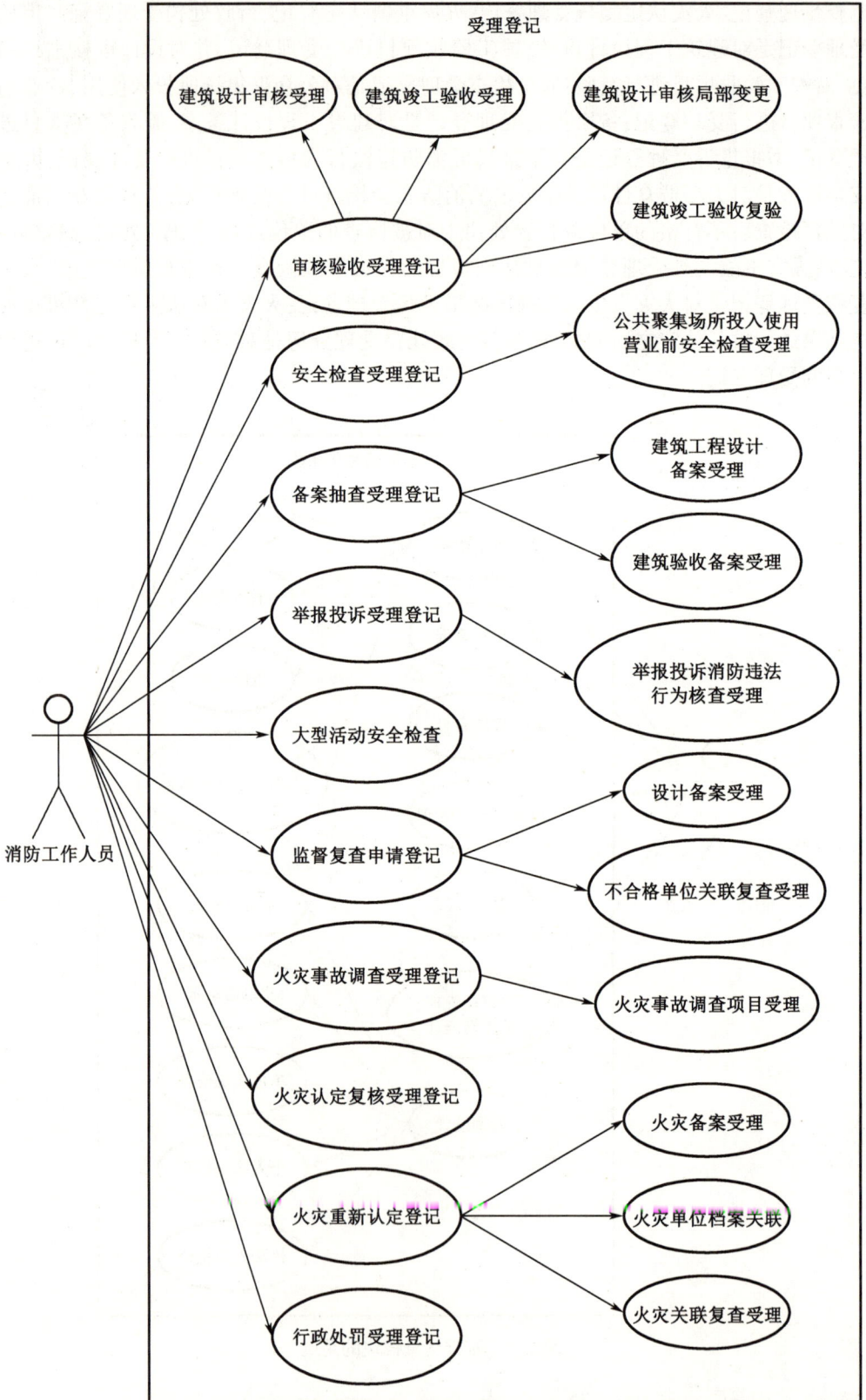

图 2-4　受理登记模块的用例

消防监督管理系统中的受理登记模块的用例规约见表2-3。

**表2-3　受理登记模块的用例规约**

| 用例名称 | 受理登记 |
|---|---|
| 主要功能用例 | 进行审核验收受理登记、安全检查受理登记、备案抽查受理登记、举报投诉受理登记、大型活动安全检查、监督复查申请登记、火灾事故调查受理登记、火灾认定复核受理登记、火灾重新认定登记系统需求分析 |
| 描述 | 消防工作人员需要受理登记审核、受理登记安全检查、受理登记备案抽查、受理登记举报投诉、安全检查大型活动、申请登记监督复查、受理登记火灾事故调查结果、受理登记火灾认定复核结果、登记火灾重新认定结果 |
| 前置条件 | 消防工作人员登录消防监督管理系统,进入受理登记模块 |
| 基本事件流 | 1. 消防工作人员进入受理登记模块,选择审核验收理登记,对建筑工程设计审核、竣工验收项目进行受理登记。<br>2. 消防工作人员进入受理登记模块,选择安全检查受理登记,对公众聚集场所投入使用、营业前安全检查项目进行受理登记。<br>3. 消防工作人员进入受理登记模块,选择备案抽查受理登记,对建设工程设计备案、验收备案项目进行受理登记。<br>4. 消防工作人员进入受理登记模块,选择举报投诉受理登记,对举报投诉消防违法行为核查项目进行受理登记。<br>5. 消防工作人员进入受理登记模块,选择大型活动安全检查,对大型群众性活动举办前的消防安全检查进行受理登记。<br>6. 消防工作人员进入受理登记模块,选择监督复查申请登记,对监督检查后不合格的单位及行政处罚中对被检查的单位进行"三停"处罚后的单位进行复查。<br>7. 消防工作人员进入受理登记模块,选择火灾事故调查受理登记,对接到报警的火灾事故调查项目进行受理登记。<br>8. 消防工作人员进入受理登记模块,选择火灾认定复核受理登记,对火灾发生后复核的结果进行受理登记。<br>9. 消防工作人员进入受理登记模块,选择火灾重新认定登记,对火灾的调查结果进行重新认定之后的受理登记 |
| 后置条件 | 无 |
| 异常事件流 | 无 |

### (四)监督检查功能分析

消防监督管理系统中的监督检查模块主要包括生成检查任务、本人检查任务、任务分工管理、隐患跟踪管理、执法统计、查询统计。生成检查任务中包含的功能有日常监督检查、抽样计划、监督抽查。在日常监督检查功能中可以进行任务监督检查、日常检查;在抽样计划功能中可以进行查询年度抽样计划、分次抽查;在监督检查功能中有单位监督抽查。本人检查任务模块中包含的功能有本人未结任务、复查任务、临时查询。任务分工管理模块中包含的功能有本单位数据录入、抽查任务分工、任务分工调整。本单位数据录入功能中包括的操作有消防执法情况统计、数据录入;抽查任务分工功能中的操作有显示抽查后的单位列表页面,包括选择抽查的年份和抽查次数,显示最新的抽查单位的信息,包括单位编码、单位名称、地址、法人代表、联系电话、单位类别;任务分工调整功能中包括的操作有查看被查单位名称、预定检查日期、检查日期、检查类型、承办人、状态、操作信息,变更主承办人、协办人。隐患跟踪管理模块中包含的功能有复查隐患跟踪登记、一般隐患单位分析、重大隐患销案情况。执法统计模块中包含的功能有消防机构动态统计、各单位执法工作月报、全支队汇总月报。查询统计模块中包含的功能有监督抽查计划、监督检查任务、法律文书管理、其他文档管理。

消防监督管理系统中的监督检查模块的用例如图 2-5 所示。

消防监督管理系统中的监督检查模块的用例规约见表 2-4。

**表 2-4　监督检查模块用例规约**

| 用例名称 | 监督检查 |
|---|---|
| 主要功能用例 | 生成检查任务,本人检查任务,对任务分工进行管理,对隐患进行跟踪管理,进行执法统计、查询统计 |
| 描述 | 消防工作人员可以生成自己的检查任务,对自己的检查任务进行查询,对任务分工进行管理,对隐患进行跟踪管理,对消防机构动态、各单位执法工作月报、全支队汇总月报进行执法统计、查询统计 |
| 前置条件 | 消防工作人员登录消防监督管理系统,进入监督检查模块 |
| 基本事件流 | 1. 消防工作人员进入系统中的监督检查模块,选择生成检查任务,点击日常监督检查、抽样计划或者监督抽查进行操作,点击保存确认生成检查任务,写入数据库。<br>2. 消防工作人员进入系统中的监督检查模块,选择本人检查任务,点击本人未结任务、复查任务或者临时查询进行操作。<br>3. 消防工作人员进入系统中的监督检查模块,选择任务分工管理,点击本单位数据录入、抽查任务分工或者任务分工调整进行操作,确认保存。<br>4. 消防工作人员进入系统中的监督检查模块,选择隐患跟踪管理,点击复查隐患跟踪登记、一般隐患单位分析或者重大隐患销案情况进行相应操作,确认保存。<br>5. 消防工作人员进入系统中的监督检查模块,选择执法统计,点击消防机构动态统计、各单位执法工作月报或者全支队汇总月报进行查看。<br>6. 消防工作人员进入系统中的监督检查模块,选择查询统计,点击监督抽查计划、监督检查任务、法律文书管理或者其他文档管理进行查看 |
| 后置条件 | 无 |
| 异常事件流 | 无 |

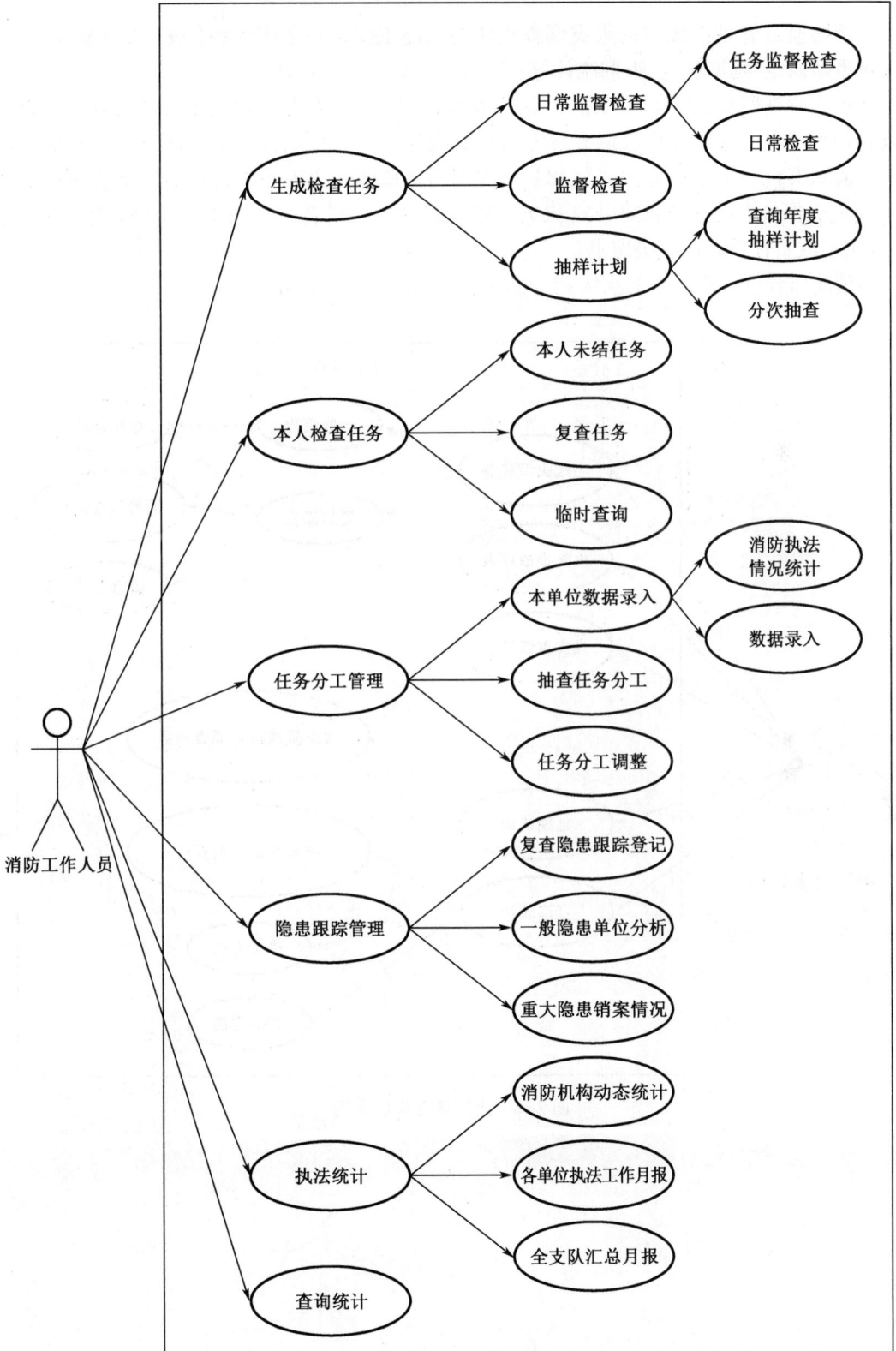

图 2-5　监督检查模块的用例

（五）火灾调查功能分析

消防监督管理系统中的火灾调查模块的功能主要包括生成火调任务、火灾事故调查、火灾重新认定、延期认定、查询统计等。

火灾调查模块中所涉及的法律、法规及文档包括《消防法》《建设工程消防设计审查验收管理暂行规定》《火灾事故调查规定》《火灾报告表》《建设工程质量管理条例》《火灾现场勘察通知书》《火灾案件登记表》《保护火灾现场通知书》《火灾原因认定书》《火灾事故责任书》《解除保护火灾现场通知书》《火灾重新认定受理登记表》《火灾原因重新认定决定书》《火灾事故责任重新认定决定书》。

消防监督管理系统中的火灾调查模块的用例如图 2-6 所示。

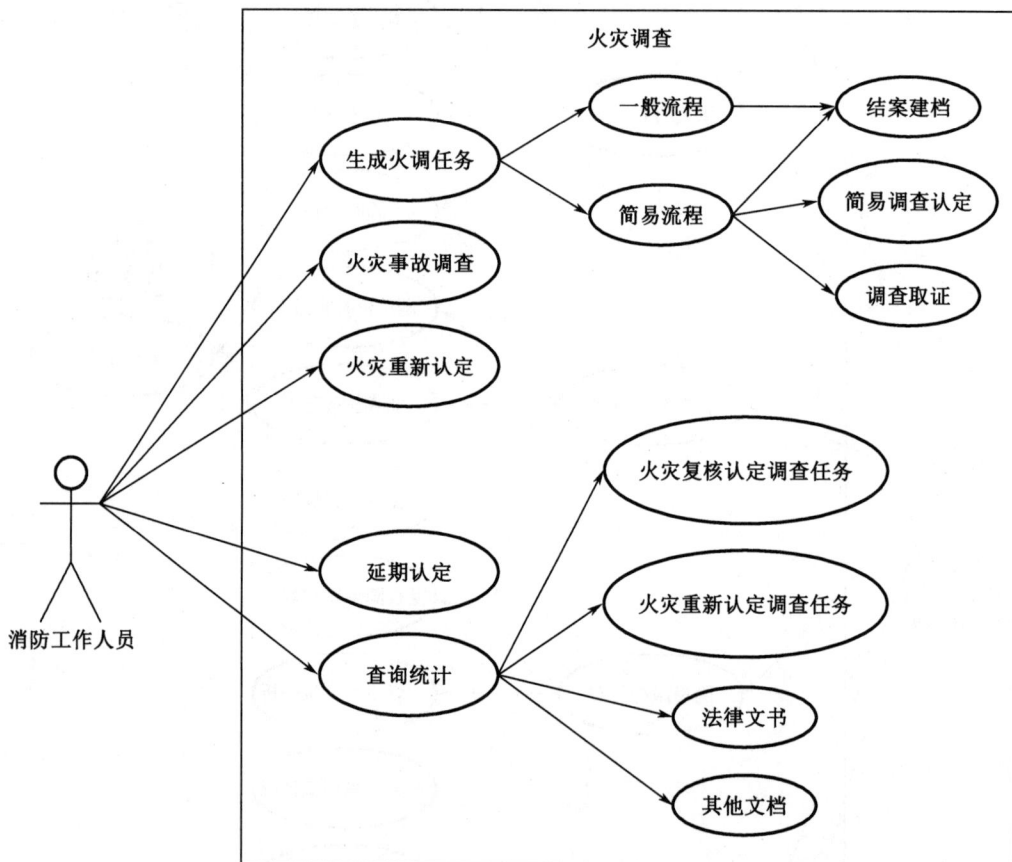

图 2-6　火灾调查模块用例

消防监督管理系统中的火灾调查模块的用例规约见表2-5。

表2-5 火灾调查模块的用例规约

| 用例名称 | 火灾调查 |
| --- | --- |
| 主要功能用例 | 生成火调任务,对火灾事故进行调查、火灾重新认定、延期认定、查询统计 |
| 描述 | 消防工作人员完成对火调任务的生成、对火灾事故的调查、对火灾的重新认定、延期认定及统计查询工作 |
| 前置条件 | 消防工作人员登录消防监督管理系统,进入火灾调查模块 |
| 基本事件流 | 1. 消防工作人员进入系统中的火灾调查模块,选择生成火调任务,然后选择一般流程或是简易流程进行点击确认,进行操作,生成火调任务。选定任务,点击箭头进行确认。<br>2. 消防工作人员进入系统中的火灾调查模块,选择火灾事故调查摸查,保存调查结果。<br>3. 消防工作人员进入系统中的火灾调查模块,选择火灾重新认定,对火灾事故的认定结果进行重新认定,修改结果并进行保存。<br>4. 消防工作人员进入系统中的火灾调查模块,选择延期认定,进行操作并保存。<br>5. 消防工作人员进入系统中的火灾调查模块,选择查询统计,进行相应的查询 |
| 后置条件 | 无 |
| 异常事件流 | 无 |

## (六)行政处罚功能分析

消防监督管理系统中的行政处罚模块主要包括受案登记、处罚任务、拘留登记、当场处罚、刑事案件、查询统计等。受案登记主要来自三方面,分别是监督检查过程中的受案、火灾调查中的受案和单独受案。处罚任务中列出了本人需承办的所有处罚任务。拘留登记中需要对进行拘留的承办人进行登记。刑事案件包括有受案登记和办案任务。查询统计提供全面的查询功能,可以查看此"处罚"业务到目前为止所产的法律文书、法律文书的数量以及法律文书的状态。

消防监督管理系统中的行政处罚模块的用例规约见表2-6。

表2-6 行政处罚模块的用例规约

| 用例名称 | 行政处罚 |
| --- | --- |
| 主要功能用例 | 受案登记、处罚任务、拘留登记、当场处罚、刑事案件、查询统计 |
| 描述 | 消防工作人员完成对受理的案件进行登记,对受案的承办人进行处罚任务或者拘留登记,对刑事案件进行登记,也可以进行查询统计 |
| 前置条件 | 消防工作人员登录消防监督管理系统,进入行政处罚模块 |

表 2-6(续)

| 用例名称 | 行政处罚 |
|---|---|
| 基本事件流 | 1. 消防工作人员进入系统中的行政处罚模块,选择受案登记,确定要受理的案件是监督检查过程中的受案、火灾调查中的受案还是单独受案,然后点击保存。<br>2. 消防工作人员进入系统中的行政处罚模块,选择处罚任务,决定是否要对受理的案件进行处罚,然后保存确认。<br>3. 消防工作人员进入系统中的行政处罚模块,选择拘留登记,对进行拘留的承办人进行登记。<br>4. 消防工作人员进入系统中的行政处罚模块,选择刑事案件,确定是受案任务登记还是办案任务,然后进行操作。<br>5. 消防工作人员进入系统中的行政处罚模块,选择查询统计,查看此"处罚"业务到目前为止所产的法律文书、法律文书的数量以及法律文书的状态 |
| 后置条件 | 无 |
| 异常事件流 | 无 |

## (七)决策分析功能分析

消防监督管理系统中的决策分析模块的功能有单位分析、建筑分析、检查分析、隐患分析、单位预警。单位分析提供统计图表对监管单位信息进行统计分析;建筑分析提供统计表对建筑信息进行统计分析;检查分析提供统计表对监督检查信息进行统计分析;隐患分析包括一般隐患单位分析、重大隐患销案情况、一般隐患统计、重大隐患统计、隐患种类统计五个功能;单位预警可查询并罗列出某段检查时间内出现"发生火灾""重大火灾隐患""隐患已整改完毕""一般隐患整改""未检查"或"检查未发现问题"等情况的单位相关信息。

消防监督管理系统中的决策分析模块的用例规约见表 2-7。

表 2-7 决策分析模块的用例规约

| 用例名称 | 决策分析 |
|---|---|
| 主要功能用例 | 单位分析、建筑分析、检查分析、隐患分析、单位预警 |
| 描述 | 消防工作人员进入决策分析功能模块完成对单位、建筑、检查、隐患的分析,并进行单位预警 |
| 前置条件 | 消防工作人员登录消防监督管理系统,进入决策分析模块 |
| 基本事件流 | 1. 消防工作人员进入系统中的决策分析功能模块,选择单位分析,提供统计图表对监管单位信息进行统计分析操作。<br>2. 消防工作人员进入系统中的决策分析功能模块,选择建筑分析,提供统计表对建筑信息进行统计分析操作 |

表 2-7(续)

| 用例名称 | 决策分析 |
|---|---|
|  | 3. 消防工作人员进入系统中的决策分析功能模块,选择隐患分析,如果是要进行一般隐患单位分析,则需要查看一般隐患单位的信息;如果要进行重大隐患销案情况分析,需要查看重大隐患单位的销案情况;如果要进行一般隐患统计,则需要统计监督检查过程中发现隐患的单位;如果是要进行重大隐患统计,则需要统计监督检查过程中发现的重大隐患的单位数;如果要进行隐患种类统计,则需要对一般隐患种类进行统计。<br>4. 消防工作人员进入系统中的决策分析功能模块,选择单位预警,可查询段检查时间内出现"发生火灾""重大火灾隐患""隐患已整改完毕""一般隐患整改""未检查"或"检查未发现问题"等情况的单位相关信息 |
| 后置条件 | 无 |
| 异常事件流 | 无 |

## (八)系统维护功能分析

消防监督管理系统中的系统维护模块的功能有代码表管理、文书管理、执法单位、处罚知识库、角色管理、流程管理、代办提醒、换承办人、项目操作、节假日设置、备案抽查比例、日志查询等维护。

## 三、业务流程分析

业务流程分析是系统需求分析的重要组成成分,它能够解释系统功能的具体操作流程。消防监督管理系统的业务流程分析主要对首页功能、基础信息功能、受理登记功能、监督检查功能、火灾调查功能、行政处罚功能、档案管理功能等这几项模块中涉及的操作流程进行分析。

### (一)首页业务流程

消防监督管理系统中的首页模块提供了系统的入口页面。消防工作人员登录后,可以完成对待办事项、工作查询、批语管理等的设置。普通用户登录之后可以查看所需要的相关信息。首页业务的操作流程如图 2-7 所示。

### (二)基础信息业务流程

消防监督管理系统中的基础信息模块主要是对各单位进行维护、管辖审批、建筑信息管理、户籍化管理、查询统计等。基础信息业务的操作流程如图 2-8 所示。

### (三)受理登记业务流程

消防监督管理系统的受理登记功能主要完成对案件的受理情况。有安全检查中受案、火灾调查过程中受案或者单独受案的,需要先进行受案登记表的填写,然后发送进行审批。如果不通过受理,则要对其发送不予受理审批表,让其进行整改并重新发送进行审批,审批通过则自动结案。如果受理通过,则需要调查取证,进行行政处理审批,审批通过之后进行手工结案。

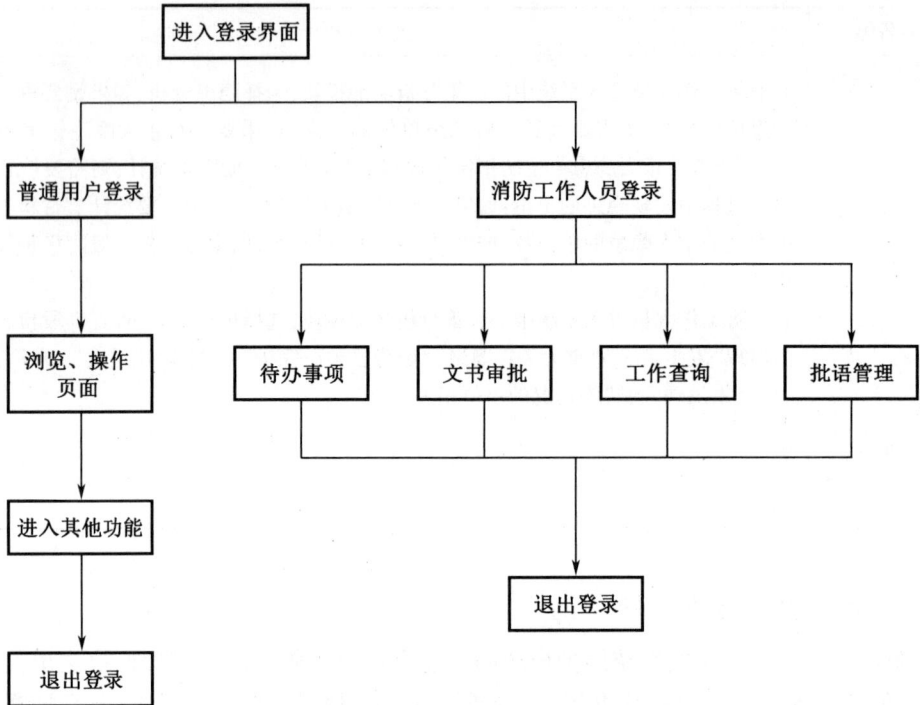

图 2-7　首页业务的操作流程

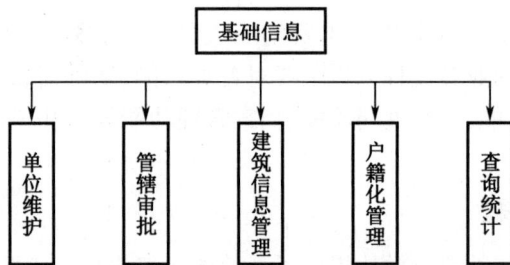

图 2-8　基础信息业务的操作流程

受理登记业务的操作流程如图 2-9 所示。

（四）监督检查业务流程

消防监督管理系统中的监督检查模块的功能主要包括生成检查任务、本人检查任务、任务分工管理、隐患跟踪管理、隐患统计分析、执法统计、查询统计等。消防安全专项检查需要针对需要做出整改要求和接受处罚和处理的消防单位,指定两名以上的专职人,其中,监督检查业务的操作流程如图 2-10 所示。

下面介绍任务分工管理模块的业务流程。进入任务分工管理模块之后,系统自动显示抽查后的单位列表页面,列表显示最新的抽查单位的信息,包括单位编码、单位名称、单位地址、法人代表、联系电话、单位类别等。可以通过设置主承办人、检查日期、截止日期及协办人的信息进行对单位的分工。分工后,在承办人的提醒事项中出现检查任务提醒。点击任务分工管理中的任务分工调整,会显示单位的信息,包括被查单位名称、预定检查日期、检查日期、检查类型、承办人、状态、操作信息。点击操作中的"更换",进入分工调整,可更改主承办人、协办人。

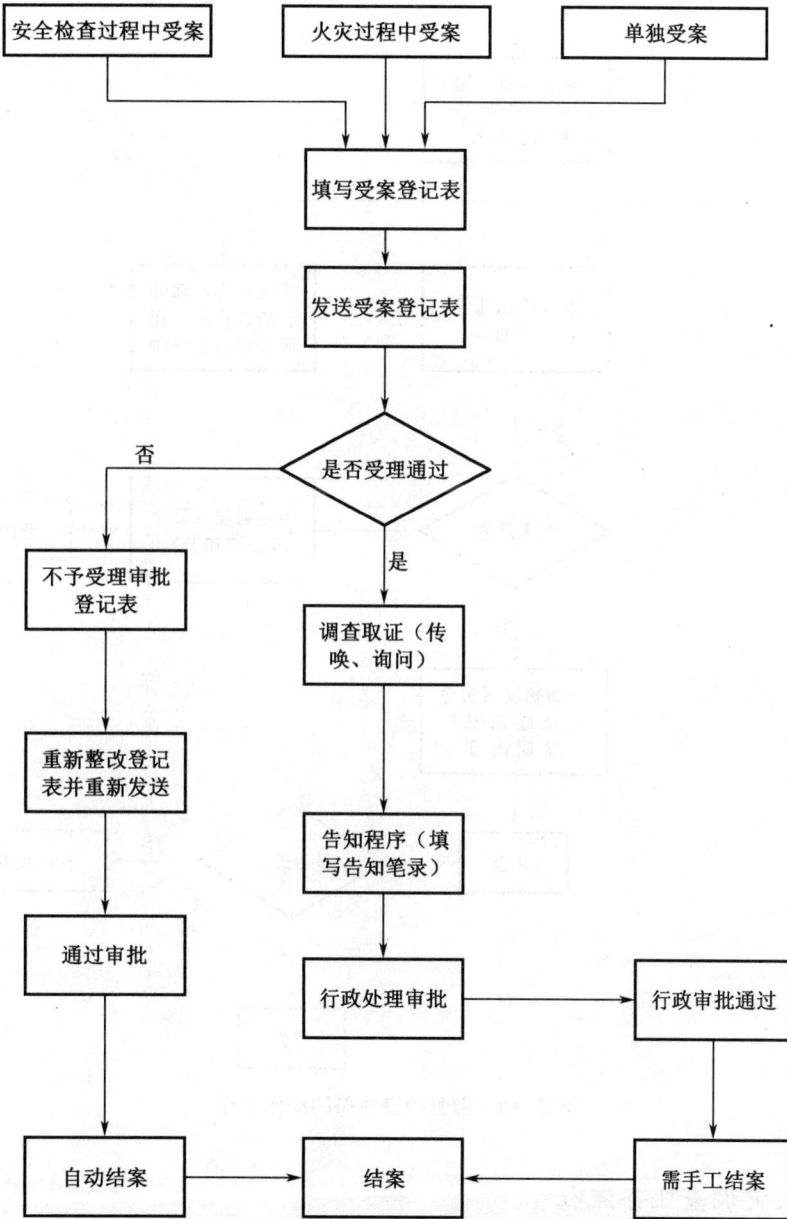

**图 2-9 受理登记业务的操作流程**

其中,任务分工业务的操作流程如图 2-11 所示。

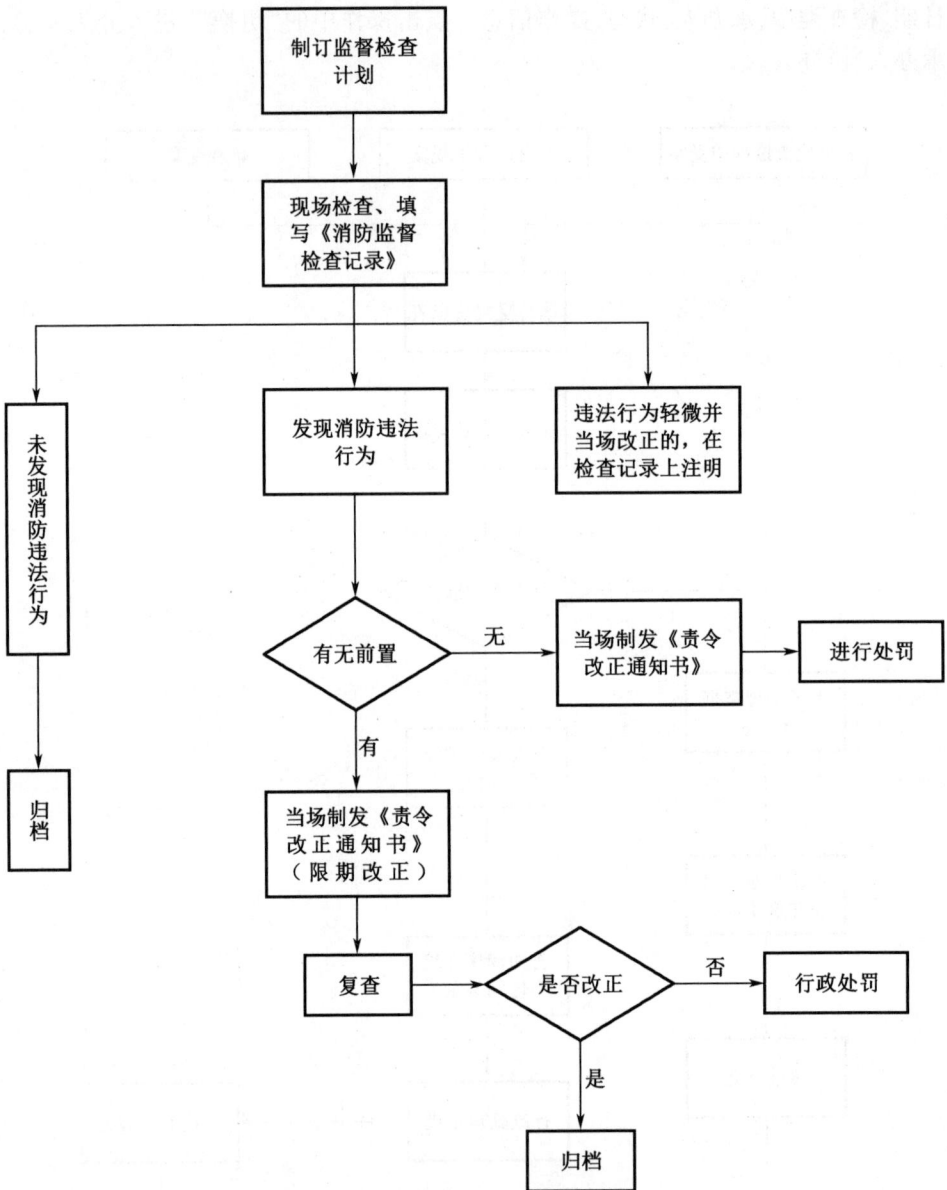

图 2-10　监督检查业务的操作流程

**（五）火灾调查业务流程**

消防监督管理系统中的火灾调查模块主要任务是生成火调任务，对火灾事故进行调查，火灾重新认定、延期认定、查询统计等。具体流程为当火灾发生之后，首先需要对火灾案件进行登记，选择火灾项目类别为单位或者非单位，如果是单位，则填写火灾单位，如果是非单位，则填写火灾发生地点，然后再填写《火灾案件登记表》并发送审批；然后领导确定火灾调查承办人，承办人分为主承办人和协办人，一般来说不得少于 2 人；然后承办人进入火灾调查项目，填写《火灾现场保护通知书》，并进入火灾现场进行勘察；在勘察完成后需要填写《火灾报告表》，办案过程中，《火灾报告表》可以随时进行修改；调查完成之后承办人需要填写《火灾原因认定书》,如果找到责任人需要填写《火灾事故责任书》;前面流程完成之后可以解除《火灾现场保护通知书》来解除对火灾现场的保护;后续如果需要依法追究刑事责任的需要填写《刑事案件登记表》,如果有违反消防法律、法规有关规定的,需要进行受案登记并予以行政处罚;最后上传和项目有关的各种文档(如火灾现场照片、平面图等),然后结案完成。

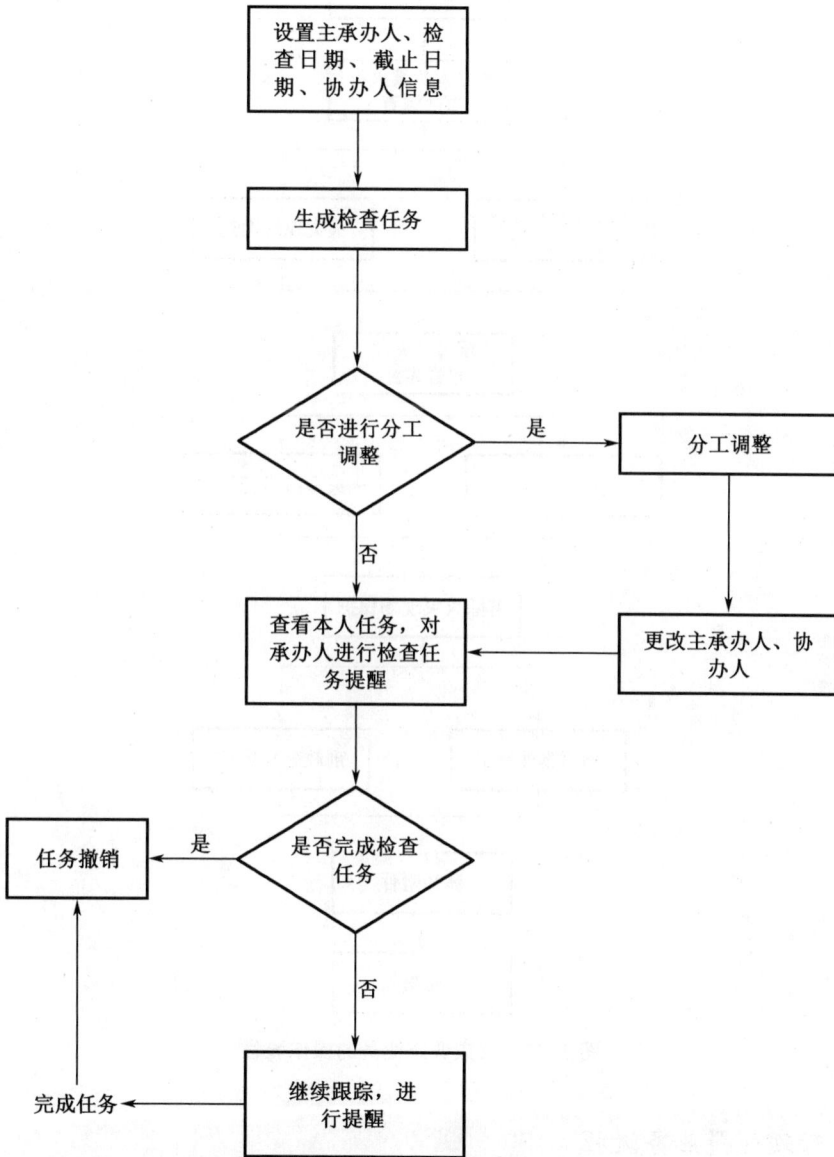

**图 2-11　任务分工业务的操作流程**

其中,火灾调查业务的操作流程如图 2-12 所示。

```
┌─────────────┐
│   发生火灾   │
└─────────────┘
       ↓
┌─────────────┐
│  火灾案件登记 │
└─────────────┘
       ↓
┌─────────────┐
│  领导审批确定 │
│    承办人    │
└─────────────┘
       ↓
┌─────────────┐
│ 承办人负责火灾│
│   事故调查   │
└─────────────┘
       ↓
┌──────────────┐      ┌──────────────┐
│ 填写《火灾现场 │      │  火灾现场勘查 │
│  保护通知书》  │      │              │
└──────────────┘      └──────────────┘
       ↓
┌─────────────┐
│  填写《火灾  │
│   报告表》   │
└─────────────┘
       ↓
┌─────────────┐      ┌──────────────┐
│  火灾原因认定 │      │ 火灾事故责任认定│
└─────────────┘      └──────────────┘
       ↓
┌──────────────┐
│ 解除火灾现场保护│
└──────────────┘
       ↓
┌─────────────┐      ┌──────────────┐
│  刑事案件登记 │      │  刑政处罚登记 │
└─────────────┘      └──────────────┘
       ↓
┌─────────────┐
│   添加附件   │
└─────────────┘
       ↓
┌─────────────┐
│     结案     │
└─────────────┘
```

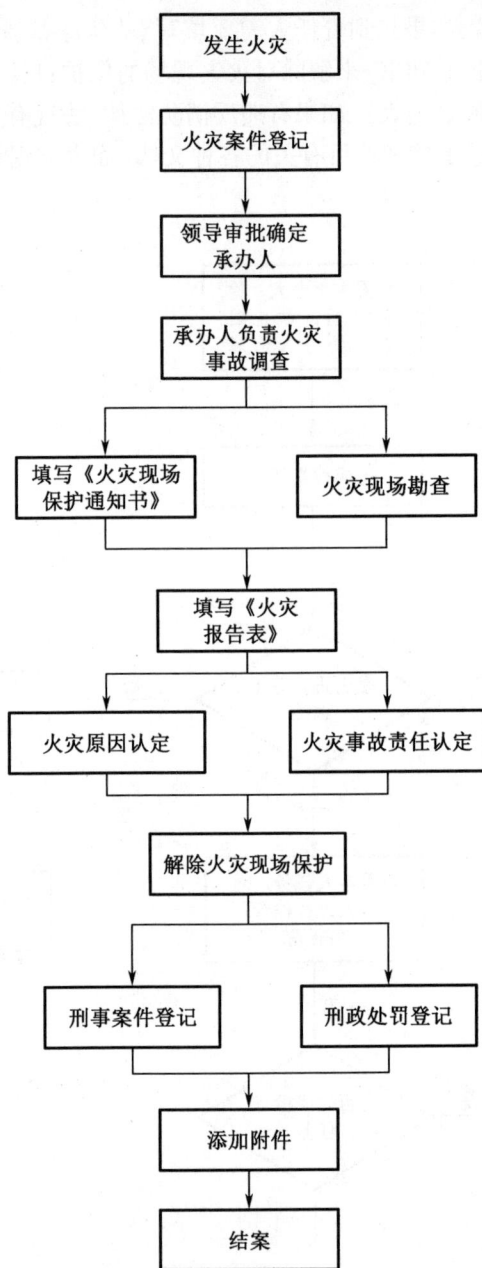

**图 2-12　火灾调查业务的操作流程**

## (六)行政处罚业务流程

消防监督管理系统中的行政处罚模块包括受理登记、处罚任务、拘留登记、当场处罚、刑事案件、查询统计等功能。行政处罚的主要流程为首先判断需要受案的是属于单独受案、监督检查过程中受案还是火灾调查过程中受案,然后填写《受案登记表》,发送给上级领导进行审批。审批过程中需要确定 1 名主办人和 1 名以上协办人。接着承办人进入处罚项目,如果不予处罚,则需要填写《不予处罚审批表》,进行发送、审批,如果需要进行处罚,则需要调查取证,主要有传唤、询问、讯问,接着告知程序,决定是否需要听证程序,然后行政处罚审批,告知笔录生成后需要进行公安行政处罚审批。最后进行结案。不予处理的案件,《不予处理审批表》审批通过后,项目将自动结案。需要行政处罚的案件《公安行政处罚决定书》签发后,可以通过"结案"功能进行手工结案。其中,处罚项目必须进行处罚或进行不予处理操作,否则将无法结案。

行政处罚业务的操作流程如图 2-13 所示。

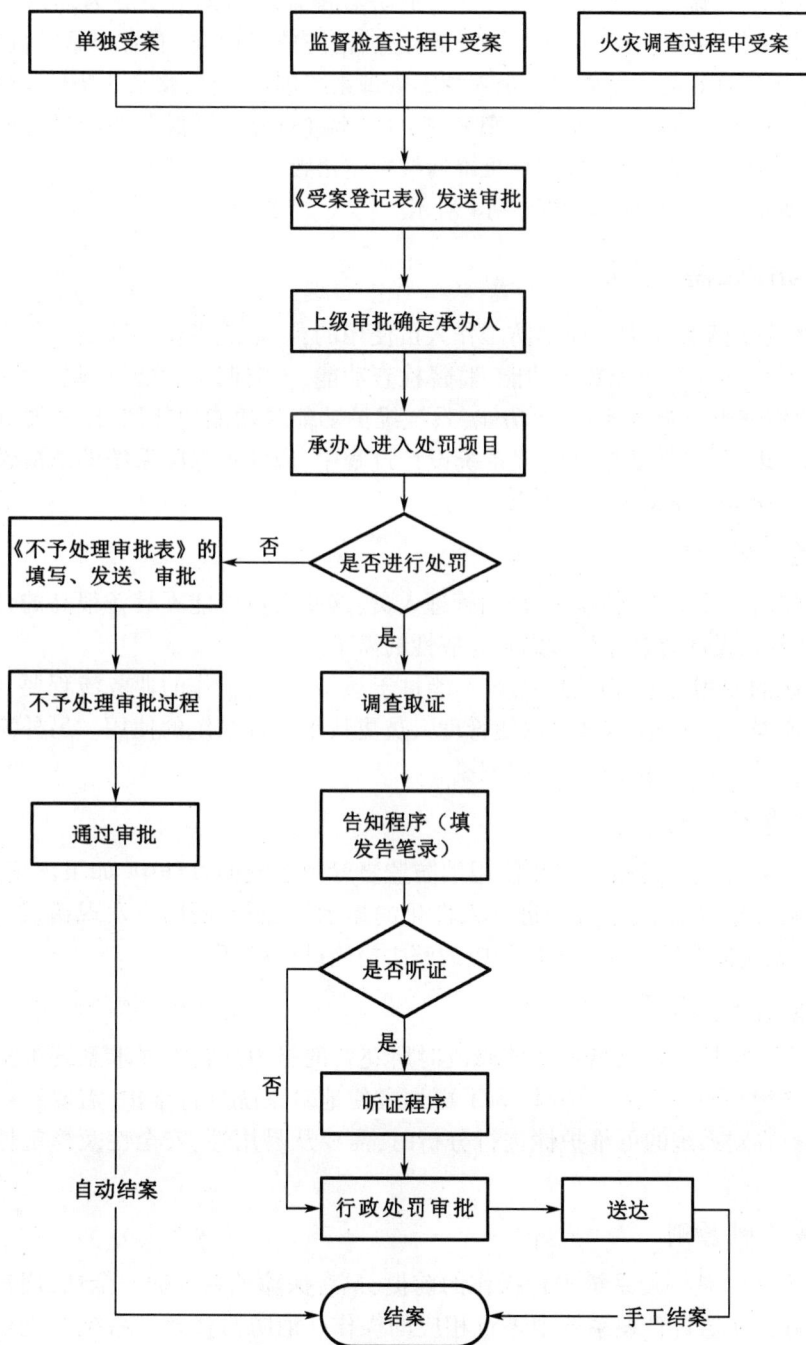

**图 2-13　行政处罚业务的操作流程**

（七）档案管理业务流程

消防监督管理系统中的档案管理模块包括任务重新归档、任务挂接单位功能。档案管理的流程主要为首先由案卷经办人员审定纸质的档案，确认归档材料是否完整准确，然后确定专门的档案管理人员对档案进行管理审核。档案管理人员首先需要按照档案管理规定对档案进行整理排序，然后对档案进行页码的编制，做到不漏页、不重页，完成之后进行档案的电子扫描，再确定档案的类别，其中，消防监督管理档案主要分为建筑工程消防监督、开业（使用）或举办大型活动前消防安全检查、消防监督检查、消防产品质量检查、火灾事故调查、火灾统计6类。完成之后录入档案管理系统进行存档，将纸质版档案装订成册进行分类保存。并且应当每年定期对保管期满的档案进行鉴定。保管期满且无继续保存价值的档案，应当编制销毁清册，经审核批准后按规定销毁。

档案管理业务的操作流程如图2-14所示。

## 四、非功能性需求分析

消防监督管理系统主要是供消防工作人员使用的，该系统不仅要满足工作人员对于首页功能、基础信息功能、受理登记功能、监督检查功能、火灾调查功能、行政处罚功能、档案管理功能、决策分析功能、查询统计功能、系统维护功能等功能的使用，还需要满足一些非功能性需求。因此，在消防监督管理系统设计过程中，应注重保障系统的适应性、可靠性、可维护性以及安全性等非功能性需求。

（一）适应性原则

系统的使用人员主要是消防监督的管理人员，这些人员可能不具备很高的计算机知识水平，所以系统在设计时要充分考虑到适应性的需求。

首先系统的使用要十分简洁，操作不能过于烦琐，并且工作的业务流程要与系统应用之前的业务流程大体相近，这样可以使管理人员更快地掌握系统的使用。另外系统的界面要美观大方，设计要人性化，便于使用浏览。

（二）可靠性原则

系统的可靠性主要是指用户在使用消防监督管理系统的过程中，如果出现操作错误、网络连接失败等异常现象，系统会进行人性化的提示，从而方便用户发现错误。对于某些常见的错误，系统还能够自动地采取相应的解决措施进行修复。

（三）可维护性原则

系统的可维护性主要是指对系统修改时所花费的努力。它不强求系统维护人员与编写系统人员必须是同一个人。同时，为了更加方便地对系统进行维护，需要对可维护性需求进行分析。在对系统的可维护性进行分析时，需要从易用性、安全性及稳定性等方面进行设计。

（四）安全性原则

系统的安全性是一切系统进行操作的前提，只有保障了系统的安全性，用户才能没有后顾之忧地在消防监督管理系统中进行相应的操作。消防监督管理系统对进行每一项功能的用户操作进行检测，对存在问题的操作进行限制，并且通过系统日志对这些潜在危险进行记录，从而很好地保障了系统的安全性。

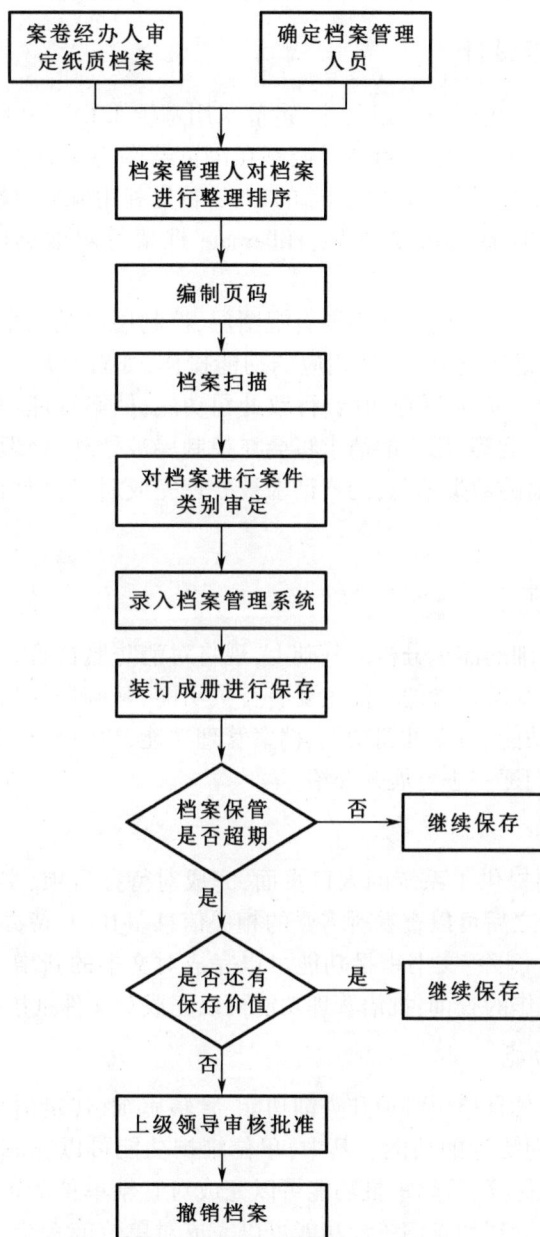

图 2-14　档案管理业务的操作流程

# 第三节　消防监督管理系统的架构模式与开发技术

在对消防监督管理系统进行了详尽的需求分析后,本节将对消防监督管理系统进行设计,系统共分为首页功能、基础信息功能、受理登记功能、监督检查功能、火灾调查功能、行政处罚功能、档案管理功能、决策分析功能、系统维护功能等。下面将围绕系统技术架构设计、功能结构设计、功能模块设计、数据库设计等方面展开叙述。

## 一、系统技术构架设计

在对消防监督管理系统的设计过程中,本节采用基于 J2EE 平台的 Java 语言对系统进行底层开发,在软件开发的过程中用到了能够在浏览器端与服务器端进行操作的 B/S 架构。另外,本系统还采用视图-模型-控制器的方式,首先利用 MVC 模型将用户请求提交给系统,随后利用 Spring 框架、Struts2 框架、Hibernate 框架等对数据库间的数据进行操作处理。

消防监督管理系统所涉及的层次主要有视图层、控制层以及数据库层三个层次。用户可以在数据库层与系统进行交互,选择相应的功能操作,如首页功能、基础信息功能、受理登记功能、监督检查功能、火灾调查功能、行政处罚功能、档案管理功能、决策分析功能、查询统计功能、系统维护功能等;用户的请求将会在控制层被处理,处理过程中需要与数据库进行数据交互,传递所需的数据信息;用户请求被处理完成后,处理结果将会在视图层反馈给用户。

## 二、功能结构设计

在上述所进行的详细的需求分析的基础上,现将对消防监督管理系统的功能结构进行设计。消防监督管理系统所包含的功能主要有首页功能、基础信息功能、受理登记功能、监督检查功能、火灾调查功能、行政处罚功能、档案管理功能、决策分析功能、系统维护功能这几个方面,下面将对它们逐一进行展开介绍。

### (一)首页功能

首页功能模块主要提供了系统的入口页面,完成对待办事项、文书审批、工作查询、批语管理等的设置。登录之后可以查看所需要的相关信息。其中,待办事项功能可以完成对待办事项的新增、保存、删除;文书审批功能可以完成对文书的新增、审批通过、删除;工作查询功能可以完成对工作的查询;批语管理功能可以完成对文件批语的新增、保存、删除。

### (二)基础信息功能

基础信息功能模块具有单位维护和查询功能、管辖审批、建筑信息管理功能、户籍化管理和查询统计功能、查询统计的功能。其中,单位维护功能可以完成对消防管辖单位的信息的新增、修改、删除和保存;管辖审批功能可以完成对管辖单位的审批通过、审批不通过、删除、新增审批;户籍化管理和查询统计功能可以完成对单位或者个人的户籍进行新增、信息修改、删除以及查询统计。

### (三)受理登记功能

受理登记功能模块功能包括审核验收受理登记、安全检查受理登记、备案抽查受理登记、举报投诉受理登记、大型活动安全检查、监督复查申请登记、火灾事故调查受理登记、火灾认定复核受理登记、火灾重新认定登记、行政处罚受理登记。审核验收受理登记功能可以对建筑工程设计审核、竣工验收项目进行受理登记的新增、删除和修改;安全检查受理登记功能可以对公众聚集场所投入使用、营业前安全检查项目进行受理登记的新增、删除和修改;备案抽查受理登记功能可以对建设工程设计备案、验收备案项目进行受理登记的新增、删除和修改;举报投诉受理登记功能可以对举报投诉消防违法行为核查项目进行受理登记的新增、删除和修改;大型活动安全检查功能对大型群众性活动举办前的消防安全检查进行受理登记的新增、删除和修改;火灾事故调查受理登记功能可以对接到报警的火灾事故调查项目进行受理登记的新增、删除和修改;火灾认定复核受理登记功能可以对火灾发生后复核的结果进行受理登记的新增、删除和修改;火灾重新认定登记功能可以对火灾的调查结果进行重新认定之后受理登记进行新增、删除和修改。

### (四)监督检查功能

监督检查功能模块主要包括生成检查任务、本人检查任务、任务分工管理、隐患跟踪管理、执法统计、查询统计。生成检查任务功能包含对日常监督检查任务、抽样计划任务、监督抽查任务的新增、删除和修改;本人检查任务功能包含对检查任务的临时查询;任务分工管理功能可以对本单位数据进行录入,对任务分工进行修改和新增、更换承办人;隐患跟踪功能中可以修改隐患跟踪进度,对复查隐患跟踪的登记进行新增和删除,查看重大隐患销案情况;执法统计功能可以对各单位执法工作月报、全支队汇总月报进行新增、删除和修改;查询统计功能可以查看监督抽查计划、监督检查任务、法律文书管理、其他文档管理。

### (五)火灾调查功能

火灾调查功能模块的功能主要包括生成火调任务、火灾事故调查、火灾重新认定、延期认定、查询统计等。生成火调任务的功能主要是对火调任务进行新增与删除;火灾事故调查功能是对火灾发生的结果进行增加;火灾重新认定功能是对火灾认定结果进行修改;延期认定功能是对火灾的认定时间进行修改;查询统计功能可以对所有的火调任务及火灾事故认定结果进行查看。

### (六)行政处罚功能

行政处罚功能模块主要包括受案登记、处罚任务、拘留登记、当场处罚、刑事案件、查询统计等。其中,受案登记功能是对监督检查过程中的受案、火灾调查中的受案和单独受案进行新增、修改和删除;处罚任务功能是对本人需承办的所有处罚任务进行新增;拘留登记功能是对需要进行拘留的承办人进行信息的新增。

### (七)档案管理功能

档案管理功能模块包括档案归档管理、任务重新归档。档案归档管理功能是对建筑工程消防监督、开业(使用)或举办大型活动前消防安全检查、消防监督检查、消防产品质量检查、火灾事故调查、火灾统计6类档案设置起始日期和保存年限,进行归档处理并保存。任务重新归档功能是对档案进行重新分类并保存。

### (八)决策分析功能

决策分析功能模块的功能有单位分析、建筑分析、检查分析、隐患分析、单位预警。单位分析功能是新增统计图表对监管单位信息进行统计分析;建筑分析功能是新增统计表对建筑信息进行统计分析;检查分析功能是新增统计表对监督检查信息进行统计分析;隐患分析功能包括查看一般隐患单位分析、重大隐患销案情况,新增监督检查过程中发现的含有隐患的单位和含有重大隐患的单位;单位预警功能可检索某段检查时间内出现"发生火灾""重大火灾隐患""隐患已整改完毕""一般隐患整改""未检查"或"检查未发现问题"等情况的单位相关信息。

### （九）系统维护功能

系统维护功能模块的功能有代码表管理、文书管理、执法单位、处罚知识库、角色管理、流程管理、代办提醒、换承办人、项目操作、节假日设置、备案抽查比例、日志查询等维护。其中，代码表管理功能可以对所有的代码表进行修改、删除及新增代码表；文书管理功能可以实现对所有法律文书的管理，包括新增、定义、修改、设置属性等；执法单位功能可以实现对所有参与执法的单位信息进行修改、删除及新增；处罚知识库功能可以实现对各种法律法规、规章制度、技术标准进行修改、删除和新增；角色管理功能可以提供角色的新增、修改和删除，并分配权限给具体人员；流程管理功能要对审批过程中所需的流程进行定义、维护及管理；换承办人功能可以实现对单位承办人的修改；节假日设置功能是设置对每个法定节假日的提醒；日志查询功能可以实现对日志的新增、修改及检索功能。

## 三、功能模块设计

消防监督管理系统主要包括首页功能、基础信息功能、受理登记功能、监督检查功能、火灾调查功能、行政处罚功能、档案管理功能、决策分析功能、系统维护功能。下面将围绕这些基本的功能展开叙述。

### （一）首页功能设计

在对消防监督管理系统的首页功能模块进行设计的过程中，所设计的类主要包括首页设置控制类（Home Page Action. java）与首页设置总逻辑类（Home Page Manage. java），其中首页设置总逻辑类包括待办事项逻辑类（Todo List Manage. java）、文书审批逻辑类（Document Examination Manage. java）、工作查询逻辑类（Work Query Manage. java）、批语管理逻辑类（Comment Management Manage. java）。待办事项逻辑类用到的实体类为 List Message. java、文书审批逻辑类用到的实体类为 Document Message. java，工作查询逻辑类用到的实体类为 Work Message. java、批语管理逻辑类用到的实体类为 Comment Message. java。创建待办事项实体类的对象为 listM，文书审批实体类的对象为 docM，工作查询实体类的对象为 workM，批语管理实体类的对象为 comM。

其中，待办事项逻辑类所涉及的方法有待办事项添加方法（add List）、待办事项删除方法（delete List）；文书审批逻辑类所涉及的方法有文书审批添加方法（add Document）、文书审批删除方法（delete Document）、文书审批修改方法（modify Document）；工作查询逻辑类所涉及的方法有工作信息查询方法（search Work Information）；批语管理逻辑类所涉及的方法有批语管理添加方法（add Comment）、批语管理删除方法（delete Comment）、批语管理修改方法（modify Comment）。

首页功能中的各个类及其方法描述见表2-8。

表2-8　首页类方法

| 类名 | 方法名 | 方法介绍 |
| --- | --- | --- |
| Todo List Manage. java | 1. add List<br>2. delete List | 1. 新增待办事项<br>2. 删除待办事项 |

**表 2-8**(续)

| 类名 | 方法名 | 方法介绍 |
|---|---|---|
| Document Examination Manage. java | 1. add Document<br>2. delete Document<br>3. modify Document | 1. 新添文书审批<br>2. 删除文书审批<br>3. 修改文书审批 |
| Work Query Manage. java | search WorkInformation | 查询工作信息 |
| Comment Management Manage. java | 1. add Comment<br>2. delete Comment<br>3. modify Comment | 1. 新增批语<br>2. 删除批语<br>3. 修改批语 |

## (二)基础信息功能设计

在对消防监督管理系统的基础信息模块进行设计的过程中,所设计的类主要包括基础信息控制类(Basic Information Action. java)与基础信息总逻辑类(Basic Information Manage. java)。其中,基础信息总逻辑类包括单位维护逻辑类(Unit Maintenance Manage. java)、管辖审批逻辑类(Jurisdiction Examination Manage. java)、建筑管理逻辑类(Building Management Manage. java)、户籍化管理逻辑类(Household Registration Manage. java)。单位维护逻辑类用到的实体类为 Unit Message. java、管辖审批逻辑类用到的实体类为 Jurisdiction Examination Message. java、建筑管理逻辑类用到的实体类为 Building Management Message. java、户籍化管理逻辑类用到的实体类为 Household Registration Message. java。创建单位维护实体类的对象为 maintenanceM,管辖审批实体类的对象为 jurisdictionM,建筑管理实体类的对象为 buildingM,户籍化管理实体类的对象为 householdM。

基础信息功能中单位维护逻辑类所设计的方法主要有新增单位信息(add Unit Info)、添加单位类别(add Unit Type)、确定承办人(add Director)、修改单位信息(modify Unit);管辖审批逻辑类所设计的方法主要有确定承办人(add Director)、新增审批(add Jurisdiction)、删除审批(delet Juris diction);户籍化管理逻辑类所设计的方法主要有确定承办人(add Director)、新增户籍信息(add Household Registration)、修改户籍信息(modify Household Registration)、删除户籍信息(delet Household Registration);建筑管理逻辑类所设计的方法主要有确定承办人(add Director)、新增建筑的信息(add Building)、删除建筑的信息(delete Building)、修改建筑的信息(modify Building)。

## (三)受理登记功能设计

受理登记模块进行设计的过程中,设计的类主要包括受理登记控制类(Accept And Register Action. java)与受理登记总逻辑类(Accept And Register Manage. java)。其中,受理登记总逻辑类中包含审核验收受理登记逻辑类(Audit Acceptance Manage. java)、安全检查受理登记逻辑类(Security Check Manage. java)、备案抽查受理登记逻辑类(Spot Check Mange. java)、举报投诉受理登记逻辑类(Report Complaints Manage. java)、火灾事故调查受理登记逻辑类(Fire Investigation Manage. java)。审核验收受理登记逻辑类用到的实体类为 Audit Acceptance Message. java、安全检查受理登记逻辑类用到的实体类为 Security Check Message. java、备案抽查受理登记逻辑类用到的实体类为 Spot Check Message. java、举报投诉受理登记逻辑类用到的实体类为 Report Complaints Message. java、火灾事故调查受理登记逻辑类用到的实体类为 Fire Investigation Message. java。创建审核验收受理登记实体类的对象为 auditM,安全检查受理登记实体类的对象为 securityM,备案抽查受理登记实体类的对象为 spotM,举报投诉受理登记实体类的对象为 reportM,火灾事故调查受理登记实体类的对象为 fireM。

受理登记模块中审核验收受理登记逻辑类所设计认定的方法主要有对建筑工程设计审核、竣工验收项目的新增(add Audit)、删除(delete Audit)和修改(modify Audit);安全检查受理登记逻辑类所设计认定的方法主要有对公众聚集场所投入使用、营业前安全检查项目进行的新增(add Security)、删除(delete Security)和修改(modify Security);备案抽查受理登记逻辑类所设计认定的方法主要有对建设工程设计备案、验收备案项目进行的新增(add Spot)、删除(delete Spot)和修改(modify Spot);举报投诉受理登记逻辑类所设计认定的方法主要有对举报投诉消防违法行为核查项目进行的新增(add Complaints)、删除(delete Complaints)和修改(modify Complaints);火灾事故调查受理登记逻辑类所设计认定的方法主要有对接到报警的火灾事故调查项目进行的新增(add Fire)、删除(delete Fire)和修改(modify Fire)。

### (四)监督检查功能设计

监督检查模块主要包括监督检查控制类(Supervise And Check Action. java)与监督检查总逻辑类(Supervise And Check Manage. java)。监督检查总逻辑类中包含实现该模块基本功能的逻辑类,主要有生成检查任务逻辑类(Build Check Task Manage. java)、本人检查任务逻辑类(Check Task Manage. java)、任务分工管理逻辑类(Task Division Manage. java)、隐患跟踪管理逻辑类(Hidden Trouble Tracking Manage. java)。生成检查任务逻辑类对应的实体类是 Build Check Task Message. java、本人检查任务逻辑类对应的实体类是 Check Task Message. java、任务分工管理逻辑类对应的实体类是 Task Division Message. java、隐患跟踪管理逻辑类对应的实体类是 Hidden Trouble Tracking Message. java。创建生成检查任务实体类的对象为 build TaskM,本人检查任务实体类的对象为 taskM,任务分工管理实体类的对象为 task DivisionM,隐患跟踪管理实体类的对象为 hidden TrackingM。

生成检查任务逻辑类中设计的方法有新增检查任务(add Check Task)、设置任务预期完成时间(set Expected Time)、设置检查类型(set Check Type)、删除任务(delete Taks);本人检查任务逻辑类中设计的方法有查看本人任务(check Task);任务分工管理逻辑类中设计的方法有新增任务(add Task)、更换承办人(change Organizer)、修改任务(modify Task);隐患跟踪管理逻辑类中设计的方法有修改跟踪进度(modify Tracking Progress)、新增隐患信息(add Hidden Trouble),删除隐患(delete Hidden Trouble)等。

### (五)火灾调查功能设计

在对火灾调查模块进行设计的过程中,所设计的类主要包括火灾调查控制类(FireInvestigation Action. java)和火灾调查总逻辑类(FireInvestigation Manage. java)。其中,火灾调查总逻辑类中包含生成火调任务逻辑类(Generate Fire-tuning Task Manage. java)、火灾事故调查逻辑类(FireInvestigation Manage. java)、火灾重新认定逻辑类(Fire Re-determination Manage. java)、延期认定逻辑类(Deferred Determination Manage. java)。生成火调任务逻辑类对应的实体类为 Generate Firetuning Task Message. java、火灾事故调查逻辑类

对应的实体类为 FireInvestigation Message. java、火灾重新认定逻辑类对应的实体类为 Fire Re-determination Message. java、延期认定对应的实体类为 Deferred Determination Message. java。创建生成火调任务实体类的对象为 generate Fire TaskM,火灾事故调查实体类的对象为 fireInvestigationM,火灾重新认定实体类的对象为 fire Re-determinationM,延期认定实体类的对象为 deferred DeterminationM。

火灾调查模块中生成火调任务逻辑类所包含的方法主要有确定承办人(set Director)、设置火灾地点(set Address);火灾事故调查逻辑类所包含的方法主要有新增附件(add Attachments)、新增报告表(add Report Form)、设置火灾原因(set Cause)、确定负责人(set Charger);火灾重新认定逻辑类所包含的方法主要有确定承办人(set Director)、修改火灾原因(modify Cause)、添加火灾原因重新认定决定书(add Re-determination Decision);延期认定逻辑类所包含的方法主要有确定承办人(set Director)、修改火灾认定截止时间(modify Deadline)。

## (六)行政处罚功能设计

在对行政处罚模块进行设计的过程中,所设计的类主要包括行政处罚控制类(Administer Sanction Action. java)与行政处罚总逻辑类(Administer Sanction Manage. java)。行政处罚总逻辑类包括确认受案登记逻辑类(Register Case Manage. java)、拘留登记逻辑类(Register Detention Manage. java)、处罚任务逻辑类(Punishment Task Manage. java)、刑事案件逻辑类(Criminal Case Manage. java)。受案登记逻辑类对应的实体类为 Register Case Message. java、拘留登记逻辑类对应的实体类为 Register Detention Message. java、处罚任务逻辑类对应的实体类为 Punishment Task Message. java、刑事案件逻辑类对应的实体类为 Criminal Case Message. java。创建受案登记实体类的对象为 caseM,拘留登记实体类的对象为 detentionM,处罚任务实体类的对象为 punishmentM,刑事案件实体类的对象为 criminalM。

行政处罚模块中受案登记逻辑类所包含的方法主要有设置受案时间(set Case Time),设置受案类型(set Case Type)、设置承办人(set Director)、删除受案登记(delete Case);拘留登记逻辑类所包含的方法主要有添加笔录(add Transcripts)、新增拘留信息(add DetentionInfo)、设置负责人(set Director);处罚任务逻辑类所包含的方法主要有设置处罚对象(set Punishment People)、设置处罚类型(set Punishment Type),设置处罚时间(setPunishmentTime);刑事案件逻辑类所包含的方法主要有设置登记刑事案件时间(set Case Time),设置承办人(set Director)、修改登记信息(modify Case)。

## (七)档案管理功能设计

消防监督管理系统的档案管理模块中所设计控制类有档案管理控制类(File Management Action. java)和档案管理总逻辑类(File Management Manage. java)。其中,档案管理控制总逻辑类中包含档案归档管理逻辑类(File Archive Manage. java)、任务重新归档逻辑类(File Re Archive Manage. java)。档案归档管理逻辑类对应的实体类为 File Archive Message. java,任务重新归档逻辑类的实体类为 File Re Archive Message. java。创建档案归档管理实体类的对象为 file ArchiveM,任务重新归档实体类的对象为 file Re ArchiveM。

档案管理模块中档案归档管理逻辑类所包含的方法主要有新增档案(add File)、设置结案状态(set Case State)、获取案卷类别(set Case Type)、设置承办人(set Director);任务重新归档逻辑类所包含的方法主要有修改入档时间(modify File Time)、修改承办人(modify

Director)。

## (八)决策分析功能设计

消防监督管理系统的决策分析模块的类主要包括决策分析控制类(Additional Function Action. java)与决策分析总逻辑类(Additional Function Manage. java)。其中,决策分析总逻辑类中包含单位分析逻辑类(Unit Analysis Manage. java)、建筑分析逻辑类(Structure Analysis Manage. java)、检查分析逻辑类(Check Analysis Manage. java)、隐患分析逻辑类(Hidden Danger Analysis Manage. java)。单位分析逻辑类对应的实体类是 Unit Analysis Message. java、建筑分析逻辑类对应的实体类是 Structure Analysis Message. java、检查分析逻辑类对应的实体类是 Check Analysis Message. java、隐患分析逻辑类对应的实体类是 Hidden Danger Analysis Message. java。创建单位分析实体类的对象为 unit AnalyM,建筑分析实体类的对象为 structure AnalyM,检查分析实体类的对象为 check AnalyM,隐患分析实体类的对象为 hidden DangerM。

决策分析模块中单位分析逻辑类所包含的方法主要有对监管单位信息的统计图表的新增(add Unit Info)、修改(modify Unit Info)、删除(delete Unit Info)、检索(search Unit);建筑分析逻辑类所包含的方法主要有对建筑信息统计表的新增(add Structure Info)、修改(modify Structure Info)、删除(delete Structure Info)、条件检索(search Structure);检查分析逻辑类所包含的方法主要有对监督检查信息的统计表的新增(add Check Info)、修改(modify Check Info)、删除(delete Check Info)、条件检索(search Check);隐患分析逻辑类所包含的方法主要有新增具有隐患单位信息(add Risk Unit)、新增具有重大隐患单位信息(add Major RiskUnit)、设置整改期限(set Deadline)、检索隐患单位(sesrch Risk Unit)。

## (九)系统维护功能设计

系统维护模块的类主要包括系统维护控制类(System Maintenance Action. java)与系统维护总逻辑类(Additional Function Manage. java)。其中系统维护总逻辑类包含代码表管理逻辑类(Code Table Manege. java)、文书管理逻辑类(Document Management. java)、处罚知识库逻辑类(Punisment Base Manage. java)、角色管理逻辑类(RoleManage. java)、流程管理逻辑类(Process Manage. java)、日志查询逻辑类(Log Query Manange. java)。代码表管理逻辑类对应的实体类为 Code Table Message. java、文书管理逻辑类对应的实体类为 Document Message. java、处罚知识库对应的实体类为 Punisment Base Message. java、角色管理逻辑类对应的实体类为 Role Message. java、流程管理逻辑类对应的实体类为 Process Manage. java、日志查询逻辑类对应的实体类为 Log Query Message. java。创建代码表管理的实体类的对象为 code TableM,文书管理的实体类的对象为 documentM,处罚知识库的实体类的对象为 punisment BaseM,角色管理的实体类的对象为 RoleM,流程管理的实体类的对象为 processM,日志查询的实体类的对象为 log QueryM。

系统维护模块中代码表管理逻辑类所包含的方法主要有新增代码表(add Code Table)、修改代码表(modify Code Table)、索引代码表(search Code Table);文书管理逻辑类所包含的方法主要有对法律文书流程的设置(set Legal Document Flow)、对法律文书的定义(define Legal Document)、新增(add Legal Document)、修改(modify Legal Document);处罚知识库逻辑类所包含的方法主要有修改法律、法规中的条款(modify Law Item)、修改具体违法行为和与之相关处罚种类的关联(modify Relation)、新增规章制度(add Regulations)、新增技术标准

（add Technical Standard）；角色管理逻辑类所包含的方法主要有设置角色权限（set Role Authority），对角色进行新增（add Role）、删除（delete Role）、修改（modifu Role），并对角色进行索引（search Role）；流程管理逻辑类所包含的方法主要有对流程图的新增（add Flow Chart）、删除（delete Flow Chart）、修改（modify Flow Chart），对审批过程的流程进行定义（define Approval Folow）、修改（modify Approval Flow）；日志查询逻辑类包含的方法主要有新增工作日志（add Work Log）、修改工作日志（modify Work Log）、删除工作日志（delete Work Log）、索引工作日志（search Work Log）。

## 四、数据库设计

消防监督管理系统是在结合消防监督管理工作的实际需求的基础上，在 SQL SERVER 2014 环境下设计完成的。下面将围绕消防监督管理系统数据库设计的 E-R 图以及所用到的数据表展开介绍。

在进行了详尽的需求分析后，本书决定将 SQL SERVER 2014 作为消防监督数据库，其中有很多数据库是用来保存消防监督检查公文的，但由于本书篇幅所限，这里仅对部分公文的数据库概念设计和系统其他数据库的概念设计进行介绍。下面将通过 E-R 图的方式，对这些数据信息间的联系进行展现。

### （一）登录信息表

登录信息表主要用来存储系统的登录者的信息，它的属性主要包括登录账号、密码、登录者编号、登录者姓名、登录者性别、身份证号、注册时间、管理权限、单位编号。

登录信息表的 E-R 图如图 2-15 所示。

图 2-15　登录信息表的 E-R 图

### （二）单位信息表

单位信息表主要用来存储消防监督管理部门所管辖的所有单位的信息，它的属性主要包括单位编号、单位名称、单位概况、单位地址、主责承办人姓名、承办人联系电话、法人姓名、法人联系电话、是否消防重点单位等。

单位信息表的 E-R 图如图 2-16 所示。

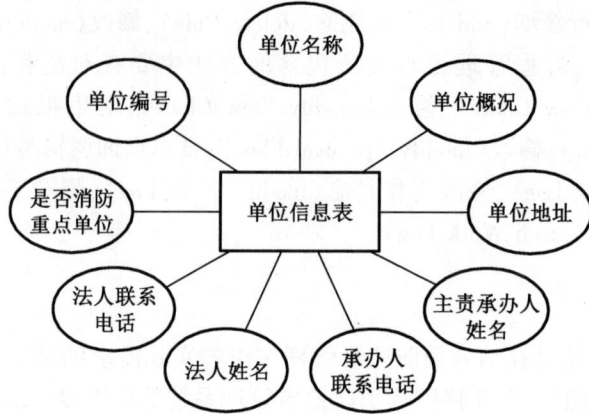

图 2-16　单位信息表的 E-R 图

（三）火灾事故调查登记表

火灾事故调查登记表主要是用来存储消防监督管理部门对所有发生的火灾事故进行调查的登记表，它的属性主要包括记录编号、单位编号、单位名称、单位地址、法人姓名、法人联系电话、起火原因、起火时间、火灾等级等。

火灾事故调查登记表的 E-R 图如图 2-17 所示。

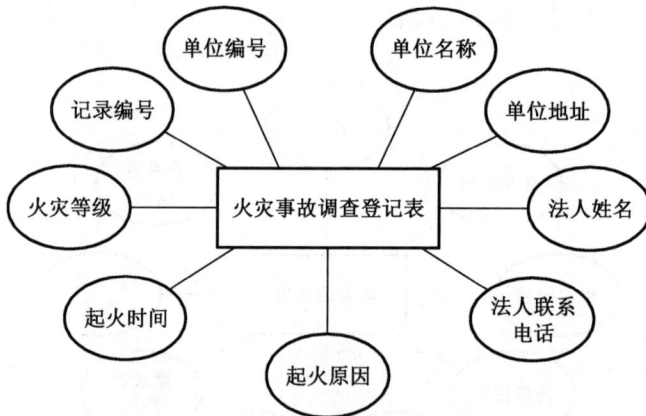

图 2-17　火灾事故调查表的 E-R 图

（四）延期认定决定表

延期认定决定表主要是用来存储消防监督管理部门对火灾事故进行延期认定的登记表，它的属性主要包括记录编号、单位编号、单位名称、单位地址、火调截止日期、延期时限、延期原因、承办人、备注等。

延期认定决定表的 E-R 图如图 2-18 所示。

（五）检查任务表

检查任务表主要用来存储消防监督管理部门的工作人员监督检查任务，它的属性主要包括记录编号、单位编号、单位名称、单位地址、预定检查日期、检查类型、检查情况、检查状态、承办人、备注等。

检查任务表的 E-R 图如图 2-19 所示。

图 2-18 延期认定决定表的 E-R 图

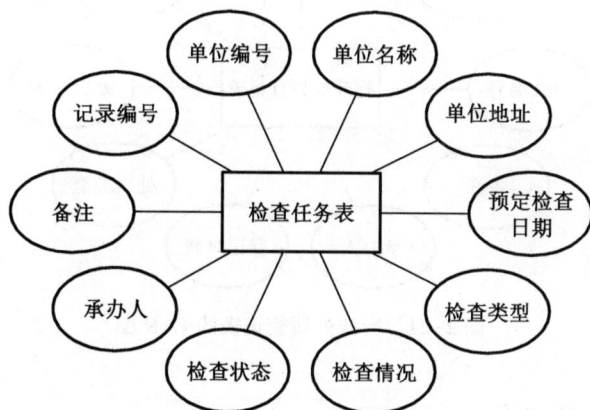

图 2-19 检查任务表的 E-R 图

## （六）责令限期改正通知表

责令限期改正通知表主要用来存储消防监督管理部门责令检查有问题的单位进行改正的信息，它的属性主要包括记录编号、单位编号、单位名称、单位地址、火灾隐患、消防违法行为、检查日期、改正截止日期、检查状态、承办人等。

责令限期改正通知表的 E-R 图如图 2-20 所示。

## （七）行政处罚登记表

行政处罚登记表主要用来存储消防监督管理部门对需要进行行政处罚的单位进行处罚的信息，它的属性主要包括记录编号、处罚单位编号、处罚单位名称、处罚单位地址、处罚原因、处罚类型、登记时间、承办人、备注等。

行政处罚登记表的 E-R 图如图 2-21 所示。

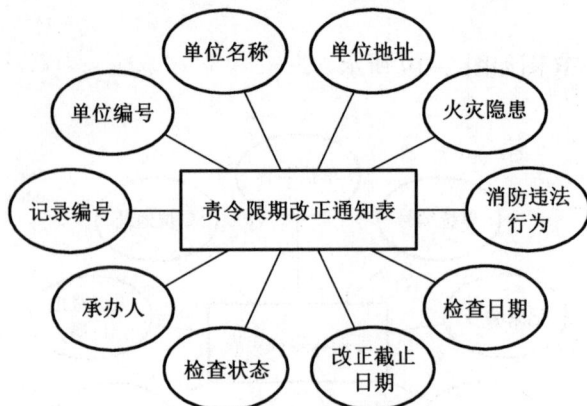

图 2-20　责令限期改正通知表的 E-R 图

图 2-21　行政处罚登记表的 E-R 图

（八）档案归档登记表

档案归档登记表主要用来存储各单位档案的信息，它的属性主要包括档案编号、单位编号、单位名称、单位地址、承办人姓名、承办人联系方式、法人姓名、法人联系电话、入档时间、案卷类别、保存年限、备注等。

档案归档登记表的 E-R 图如图 2-22 所示。

（九）违法行为举报、投诉查处情况表

违法行为举报、投诉查处情况表主要用来存储投诉查处情况的基本信息，它的属性主要包括投诉编号、投诉人姓名、投诉人联系电话、被投诉单位名称、投诉形式、受理时间、受理人员、投诉内容、备注等。

违法行为举报、投诉查处情况表的 E-R 图如图 2-23 所示。

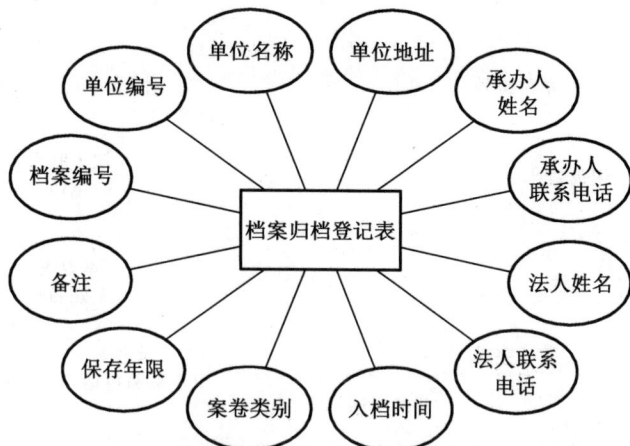

图 2-22 档案归档登记表的 E-R 图

图 2-23 违法行为举报、投诉查处情况表的 E-R 图

## (十) 隐患情况登记表

隐患情况登记表主要用来存储具有隐患的单位的基本信息,它的属性主要包括记录编号、单位编号、单位名称、单位地址、法人姓名、法人联系电话、承办人姓名、承办人联系电话、隐患内容、整改措施、整改完成期限、备注等。

隐患情况登记表的 E-R 图如图 2-24 所示。

系统整体的 E-R 图如图 2-25 所示。

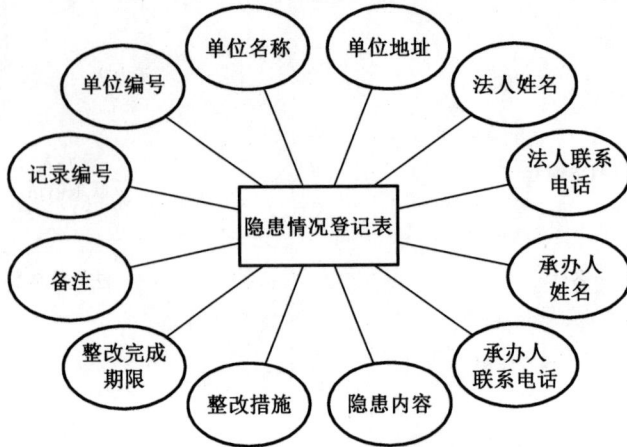

图 2-24　隐患情况登记表的 E-R 图

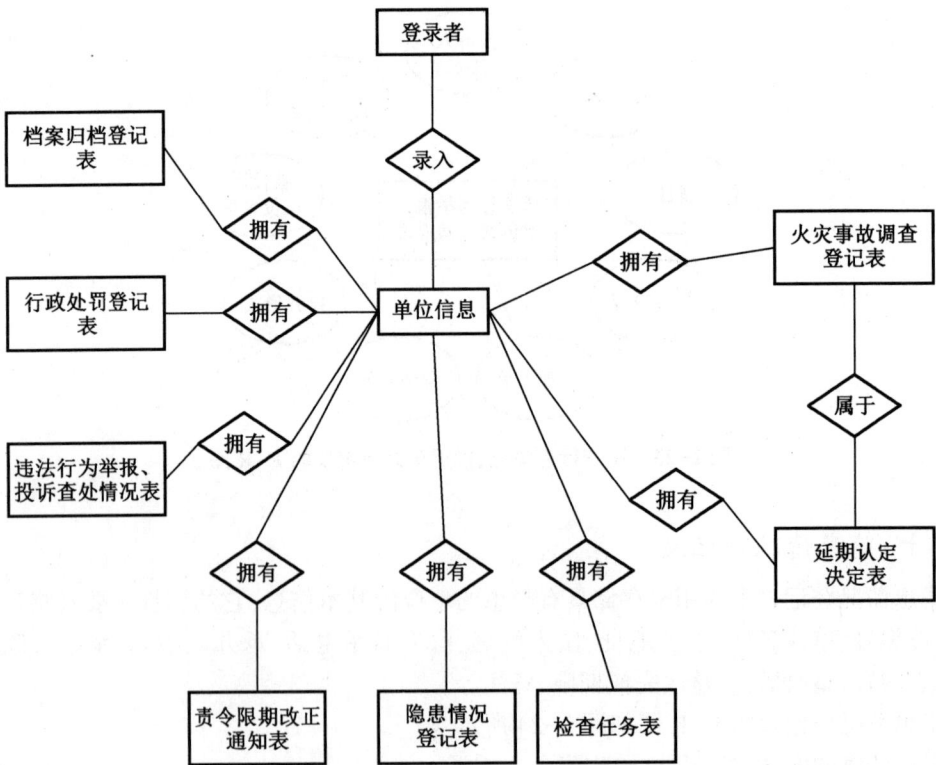

图 2-25　系统整体的 E-R 图

# 第三章　消防安全管理

近年来,我国经济发展速度不断加快,消防安全管理水平也有了显著的提升。但是,从整体上来看,现阶段我国消防安全管理以及现行消防监督管理模式仍然存在不足。基于此,本章主要针对当前我国消防安全管理现状中存在的问题进行分析,希望能为今后我国消防安全管理水平的进一步提升提供参考。

## 第一节　消防安全管理概述

### 一、消防安全管理组织机构及职责

(一)组长(消防安全负责人)的主要职责

(1)贯彻执行消防法规,保障单位消防安全符合规定,掌握本单位的消防安全情况。

(2)将消防工作与本单位的活动统筹安排,批准实施年度消防工作计划。

(3)为本单位的消防安全提供必要的经费和组织保障。

(4)确定逐级消防安全责任,批准实施消防安全制度和保障消防安全的操作规程。

(5)组织防火检查,督促落实火灾隐患整改,及时处理涉及消防安全的重大问题。

(6)根据消防法规的规定建立专职消防队、义务消防队。

(7)组织制定符合本单位实际的灭火和应急疏散预案,并实施演练。

(二)副组长(消防安全管理人)的主要职责

(1)拟订年度消防工作计划,组织实施日常消防安全管理工作。

(2)组织制定消防安全制度和保障消防安全的操作规程并检查督促其落实。

(3)拟订消防安全工作的资金投入和组织保障方案。

(4)组织实施防火检查和火灾隐患整改工作。

(5)组织实施对本单位消防设施、灭火器材和消防安全标志的维护保养,确保其完好有效,确保疏散通道和安全出口畅通。

(6)组织管理专职消防队和义务消防队。

(7)在员工中组织开展消防知识、技能的宣传教育和培训,组织灭火和应急疏散预案的实施与演练。

(8)单位消防安全责任人委托的其他消防安全管理工作。

(三)组员的主要职责

(1)贯彻执行单位的消防安全管理制度,了解岗位职责制度。

(2)熟悉本单位的消防设施、灭火器材和消防安全标志的使用及维护保养方法,定期保养,使其完好有效。

（3）了解本单位的火灾危险性，能够检查和整改火灾隐患。

（4）了解单位的灭火和应急疏散预案，了解火灾等突发情况的处置程序。

（5）其他需要履行的消防职责。

## 二、消防安全管理的任务

在我国建设的新时期，消防安全管理的总任务，就是要依据经济发展规律和经济建设的新情况及新特点，适应市场经济发展来决定消防管理总目标，坚持"预防为主，防消结合"的方针，通过各级党政领导，充分发动群众，进行严格管理、科学管理、依法管理，更有效地防止和减少火灾危害，保卫社会主义现代化建设及保障公民生命财产的安全。

具体地说，消防安全管理的任务如下。

第一，贯彻"预防为主，防消结合"的方针，坚持专门机关和群众相结合的原则，实行防火安全责任制。

第二，建立健全各级消防安全管理机构，选择、考核以及培养各类消防安全管理人员。

第三，制订消防安全管理计划，选择并决定近期或者远期消防安全管理目标。

第四，开展消防宣传教育，普及消防安全管理知识，动员全员参加消防安全管理活动。

第五，研究如何利用最少的人力、财力、物力、时间，采取现代化的科学方法，为单位提供最佳消防安全环境。

第六，建立健全消防安全管理规章制度，实行规范管理、从严管理。

第七，加强对消防安全事务进行监督、检查、控制以及协调工作。

第八，对在消防工作中有突出贡献或成绩显著的单位及个人予以奖励。

## 三、消防安全管理的作用

火灾是一种破坏力很强的治安灾害，因此做好消防安全管理工作对保障公民的生命、财产安全，保卫我国现代化建设具有十分重要的作用。

### （一）保护公民生命、财产安全的需要

火灾是一种最为常见的严重危害人民生命、财产安全的灾害。在火灾发展过程中，通常情况下火灾会被控制在小范围内，人员有时间逃生。但因为很多建筑物，尤其是公众聚集场所、机关、团体、企业、事业单位大量使用易燃、可燃材料装修，并且疏散通道堵塞、消防设备失效现象严重，以致火灾迅速蔓延、损失扩大、人员大量伤亡。所以，应加强消防安全管理，针对我国严峻的火灾形势和发展趋势，为有效预防及减少火灾危害，必须贯彻实施《单位消防安全管理规定》，坚持"预防为主，防消结合"的方针，积极采取防范措施，保证公民生命、财产的安全。

### （二）保卫现代化经济建设的需要

随着改革开放的不断深化及市场经济的持续发展，尤其是我国加入世界贸易组织（WTO）以后，我国经济高速发展，社会不断进步。但是，经济的高速发展也给我们带来一个严肃的课题，那就是如何让经济建设得到健康、安全的发展。这当中有一个非常值得人们重视的问题：做好防火工作，确保现代化经济建设，机关、团体、企业、事业单位在同火灾做斗争过程中，要始终把预防火灾放在首位，从思想上、组织上、制度上采取各种积极措施，以避免火灾的发生。

建设一个车间、建造一幢高楼需要一两年,营造一个林场常需要十几年、二十几年。但是火灾一旦发生,用不了多少时间,即会将人们长期辛勤劳动创造出来的财富化为灰烬。做好了消防工作就使经济建设成果有了安全保障。随着我国现代化建设的迅猛发展,新材料、新设备以及新工艺的广泛应用,用火、用电、用易燃化学物品的单位大量增多,新的不安全因素也随之不断增加,故而更需要加强消防工作,以保证现代化建设事业的顺利进行。

### (三)维护社会治安的需要

火灾危害程度随着经济发展而增加,这是客观规律。目前我国正处在经济建设高速发展时期,因为没有系统的多层次的消防法律、法规体系,尤其是管理体制改革、权力下放,而且审批制度又不完善,缺乏统一的法律、法规依据,单位消防安全宣传教育、安全检查、火险整改及消防监督形同虚设,加之职工群众消防意识淡薄,遇有火情缺乏经验,一旦发生火灾难以抢救,导致极大的人员伤亡及财产损毁。火灾是一种治安灾害事故,发生火灾会给受害群众带来困难和不幸,也会使当地的社会治安受到一定的影响。所以,从维护社会治安的角度出发,也要求加强消防安全管理,以便于减少这种治安灾害事故的发生。

消防安全管理涉及各行各业、千家万户,是一种全民事业。各级公安机关及社会单位应当本着对党、对人民负责的精神,把预防火灾作为自己应尽的责任,在各级党委和政府的领导下,借助广大群众,努力做好防火工作,大力减少及消除火灾的危害,创造良好的社会秩序,保证我国现代化建设事业的顺利进行。

## 四、消防安全管理的原则

任何一项管理活动都必须遵循一定的原则。依据我国消防安全管理的性质,消防安全管理除应遵循普遍政治原则和科学管理原则之外,还必须遵循下列一些特有的原则。

### (一)统一领导,分级管理

根据消防安全管理的性质与消防实践,我国的消防安全管理实行统一领导,即实行统一的法律、法规、方针、政策,以确保全国消防管理工作的协调一致。但是,我国是一个人口众多,地域广阔的国家,各地经济、文化以及科技发展不平衡,发生火灾的具体规律和特点也不同,不可能用一个统一的模式来管理各地区、各部门的消防业务。所以,我国必须在国家消防主管部门的统一领导下,实行纵向的分级管理,赋予各级消防管理部门一定的职责及权限,调动其积极性与主动性。

### (二)专门机关管理与群众管理相结合

各级公安消防监督机构是消防管理的专门机关,担负着主要的消防管理职能,但是消防工作涉及各行各业,千家万户,消防工作与每一个社会成员息息相关,如果不发动群众参与管理,消防工作的各项措施就很难落实。只有坚持专门机关组织指导与群众参加管理相结合,才能够卓有成效地搞好这一工作。

### (三)安全与生产相一致

安全和生产是一个对立统一的整体。安全是为了更好地生产,生产必须要以安全为前提。公安消防监督机关在消防管理中,要认真坚持安全与生产相一致的原则,对机关、团体、企业以及事业单位存在的火险隐患决不姑息迁就,应积极督促其整改,使安全与生产同步前进。若忽视这一点,则会造成很大的损失。

（四）严格管理、依法管理

由于各种客观因素的存在，一部分单位与个人往往对消防安全的重要性认识不足，存在着对消防安全不重视的现象，导致大量的火险隐患得不到发现或发现后不能及时进行整改。为了减少和消除引发火灾的各种因素，消防管理组织，尤其是公安消防监督机构必须对所有监督管理范围内的单位、部门以及区域的消防安全提出严格的要求，发现火险隐患严格督促检查、整改。

依法管理，就是要依照国家司法机关与行政机关制定与颁布的法律、法规以及规章等，对消防事务进行管理。消防管理要依法进行，这是由于火的破坏性所决定的。

火灾危害社会安宁，破坏人们正常的生产、工作以及生活秩序，这就需要有强制性的管理措施才能够有效地控制火灾的发生。而强制性的管理又必须以法律作后盾，因此消防安全管理工作必须坚持依法管理的原则。

（五）消防安全管理制度

1. 消防工作制度

（1）认真学习并贯彻落实《消防法》，加大宣传、培训力度，对员工进行消防常识的教育，做到人人都对企业消防工作负责。

（2）明确任务，落实责任，逐级签订安全防火责任书，按照"谁主管，谁负责"的工作原则，真正把消防工作落实到实处。

（3）加大检查整改力度，除每周组织专项检查之外，每天都要有保卫部三级巡查制检查安全防火情况，发现问题，及时汇报，及时处理。

（4）每年组织企业灭火疏散演练不低于两次。

（5）做好重大节日期间防火工作，并制定具体保卫方案。

（6）加强火源、电源的管理，落实好天然气、液化气的检查制度，电气线路设备的检查制度，及时清楚火险隐患。

（7）建立企业消防档案，组建义务消防队，做到预防为主，防消结合。加强吸烟管理制度，商场为无烟商场的禁止吸烟。

（8）坚持做好安全出口，疏散通道的专项治理和检查工作，对发生火灾或火险隐患整改不及时的部门，应对相关责任人予以责罚。

（9）保障消防设施设备就位，完整好用，符合法律、法规要求，并落实维护责任人。

2. 消防监控中心交接班制度

（1）接班人员必须提前 15 min 到达本岗位，做好交接准备。

（2）上岗前必须按规定着装，检查仪容、仪表，精神面貌良好。

（3）检查岗位的设备运行是否良好和交接巡视检查、执机注意事项。

（4）当班人员必须在记录本上填写好设备运行、巡检等情况，并要求字迹清楚，记录齐全。

（5）各消防应急工具，相关资料如数按规定摆放整齐。

（6）做好中控室卫生清理工作，保证机器、地面、墙面洁净。

（7）接班人员未到，在岗人员不得离岗，应及时向有关领导汇报，请示处理办法。

（8）交接班各项内容经确认后必须在交接班记录本上签姓名和时间，以示确认和负责。

（9）如遇到突发事件等特殊情况，接班者协助交班者对事件进行处理，待事件处理告一段落,经交上级领导批准,再进行交接班。

(10)当接班人酒醉、情绪不稳、意识不清等情况时,不得交接班,应上报请示处理办法。

(11)交班者要按本岗制度进行交班,如未按规定办理交班,接班者可以提出意见,要求交班人员立即补办,否则可以不接班,并向有关领导报告。

(12)消防中控室双人执机,不得单人交接执机,不得电话信誉交接,应有文字体现。

3. 消防监控中心安全巡查工作制度

(1)防火巡查每2 h一次,主要包括以下内容。

①用火、用电有无违章情况。商场为无烟商场禁止吸烟,禁止随意用火。餐饮用火:微波炉、灶具1 m内不得有易燃可燃危险品,灶具与气瓶之间的净距离不得小于0.5 m,灶具与气瓶连接的软管长度不得超过2 m。

②安全出口、疏散通道是否通畅,安全疏散指示标志、应急照明是否完好。安全出口不得封闭、堵塞,安全出口处不得设置门槛,疏散门应当向疏散方向开启,不得采用卷帘门、转门、吊门、侧拉门。

③消防设施、器材和消防安全标志是否在位、完整。任何店铺、个人不得损坏或者擅自挪用、拆除、停用消防设施、器材,不得埋压、圈占、遮挡消火栓,不得占用防火间距、堵塞消防车通道。

④常闭式防火门是否处于关闭状态,防火卷材下是否堆放物品影响使用。商场使用为甲级防火门,查闭门器、顺位器是否完好,防火卷帘下1 m处不得堆放物品影响使用。

⑤消防安全重点部位的人员在岗情况。配电室、机房、库房、厨房的人员责任落实与管理情况。

(2)巡查人员应当及时纠正违章行为,妥善处置火灾危险,无法当场处置的应当立即报告。发现初起火灾应当立即报警并及时扑救。

(3)防火巡查、检查应当填写巡查、检查记录,巡查、检查人员及其主管人员应当在巡查、检查记录上签名,存档备查。

(4)巡查人员是保安部的安防力量,遇有可疑人、可疑事要有跟进、有交接,对店铺及个人的违规行为、危险举动(吸烟、拍照、溜旱冰、散发广告、带宠物、擅自施工、危险搬运、长时间逗留在通道内、做客服调查、着装不整、新闻媒体擅自采访、顾客纠纷、客诉、斗殴等)要及时发现、询问、制止,保证合法人的权益,保持商场的有序经营环境。检查通道内有无杂物,门锁杠推是否完好。安防执勤时注意自我保护。

(5)巡查人员禁止利用工作时间闲谈或办私事,不得擅自进入独立经营管理的区域,如因工作需要,应两人以上经上级、区域负责人同意后方可进入,并配合负责人的工作。

4. 消防监控中心工作制度

(1)严格遵守国家的法律、法规和公司的相关规章制度。了解和掌握消防报警控制设备、设施各项性能指标及操作方法,熟悉相关专业理论知识和安全操作规程,持证上岗。

(2)坚守岗位,时刻保持高度警惕。监视火灾报警控制和监控设备设施,严格按程序操作,认真处理当班发生的事件,并如实记录。

(3)经常对消防控制室设备及通信器材等进行检查,定期做好各系统功能试验、维护等工作,确保消防设施运行状况良好。

(4)保持室内清洁卫生,设施设备无污渍、无尘土,室内物品摆放整齐,墙面、地面洁净;要妥善保管和使用控制室内相关设备、设施和各种公用物品,杜绝丢失和损坏,并且做好领用、借用登记。

（5）发现设备、设施故障时，及时通知值班领导和工程技术人员进行修理维护，不得擅自拆卸、挪用和停用设备、设施，主动配合相关人员进行设备、设施检修和维护并如实登记。

（6）充分发挥监控系统优势，密切关注商场内各种情况，注意发现可疑人或可疑物。发现异常情况应及时报告值班领导，按照操作程序果断采取应对措施，不得麻痹大意、延误时机。

（7）做好中控室的保密工作。无关人员禁止进入消防控制室，因工作需要进入监控室的，需经保安部管理人员同意后方可进入，当班值班员应做好记录。

（8）认真填写当值期间相关设备、设施运行记录，发生的情况和处理结果。当班未处理完毕的应交代接班人员继续跟进，并做好物品交接工作。

（9）完成领导交给的其他工作任务。

5. 消防监控中心值班员制度

（1）值机员必须坚守岗位，不得擅离职守。按规定准时接岗、巡视，认真执行岗位职责，除楼层巡视和出警以外，值机员不得做与本职工作无关的事情。

（2）值机员不得无故缺勤和私自换班，因特殊情况急需换班时，值机员必须提前三天向消防领班申请并填写《换班申请表》，上报部门领导同意后方可调班。换班过程中若发生重大责任事故，当班者要负主要责任。

（3）积极配合保安员做好日常工作，发生紧急情况时，若值机员无法处理或超出职权范围时应及时按程序上报公司领导，值机员不得擅自做主。

（4）建立完善的工作记录制度，值机员应将本人姓名、日期、时间、班次、消防监控系统运行情况、值班情况及需跟进事项详细记录在案，并认真做好交接工作。

（5）无关人员不得擅自进入中控室，如有公司领导批准的，中控人员应严格执行来客登记制度。

# 第二节　消防管理的基本方法

## 一、分级负责法

分级负责是指某项工作任务，单位或机关、部门之间，纵向层层负责，一级对一级负责，横向分工把关，分线负责，从而形成纵向到底，横向到边，纵横交错的严密的工作网络的一种工作方法。该方法在消防安全管理的工作实践中，主要有以下两种。

### （一）分级管理

消防监督管理工作中的分级管理，是指对各个社会单位和居民的消防安全工作在公安机关内部根据行政辖区的管理范围、权限等，按照市公安局、县（区）公安（分）局和公安派出所分级进行管理。

### （二）消防安全责任制

所谓消防安全责任制就是政府、政府部门、社会单位、公民个人都要按照自己的法定职责行事，一级对一级负责。对机关、团体、企事业单位的消防工作而言，就是单位的法定代表人要对本单位的消防安全负责,法定代表人授权某项工作的领导人,要对自己主管内的消防安全负责,其实质就是逐级防火责任制。

## 二、重点管理法

重点管理法也就是抓主要矛盾的方法,即指在处理两个以上矛盾存在的事务时,用全力找出其中主要的、起着领导和决定作用的矛盾,从而抓住主要矛盾,化解其他矛盾,推动整个工作全面开展的一种工作方法。

由于消防安全工作是涉及各个机关、团体、工厂、矿山、学校等企事业单位和千家万户以及每个公民个人的工作,社会性很强,在开展消防安全管理过程中,也必须学会运用抓主要矛盾,从思维方法和工作方法上掌握抓主要矛盾的方法,以推动全社会消防安全工作的开展。

### (一)专项治理

专项治理就是针对地区性的各项工作或一个单位的具体工作情况,从中找出主要的、起着领导和决定作用的矛盾,即主要矛盾,作为一个时期或一段时间内的中心工作去抓的工作方法。这种工作方法若能运用得好,可以避免不分主次、一面平推、"眉毛胡子一把抓"的局面,从而收到事半功倍的效果。

### (二)抓点带面

抓点带面就是领导决策机关,为了推动某项工作的开展,或完成某项工作任务,决策人员根据抓主要矛盾和调查研究的工作原理,带着要抓或推广的工作任务,深入实际,突破一点,取得经验(通常称为抓试点),然后利用这种经验去指导其他单位,进而考验和充实决策任务的内容,并把决策任务从面上推广开来的一种工作方法。这种工作方法既可以检验上级机关决策是否正确,又可以避免大的失误,还可以提高工作效率,以极小的代价取得最佳成绩。

### (三)消防安全重点管理

消防安全重点管理,是根据抓主要矛盾的工作原理,把在消防工作中的火灾危险性大,火灾发生后损失大、伤亡大、影响大,即对火灾的发生及火灾发生后的损失、伤亡、政治影响、社会影响等起主要的领导和决定作用的单位、部位、工种、人员和事项,作为消防安全管理的重点来抓,从而有效地防止火灾发生的一种管理方法。

## 三、调查研究法

调查研究既是领导者必备的基本素质之一,又是实施正确决策的基础。调查研究法是管理者能否管理成功的最重要的工作方法。消防安全管理工作的社会性、专业性很强,因此在消防安全管理工作中调查研究法的应用十分重要。加之目前社会主义市场经济的建立和发展,消防工作出现了很多新情况、新问题,为适应新形势,也必须大兴调查研究之风,通过调查研究,研究新办法,探索新路子,进而深入解决实际问题。

在消防安全管理的实际工作中,调查研究最直接的运用就是消防安全检查或消防监督检查,具体归纳起来主要有以下几种方法。

## （一）普遍调查法

普遍调查法是指对某一范围内所有研究对象不留遗漏地进行全面调查。如某市公安机关消防机构为了全面掌握"三资企业"的消防安全管理状况，组织调查小组对全市所属的所有"三资"企业逐个进行调查。通过调查发现该市"三资"企业存在的安全体制管理不顺，过分依赖保险，主官忽视消防安全等问题，并写出专题调查报告，上报下发，有力地促进了问题的解决。

## （二）典型调查法

典型调查法是指在对被调查对象有初步了解的基础上，依据调查目的不同，有计划地选择一个或几个有代表性的单位进行详细调查，以期取得对对象的总体认识的一种调查方法。这种方法是认识客观事物共同本质的一种科学方法，只要典型选择正确，材料收集方法得当，采取适当的措施就会有普遍的指导意义。如某市消防支队根据流通领域的职能部门先后改为企业集团，企业性职能部门也迈出了政企分开的步伐，及时选择典型对部分市县(区)两级商业、物资、供销、粮食等部门进行了调查，发现其保卫机构、人员和保卫工作职能都发生了变化，为此，他们认真分析了这些变化给消防工作可能带来的有利和不利因素，及时提出了加强消防立法、加强专职消防队伍建设、加强消防重点单位管理和加强社会化消防工作的建议与措施。

## （三）个案调查法

个案调查法就是把一个社会单位(一个人、一个企业、一个乡等)作为一个整体进行尽可能全面、完整、深入、细致的调查了解。这种调查方法属于集约性研究，探究的范围比较窄，但调查得深透，得到的资料也较为丰富。实质上这种调查方法，在消防安全管理工作中的火灾原因调查和具体深入到某个企业单位进行专门的消防监督检查等都是最具体、最实际的运用。如在对一个企业单位进行消防监督检查时，可最直观地发现企业单位领导对消防安全工作的重视程度、职工的消防安全意识、消防制度的落实、消防组织建设和存在的火灾隐患、消防安全违法行为及整改落实情况等。

## （四）抽样调查法

抽样调查法就是指从被调查的对象中，依据一定的规则抽取部分样本进行调查，以期获得对有关问题的总的认识的一种方法。

例如，对签订消防责任状这种工作措施的社会效果如何，不太清楚，某公安机关消防机构有重点地深入到有关乡、镇、村和有关主管部门的重点单位开展调查研究，通过调查发现，消防责任状仅仅是促使人们做好消防工作的一种行政手段，不是万能的、永恒的措施，它往往受到各种条件的制约，不能发挥其应有的作用，更不能使消防工作社会化持之以恒地开展下去。针对这一情况，相关人员采取相应对策，克服其不利因素，使消防工作得到了健康的发展。

## 四、消防安全评价法

目前，可以用于生产过程或设施消防安全评价的方法有安全检查表法、火灾爆炸危险指数评价法、预先危险性分析法、危险可操作性研究法、故障类型与影响分析法、故障树分析法、人的可靠性分析法、作业条件危险性评价法、概率危险分析法等，已达到几十种。按照评价的特点,消防安全评价的方法可分为定性评价法、着火爆炸危险指数评价法、火灾概率风险评价法和重大危险源评价法等几大类。在具体运用时,可根据评价对象、评价人员素质和评价的目的进行选择。

（一）定性评价法

定性评价法主要是根据经验和判断能力对生产系统的工艺、设备、环境、人员、管理等方面的状况进行定性的评价。此类评价方法主要有列表检查法(安全检查表法)、预先危险性分析法、故障类型与影响分析法以及危险可操作性研究法等。这类方法的特点是简单、便于操作,评价过程及结果直观,目前在国内外企业消防安全管理工作中被广泛使用。但是这类方法含有相当高的经验成分,带有一定的局限性,对系统危险性的描述缺乏深度,不同类型评价对象的评价结果没有可比性。

（二）着火爆炸危险指数评价法

着火爆炸危险指数评价法操作简单,避免了火灾事故概率及其后果难以确定的困难,使系统结构复杂、用概率难以表述其火灾危险性单元的评价有了一个可行的方法,是目前应用较多的评价方法之一。该评价方法的缺点是:评价模型对系统消防安全保障体系的功能重视不够,特别是易燃、易爆危险物质和消防安全保障体系间的相互作用关系未予考虑。各因素之间均以乘积或相加的方式处理,忽视了各因素之间重要性的差别;评价自开始起就用指标值给出,使得评价后期对系统的安全改进工作较困难;指标值的确定只和指标的设置与否有关,而与指标因素的客观状态无关等,致使易燃、易爆危险物质的种类、含量、空间布置相似而实际消防安全水平相差较远的系统评价结果相近。该评价法目前在石油、化工等领域应用较多。

（三）火灾概率风险评价法

火灾概率风险评价法是根据子系统的事故发生概率,求取整个系统火灾事故发生概率的评价方法。一方面,该方法系统结构简单、清晰,相同元件的基础数据相互借鉴性强,在航空、航天、核能等领域得到了广泛应用。另一方面,该方法要求数据准确、充分,分析过程完整,判断和假设合理。但该方法需要取得组成系统各子系统发生故障的概率数据,目前在民用工业系统中,这类数据的积累还很不充分是使用这一方法的根本性障碍。

（四）重大危险源评价法

重大危险源评价法分为固有危险性评价与现实危险性评价,后者是在前者的基础上考虑各种控制因素,反映了人对控制事故发生和事故后果扩大的主观能动作用。固有危险性评价主要反映物质的固有特性和易燃、易爆危险物质生产过程的特点以及危险单元内、外部环境状况,分为事故易发性评价和事故严重度评价两种。事故的易发性取决于危险物质事故易发性与工艺过程危险性的耦合。(易燃、易爆、有毒)重大危险源辨识评价法填补了我国跨行业重大危险源评价方法的空白,在事故严重度评价中建立了伤害模型库,采用了定量的计算方法,使我国工业火灾危险评价方法的研究从定性评价阶段进入定量评价阶段。实际应用表明,使用该方法得到的评价结果科学、合理,符合我国国情。

由于消防安全评价不仅涉及技术科学,而且涉及管理学、伦理学、心理学、法学等社会科学的相关知识,评价指标及其权值的选取与生产技术水平、管理水平、生产者和管理者的素质以及社会和文化背景等因素密切相关。因此,每种评价方法都有一定的适用范围和限度。目前,国外现有的消防安全评价法主要适用于评价具有火灾危险的生产装置或生产单元发生火灾事故的可能性和火灾事故后果的严重程度。

# 第三节　建筑内部电气防火管理

## 一、爆炸危险场所的电气设备

### (一)爆炸性混合物

爆炸性混合物指的是遇火源在瞬间发生爆炸或燃烧的物质。一般包括以下几种。

(1)可燃气体和空气的混合物。

(2)易燃液体蒸气和空气的混合物。

(3)闪点低于或者等于场所环境温度的可燃液体蒸气与空气的混合物。

(4)悬浮状的可燃粉尘和可燃纤维与空气的混合物。

### (二)爆炸危险场所分类、分级

爆炸危险场所的分类、分级指的是按爆炸性物质出现的频率、持续时间以及危险程度划分为不同危险等级区域。爆炸和火灾危险区域类别及区域等级表见表3-1。

表 3-1　爆炸和火灾危险区域类别及区域等级表

| 按爆炸性混合物出现的频率和持续时间划分 | | |
|---|---|---|
| 爆炸性气体环境危险区域 | 0 区 | 连续出现或长期出现爆炸性气体混合物的环境 |
| | 1 区 | 在正常运行时,可能出现爆炸性气体混合物的环境 |
| | 2 区 | 在正常运行时,不可能出现爆炸性气体混合物的环境,即使出现也仅是短时间存在的爆炸性气体混合物的环境 |
| 按爆炸性混合物出现的频率和持续时间划分 | | |
| 爆炸性粉尘环境危险区域 | 10 区 | 连续出现或长期出现爆炸性粉尘的环境 |
| | 11 区 | 有时会将积留下的粉尘扬起而偶然出现爆炸性粉尘混合物的环境 |
| 按火灾事故发生的可能性的后果、危险程度及物质状态划分 | | |
| 火灾危险区域 | 21 区 | 具有闪点高于环境温度的可燃液体,在数量和配置上能引起火灾危险的环境 |
| | 22 区 | 具有悬浮状、堆积状爆炸性或可燃性粉尘,虽不可能形成爆炸性混合物,但在数量和配置上能引起火灾危险的环境 |
| | 23 区 | 具有固体状可燃物质,在数量和配置上能引起火灾危险的环境 |

## (三)防爆电气设备的类型、标志及选型

爆炸危险场所的防爆电气设备在运行过程中必须具备不引燃周围爆炸性混合物的性能。能满足以上要求而制成的防爆电气设备类型如下。

(1)隔爆型电气设备(d)。

(2)增安型电气设备(e)。

(3)本质安全型电气设备(i)。

(4)正压型电气设备(p)。

(5)充油型电气设备(o)。

(6)充砂型电气设备(q)。

(7)无火花型电气设备(n)。

(8)防爆特殊型电气设备(s)。

爆炸性气体环境防爆电气设备选型见表3-2。

表 3-2　爆炸性气体环境防爆电气设备选型表

| 爆炸危险区域 | 电气设备类型适用的防护形式 | 符号 |
|---|---|---|
| 0 区 | ①本质安全型 | i |
| | ②其他特别为 0 区设计的电气设备(防爆特殊型) | s |
| 1 区 | ①适用于 0 区的防护类型 | — |
| | ②隔爆型 | d |
| | ③增安型 | e |
| | ④本质安全型 | i |
| | ⑤充油型 | o |
| | ⑥正压型 | p |
| | ⑦充砂型 | q |
| | ⑧其他特别为 1 区设计的电气设备(防爆特殊型) | s |
| 2 区 | ①适用于 0 区或 1 区的防护类型 | — |
| | ②无火花型 | n |

## 二、建筑消防用电

### (一)安全电压

安全电压是指 50 V 以下特定电源供电的电压系列。

安全电压是为防止触电事故而采用的 50 V 以下特定电源供电的电压系列,有 42 V、36 V、24 V、12 V 和 6 V 五个等级,根据不同的作业条件,选用不同的安全电压等级。建筑施工现场常用的安全电压有 12 V、24 V 以及 36 V。

以下特殊场所必须采用安全电压供电照明。

(1)室内灯具离地面低于 2.4 m,手持照明灯具,一般潮湿作业场所(地下室、潮湿室

内、人防工程、潮湿楼梯、隧道以及有高温、导电灰尘等)的照明,电源电压应不大于 36 V。

(2)在潮湿和易触及带电体场所的照明电源电压,应不大于 24 V。

(3)在特别潮湿的场所,锅炉或金属容器内,导电良好的地面使用手持照明灯具等,照明电源电压不得超过 12 V。

(二)施工现场临时用电档案管理

(1)施工现场临时用电必须建立安全技术档案,并应包括以下内容。

①用电组织设计的全部资料。

②修改用电组织设计的资料。

③用电工程检查验收表。

④用电技术交底资料。

⑤电气设备的试验、检验凭单和调试记录。

⑥接地电阻、绝缘电阻和漏电保护器漏电动作参数测定记录表。

⑦定期检(复)查表。

⑧电工安装、巡检、维修以及拆除工作记录。

(2)安全技术档案应由主管该现场的电气技术人员负责建立与管理。其中,"电工安装、巡检、维修、拆除工作记录"可以指定电工代管,每周由项目经理审核认可,并应在临时用电工程拆除后统一归档。

(3)临时用电工程应定期检查。定期检查时,应复查接地电阻值与绝缘电阻值。检查周期最长可为:基层公司每季一次,施工现场每月一次。

(4)临时用电工程定期检查应按分部、分项工程进行,及时处理安全隐患,并应履行复查验收手续。

(三)消防用电设备的电源的要求

(1)下列建筑物、储罐(区)以及堆场的消防用电应按一级负荷供电。

①建筑高度大于 50 m 的乙、丙类厂房和丙类仓库。

②单罐容量大于 1 000 m³ 或总储量大于 5 000 m³ 的甲、乙类液体储罐区;单罐容量大于 2 000 m³ 或总储量大于 10 000 m³ 的丙类液体储罐区;总储量大于 100 000 m³ 的甲、乙类气体储罐区;单罐容量大于 200 m³ 或总储量大于 500 m³ 的液化储罐区。

③一类高层民用建筑。

(2)下列建筑物、储罐(区)和堆场的消防用电应按二级负荷供电:

①室外消防用水量大于 30 L/s 的厂房、仓库;

②室外消防用水量大于 35 L/s 的可燃材料堆场,可燃气体储罐(区)和甲、乙类液体储罐(区);

③粮食仓库及粮食筒仓;

④二类高层民用建筑;

⑤座位数超过 1 500 个的电影院、剧院,座位数超过 3 000 个的体育馆,任一层建筑面积大于 3 000 m² 的商店,展览建筑、省(市)级及以上的广播电视建筑、电信建筑和财贸金融建筑,室外消防用水量大于 25 L/s 的其他公共建筑。

(3)除本条第(1)、(2)款外的建筑物、储罐(区)和堆场等的消防用电可采用三级负荷供电。

（4）消防电源的负荷分级应符合现行国家标准《供配电系统设计规范》（GB 50052—2009）的有关规定。

### （四）消防用电设备的配电线路的敷设

消防用电设备配电线路的敷设应符合以下规定。

（1）暗敷时，应穿管并应敷设于不燃烧体结构内且保护层厚度不应小于 30 mm。明敷时（包括敷设在吊顶内），应穿金属管或封闭式金属线槽，并应采取防火保护措施。

（2）当采用阻燃或耐火电缆时，敷设在电缆井、电缆沟内可不采取防火保护措施。

（3）当采用矿物绝缘类不燃性电缆时，可直接明敷。

（4）宜与其他配电线路分开敷设；当敷设在同一井沟内时，宜分别布置在井沟的两侧。

### （五）导线类型的选择

目前室内配线通常采用橡皮绝缘线和塑料绝缘线；户外用裸铝绞线、裸铜绞线和钢芯铝绞线；电缆则用于有特殊要求的场所。为了避免选型不当，影响使用导线必须按照使用环境场所的不同认真选用。常用导线的型号及使用场所见表3-3。

表3-3　常用导线的型号及使用场所

| 型号 | 名称 | 使用场所 |
|---|---|---|
| BLX | 棉纱编织、橡皮绝缘线（铝芯） | 正常干燥环境 |
| BX | 棉纱编织、橡皮绝缘线（铜芯） | |
| RXS | 棉纱编织、橡皮绝缘双绞软线（铜芯） | 室内干燥场所，日用电器 |
| RX | 棉纱编织、橡皮绝缘软线（铜芯） | |
| BVV | 铜芯，聚氯乙烯绝缘、聚氯乙烯护套电线 | 潮湿和特别潮湿的环境 |
| BLVV | 铝芯，聚氯乙烯绝缘、聚氯乙烯护套电线 | |
| BXF | 铜芯，短丁橡皮绝缘电线 | 多尘环境（不含火灾及爆炸危险尘埃） |
| BLV | 铝芯，聚氯乙烯绝缘电线 | |
| BV | 铜芯，聚氯乙烯绝缘电线 | 腐蚀性的环境 |

### （六）导线截面大小的确定

导线截面应根据导线长期连续负载的允许载流量、线路的允许电压降以及导线的机械强度三项基本条件来合理选定。

#### 1.允许载流量

按允许载流量选择导线截面时，还应依据使用情况来确定。

（1）一台电动机导线的允许载流量（安）大于或者等于电动机的额定电流。

（2）多台电动机导线的允许载流量（安）大于或者等于容量最大的一台电动机的额定电流加上其余电动机的计算负载电流。

（3）电灯及电热负载导线的允许载流量（安）应大于或者等于所有电器额定电流的总和。

同一截面的导线,环境温度不同,允许载流量也不同。环境温度越高,其允许载流能力越低。所以,导线截面经初步确定后,还要根据环境的实际温度加以修正。绝缘导线在不同环境温度时对载流量的修正系数与电力电缆最高允许温度见表3-4、表3-5。

表3-4　环境温度对载流量的修正系数

| 环境温度/℃ | 15 | 20 | 25 | 30 | 35 | 40 | 15 |
|---|---|---|---|---|---|---|---|
| 修正系数 | 1.12 | 1.06 | 1.00 | 0.935 | 0.866 | 0.791 | 0.707 |

表3-5　电力电缆最高允许温度

| 电缆种类及额定系数 | 3 kV 及以下 | 6 kV | 10 kV | 20~35 kV | — | — |
|---|---|---|---|---|---|---|
| | 油浸纸绝缘 | 橡皮绝缘 | 油浸纸绝缘 | 油浸纸绝缘 | 油浸纸绝缘 | 空气 |
| 电缆芯的最高容许温度/℃ | 80 | 65 | 65 | 60 | 50 | 80 |
| 电缆表面最高容许温度/℃ | 60 | | 50 | 45 | 35 | |

**2. 允许电压降**

在输电过程中,因为线路本身也具有一定的阻抗,通过电流时也会产生电压降即电压损失。电压降过大时,将会造成用电设备性能变差,不能正常工作,甚至可使电动机温升过高而烧毁。由变压器低压母线至用电设备进线端的电压降(按用电设备额定电压计)不应超过表3-6所列数值。

表3-6　电路允许电压降

| 用电设备种类 | 允许电压降/% |
|---|---|
| 电动机正常连续运转 | 5 |
| 电动机个别在较远处 | 8~10 |

表3-6(续)

| 用电设备种类 | 允许电压降/% |
|---|---|
| 起重电动机滑触线供电点 | 5 |
| 电焊机 | 5 |
| 电热设备 | 5 |
| 照明灯具 | 3 |

**3. 导线的机械强度**

导线截面的确定还应考虑有足够的机械强度,因受积雪、风力以及气温过低时导线的收缩力及机械外力等影响,导线会发生断线。高压配电线路不准使用单股的铜线、裸铝线和合金线。

### (七)电气线路短路的预防

从短路的形成可以看出短路的原因。

1.绝缘导线短路的原因

因为绝缘导线的绝缘强度、绝缘性能不符合规定要求;或雷击使电压突然升高而将导线绝缘击穿;或用金属导线捆扎绝缘导线,把绝缘导线挂在金属物体上,由于日久磨损和生锈腐蚀使绝缘层受到损坏;或受潮湿、高温、腐蚀作用而使导线的绝缘性能降低;或由于导线使用时间过长,致使绝缘层受损、陈旧、线芯裸露等。此外,也有由于不懂用电常识人为造成的短路。

2.裸导线发生短路的原因

由于导线安装过低,在搬运较高大的物体时,不慎碰在导线上,或使两根导线碰在一起;遇风吹导线摆动造成两线相碰;在线路附近有树木,大风时树枝拍打导线;大风把各种杂物刮挂在导线上;线路上的绝缘子、横担等支持物脱落或破损,造成两根或两根以上导线相碰;倒杆事故。

由于短路时产生的后果严重,因此在供电系统的设计、运行中应设法消除可能引起短路的原因。此外,为了减轻短路的严重后果,避免故障扩大,就需计算短路电流,以便正确地选择和校验各种电气设备,进行继电保护装置的整定电流计算及选用限制短路电流的电器(电抗器)。为了避免正在运行中的电气线路短路,室内布线多使用绝缘导线,绝缘导线的绝缘强度应符合电源电压的要求,电源电压为 380 V 的应采用额定电压为 500 V 的绝缘导线,电源电压为 220 V 的应采用额定电压为 250 V 的绝缘导线。此外,屋内布线还必须满足机械强度和连接方式的要求。

导线类型的选择要依据使用环境确定,一般场所可采用一般绝缘导线,特殊场所应采用特殊绝缘导线。见表 3-7。

表 3-7　不同场所导线的选择

| 场所 | 导线 |
| --- | --- |
| 干燥无尘的场所 | 一般绝缘导线 |

表 3-7(续)

| 场所 | 导线 |
| --- | --- |
| 潮湿场所 | 有保护层的绝缘导线,如铅皮线、塑料线,或在钢管内或塑料管内敷设普通绝缘导线 |
| 在可燃粉尘和可燃纤维较多的场所 | 有保护层的绝缘导线 |
| 有腐蚀性气体的场所 | 可采用铅皮线、管子线(钢管涂耐酸漆)、硬塑料管线或塑料线 |
| 高温场所 | 应采用以石棉、瓷管、云母等作为绝缘层的耐热线 |
| 经常移动的电气设备 | 软线或软电缆 |

应当定期用兆欧表(摇表)检测绝缘强度;导线绝缘性能必须符合环境要求,同时要正确安装;线路上要按规定安装断路器或熔断器(使用的胶盖闸刀开关通常和熔断器装在一起,所以熔断器在线路上是较多的,但要注意熔丝的熔断电流应符合要求)。

### (八)电气线路过负荷的预防

(1)要合理规划配电网络和调节负载,做出本区域内的负荷曲线。过负荷主要是由导线截面选用过小或负载过大造成的。

(2)不准许乱拉电线和接入过多负载,在原线路设计或新改建线路时要留出足够余量。任何电气设备或任何用户的负荷并非是恒定的。由于电气设备有轻有重,时通时断,因此其负荷会经常发生变化。

(3)要定期用钳形电流表测量或者用计算的方法检查线路的实际负荷情况,定期检查线路的断路器、熔断器的运行情况,禁止使用铁丝、铜丝代替熔断器的熔丝,或更换大容量的保险丝,以保证过负荷时能及时切断电源。

### (九)电气线路接触电阻过大的预防

1.产生接触电阻过大的原因

(1)导线与导线或导线与电气设备连接不牢,连接点由于热作用或振动导致接触点松动、接触表面不平整等,使电流所通过的截面减少。

(2)不同金属(如铜铝)接触产生电化学腐蚀,使连接处氧化导致电阻率增大等。

2.接触电阻过大的预防措施

(1)在敷设电气线路时,导线与导线或导线与电气设备的连接必须可靠、牢固。

(2)经常对运行的线路和设备进行巡视检查,发现接头松动或者发热,应及时紧固或做适当处理。

(3)大截面导线的连接应用焊接法或者压接法,铜铝导线相接时宜采用铜铝过渡接头,并在铜铝导线接头处垫锡箔,或采用在铜线鼻子搪锡再与铝线鼻子连接的方法来减小接触电阻。

(4)在易发生接触电阻过大的部位涂变色漆或者安放试温蜡片,以及时发现过热现象等。

### (十)配电箱与开关箱的防火要求

施工现场临时用电通常采用三级配电方式,即总配电箱(或配电室),下设分配电箱,再往下设开关箱,用电设备在开关箱以下。

配电箱和开关箱的安全防火要求如下。

(1)配电箱、开关箱的箱体材料,通常应选用钢板,也可选用绝缘板,但不宜选用木质材料。

(2)电箱、开关箱不得歪斜、倒置,应安装端正、牢固。固定式配电箱、开关箱的下底与地面间的垂直距离应大于或等于 1.3 m、小于或等于 1.5 m;移动式分配电箱、开关箱的下底与地面的垂直距离应大于或等于 0.6 m、小于或等于 1.5 m。

(3)进入开关箱的电源线,禁止用插销连接。

(4)电箱之间的距离不宜太远。

(5)分配电箱与开关箱的距离不得大于 30 m。开关箱和固定式用电设备的水平距离不宜超过 3 m。

(6)每台用电设备应有各自专用的开关箱。施工现场每台用电设备应有各自专用的开关箱,且必须符合"一机一闸一漏"的规定,禁止用同一个开关电器直接控制两台及两台以上用电设备(含插座)。

开关箱中必须设漏电保护器,其额定漏电动作电流应不大于30 mA,漏电动作时间应不大于0.1 s。

(7)所有配电箱门应配锁,不得在配电箱与开关箱内挂接或插接其他临时用电设备,严禁在开关箱内放置杂物。

## (十一)配电室的安全防火要求

(1)配电室应靠近电源,并应设在潮气少、灰尘少、振动小、无腐蚀介质、无易燃易爆物及道路畅通的地方。

(2)成列的配电柜和控制柜两端应与重复接地线及保护零线做电气连接。

(3)配电室和控制室应能自然通风,并应采取防止雨雪侵入与动物进入的措施。

(4)配电室内的母线涂刷有色涂装,以标志相序。以柜正面方向为基准,其涂色符合表3-8的规定。

表3-8 母线涂色

| 相别 | 颜色 | 垂直排列 | 水平排列 | 引下排列 |
|---|---|---|---|---|
| L1(A) | 黄 | 上 | 后 | 左 |
| L2(B) | 绿 | 中 | 中 | 中 |
| L3(C) | 红 | 下 | 前 | 右 |
| N | 淡蓝 | — | — | — |

(5)配电室的建筑物与构筑物的耐火等级不低于3级,室内配置沙箱和可用于扑灭电气火灾的灭火器。

(6)配电室的门向外开,并配锁。

(7)配电室的照明分别设置正常照明及事故照明。

(8)配电柜应编号,并应有用途标记。

(9)配电柜或配电线路停电维修时,应挂接地线,并应悬挂"禁止合闸、有人工作"停电标志牌。停送电必须由专人负责。

(10)应保持配电室整洁,不得堆放任何妨碍操作、维修的杂物。

## (十二)配电箱及开关箱安全防火设置

(1)配电系统应设置配电柜或者总配电箱、分配电箱、开关箱,实行三级配电。

配电系统宜使三相负荷平衡。220 V或者380 V单相用电设备宜接入220 V/380 V三相四线系统:当单相照明线路电流大于30 A时,宜采用220 V/380 V三相四线制供电。

(2)总配电箱以下可设若干分配电箱;分配电箱以下可设若干开关箱。

总配电箱应设在靠近电源的区域,分配电箱宜设在用电设备或者负荷相对集中的区域,分配电箱与开关箱之间的距离不得超过30 m,开关箱与其控制的固定式用电设备的水平距离不宜超过3 m。

（3）每台用电设备必须有各自专用的开关箱。禁止用同一个开关箱直接控制 2 台及 2 台以上用电设备（含插座）。

（4）动力配电箱与照明配电箱宜分别设置。当合并设置为同一配电箱时，动力及照明应分路配电；动力开关箱与照明开关箱必须分设。

（5）配电箱、开关箱应装设在干燥、通风及常温场所，不得装设在有严重损伤作用的烟气、天然气、潮气及其他有害介质中，亦不得装设在易受外来固体物撞击、强烈振动、液体喷溅及热源烘烤场所，否则，应予清除或者做防护处理。

（6）配电箱、开关箱周围应有足够 2 人同时工作的空间和通道，不得有灌木、杂草，不得堆放任何妨碍操作、维修的物品。

（7）配电箱、开关箱应采用冷轧钢板或者阻燃绝缘材料制作，钢板厚度应为 1.2~2.0 mm，其开关箱箱体钢板厚度不得小于 1.2 mm，配电箱箱体钢板厚度不得小于 1.5 mm，箱体表面应进行防腐处理。

（8）配电箱、开关箱应装设端正、牢固。固定式配电箱、开关箱的中心点与地面的垂直距离应为 1.4~1.6 m。移动式配电箱、开关箱应装设在坚固、稳定的支架上。其中心点与地面之间的垂直距离宜为 0.8~1.6 m。

（9）配电箱、开关箱内的电器（含插座）应先安装在金属或者非木质阻燃绝缘电器安装板上，然后方可整体紧固于配电箱、开关箱箱体内。

金属电器安装板与金属箱体应做电气连接。

（10）配电箱、开关箱内的电器（含插座）应按照规定位置紧固在电器安装板上，不得歪斜和松动。

（11）配电箱的电器安装板上必须分设 N 线端子板与 PE 线端子板。N 线端子板必须与金属电器安装板绝缘；PE 线端子板必须与金属电器安装板做电气连接。

进出线中的 N 线必须利用 N 线端子板连接；PE 线必须利用 PE 线端子板连接。

（12）配电箱、开关箱内的连接线必须采用铜芯绝缘导线。导线绝缘的颜色标志应按《施工现场临时用电安全技术规范》（JGJ 46—2005）的有关规定配置并排列整齐；导线分支接头不得采用螺栓压接，应采用焊接并做绝缘包扎，不得有外露带电部分。

（13）配电箱、开关箱的金属箱体、金属电器安装板以及电器正常不带电的金属底座、外壳等必须利用 PE 线端子板与 PE 线做电气连接，金属箱门与金属箱体必须利用采用编织软铜线做电气连接。

（14）配电箱、开关箱的箱体尺寸应与箱内电器的数量及尺寸相适应，箱内电器安装板板面电器安装尺寸可按照表 3-9 确定。

表 3-9　配电箱、开关箱内电器安装尺寸选择值

| 间距名称 | 最小净距/mm |
|---|---|
| 并列电器（含单极熔断器）间 | 30 |
| 电器进、出线瓷管（塑胶管）孔与电器边沿间 | 15 A，30 |
| | 20~30 A，50 |
| | 60 A 及以上，80 |

表 3-9（续）

| 间距名称 | 最小净距/mm |
| --- | --- |
| 上、下排电器进、出线瓷管(塑胶管)孔间 | 25 |
| 电器进、出线瓷管(塑胶管)孔至板边 | 40 |
| 电器至板边 | 40 |

（15）配电箱、开关箱中导线的进线口与出线口应设在箱体的下底面。

（16）配电箱、开关箱的进、出线口应配置固定线卡，进出线应加绝缘护套并成束卡固在箱体上，不得与箱体直接接触。移动式配电箱和开关箱的进出线应采用橡皮护套绝缘电缆，不得有接头。

（17）配电箱、开关箱外形结构应能防雨、防尘。

## （十三）电缆线路安全消防管理

（1）电缆中必须包含全部工作芯线与用作保护零线或保护线的芯线。需要三相四线制配电的电缆线路必须采用五芯电缆。

五芯电缆必须包含淡蓝、绿/黄两种颜色绝缘芯线。淡蓝色芯线必须用作 N 线。绿/黄双色芯线必须用作 PE 线，禁止混用。

（2）电缆截面的选择应符合《施工现场临时用电安全技术规范》（JGJ 46—2005）的有关规定，根据其长期连续负荷允许载流量和允许电压偏移确定。

（3）电缆线路应采用埋地或架空敷设，严禁沿地面明设，并应防止机械损伤和介质腐蚀。埋地电缆路径应设方位标志。

（4）电缆类型应依据敷设方式、环境条件选择。埋地敷设宜选用铠装电缆。当选用无铠装电缆时，应能防水、防腐。架空敷设宜选用无铠装电缆。

（5）电缆直接埋地敷设的深度不应小于 0.7 m，并应在电缆紧邻上、下、左、右侧均匀敷设不小于 50 mm 厚的细砂，然后覆盖砖或者混凝土板等硬质保护层。

（6）埋地电缆在穿越建筑物、道路、构筑物、易受机械损伤、介质腐蚀场所及引出地面从 2.0 m 高到地下 0.2 m 处，必须加设防护套管，防护套管内径不应小于电缆外径的 1.5 倍。

（7）埋地电缆与其附近外电电缆与管沟的平行间距不得小于 2 m，交叉间距不得小于 1 m。

（8）埋地电缆的接头应设在地面上的接线盒内，接线盒应能防水、防尘以及防机械损伤，并应远离易燃、易爆、易腐蚀场所。

（9）架空电缆应沿电杆、支架或墙壁敷设，并且采用绝缘子固定，绑扎线必须采用绝缘线，固定点间距应保证电缆能承受自重所带来的荷载，敷设高度应满足《施工现场临时用电安全技术规范》（JGJ 46—2005）规范中第 7.1 节架空线路敷设高度的要求，但沿墙壁敷设时最大弧垂距地不得小于 2.0 m。架空电缆严禁沿脚手架、树木或者其他设施敷设。

（10）在建工程内的电缆线路必须采用电缆埋地引入，禁止穿越脚手架引入。电缆垂直敷设应充分利用在建工程的竖井、垂直孔洞等，并宜靠近用电负荷中心，固定点每楼层不得少于一处。电缆水平敷设宜沿墙或者门口刚性固定，最大弧垂距地不得小于 2.0 m，装饰装修工程或其他特殊阶段，应补充编制单项施工用电方案。电源线可沿墙角及地面敷设，但应采取防机械损伤和电火措施。

(11)电缆线路必须有短路保护及过载保护,短路保护和过载保护电器与电缆的选配应符合《施工现场临时用电安全技术规范》(JGJ 46—2005)规范的有关要求。

**(十四)室内配线安全防火设置**

(1)室内配线必须采用绝缘导线或者电缆。

(2)室内配线应根据配线类型采用瓷瓶、嵌绝缘槽、瓷(塑料)夹、穿管或钢索敷设。潮湿场所或者埋地非电缆配线必须穿管敷设,管口和管接头应密封。当采用金属管敷设,金属管必须做等电位连接,并且必须与 PE 线相连接。

(3)室内非埋地明敷主干线距地面高度不得小于 2.5 m。

(4)架空进户线的室外端应采用绝缘子固定,过墙处应穿管保护,距地面高度不得小于 2.5 m,并应采取防雨措施。

(5)室内配线所用导线或电缆的截面应根据用电设备或者线路的计算负荷确定,但铜线截面不应小于 1.5 mm²,铝线截面不应小于 2.5 mm²。

(6)钢索配线的吊架间距不宜大于 12 m。采用瓷瓶固定导线时,导线间距不应小于 100 mm,瓷瓶间距不应大于 1.5 m。当采用瓷夹固定导线时,导线间距不应小于 35 mm,瓷夹间距不应大于 800 mm。采用护套绝缘导线或电缆时,可直接敷设于钢索上。

(7)室内配线必须有短路保护及过载保护,短路保护和过载保护电器与绝缘导线、电缆的选配应满足《施工现场临时用电安全技术规范》(JGJ 46—2005)规范的有关要求。对穿管敷设的绝缘导线线路,其短路保护熔断器的熔体额定电流不应大于穿管绝缘导线长期连续负荷允许载流量的 2.5 倍。

## 三、建筑防雷火灾

雷电是指一种大气中自然放电的现象,放电时,放电通道的温度可高达数万度,能使可燃建筑物或物资堆垛起火燃烧,甚至导致金属熔化,击穿铁皮层顶,引燃室内的可燃物。雷电还有很大的机械破坏力,击毁树木、烟囱、水塔以及其他建筑物,使用火、用电设备或者易燃、可燃液体罐等遭到破坏而起火。

**(一)雷电的火灾危险性**

雷电的火灾危险性主要表现在雷电放电时所出现的各种物理现象效应及作用。

(1)电效应。雷电放电时,能够产生高达数万伏甚至数十万伏的冲击电压。

(2)热效应。当几十至上千安的强大雷电流通过导体时,在极短的时间内将转换成为大量的热能。

(3)机械效应。因为雷电的热效应,还将使雷电通道中木材纤维缝隙和其他结构中的空气剧烈膨胀,同时使水分及其他物质分解为气体,所以在被雷击物体内部出现强大的机械压力。

以上 3 种效应是直接雷击所造成的,这种直接雷击所产生的电、热机械的破坏作用都十分大。

(4)电磁感应。

(5)静电感应。

(6)雷电波侵入。

（7）防雷装置上的高电压对建筑物的反应作用。

## （二）雷电的防火措施

### 1. 直击雷防护措施

装设避雷针、避雷线以及避雷网都是防护直击雷的重要措施。避雷针分为独立避雷针和附设避雷针，独立避雷针是离开建筑物单独装设的。禁止在装有避雷针、避雷线的建筑物上架设通信线、广播线或者其他电气线路。防雷装置受击时，其接闪器、引下线和接地装置都呈现很高的冲击电压，可能击穿与邻近导体之间的绝缘体造成反击，所以必须保证接闪器、引下线、接地装置与邻近导体之间有足够的安全距离。

### 2. 雷电波引入防护措施

雷电波引入又叫作高电位引入，它可能沿各种金属导体、管路，特别是天线或者架空电线引入室内。沿架空电线引入雷电波的防护问题比较复杂，通常采取以下几种办法。

（1）配电线路全部采用地下电缆。

（2）采用电缆线段进线方式供电。

（3）在架空电线引入的地方，加装放电保护间隙或者避雷器等。

### 3. 雷电感应防护措施

雷电感应，特别是静电感应也能产生很高的冲击电压。在建筑物中主要应考虑由反击导致的爆炸和火灾事故。

依据建筑物的不同层顶，应采取相应的防止静电感应的措施。对于金属屋顶，应将屋顶妥善接地；对钢筋混凝土层顶，应把屋面钢筋焊成边长 6~12 m 的网络，连成通路，并予以接地。对非金属屋顶，应在屋面上加装边长 6~12 m 的金属网络，并予以接地。屋顶或者其上金属网络的接地不得少于两处，并且其间距应在 10~30 m 范围内。

### 4. 可燃、易燃液体贮罐的防雷措施

（1）当罐顶钢板厚度大于 3.5 mm，并且装有呼吸阀时，可以不设防雷装置。但是油罐体应做良好的接地，接地点不少于两处，间距不大于 30 m，其接地装置的冲击接地电阻不大于 30 Ω。

（2）当罐顶钢板厚度小于 3.5 mm 时，虽装有呼吸阀，也应在罐顶装设避雷针，并且避雷针与呼吸阀的水平距离不应小于 3 m，保护范围比呼吸阀高不应小于 2 m。

（3）浮顶油罐可不设防雷装置，但浮顶与罐体应有可靠的电气连接。

（4）非金属易燃液体贮罐，应采用独立的避雷针，避免直接雷击。同时还应有防雷电感应措施。避雷针冲击接地电阻不小于 30 Ω。

（5）覆土厚度大于 0.5 m 的地下油罐，可以不考虑防雷措施。但呼吸阀、量油孔以及采光孔应做好接地，接地点不少于两处。冲击电阻不大于 10 Ω。

（6）易燃液体的敞开式贮罐，应设独立避雷针，其冲击接地电阻不大于 5 Ω。

### 5. 棉、麻、毛及可燃物堆放的防雷措施

必须安装独立的防雷装置。其安装位置，应依据雷云的常年走向选定，一般是在迎向雷云走向的位置安装避雷针，其冲击接地电阻不大于 30 Ω。

# 第四节　消防系统管理

## 一、消防系统的选择

### (一)消防系统的供电

1.对消防供电的要求及规定

建筑物中火灾自动报警和消防设备联动控制系统的工作特点是连续、不间断。为了确保消防系统的供电可靠性及配线的灵活性,根据《火灾自动报警系统设计规范》(GB 50116—2013)应满足下列要求。

(1)火灾自动报警系统应设置交流电源和蓄电池备用电源。

(2)火灾自动报警系统的交流电源应采用消防电源,备用电源可采用火灾报警控制器和消防联动控制器自带的蓄电池电源或消防设备应急电源。当备用电源采用消防设备应急电源时,火灾报警控制器和消防联动控制器应采用单独的供电回路,并应保证在系统处于最大负载状态下不影响火灾报警控制器和消防联动控制器的正常工作。

(3)消防控制室图形显示装置、消防通信设备等的电源,宜由 UPS 电源装置或消防设备应急电源供电。

(4)火灾自动报警系统主电源不应设置剩余电流动作保护和过负荷保护装置。

(5)消防设备应急电源输出功率应大于火灾自动报警及联动控制系统全负荷功率的120%,蓄电池组的容量应保证火灾自动报警及联动控制系统在火灾状态同时工作负荷条件下连续工作 3 h 以上。

(6)消防用电设备应采用专用的供电回路,其配电设备应设有明显标志。其配电线路和控制回路宜按防火分区划分。

(7)火灾自动报警系统接地装置的接地电阻值应符合下列规定:

①采用共用接地装置时,接地电阻值不应大于 1 Ω;

②采用专用接地装置时,接地电阻值不应大于 4 Ω。

(8)消防控制室内的电气和电子设备的金属外壳、机柜、机架和金属管、槽等,应采用等电位连接。

(9)由消防控制室接地板引至各消防电子设备的专用接地线应选用铜芯绝缘导线,其线芯截面面积不应小于 4 mm²。

(10)消防控制室接地板与建筑接地体之间,应采用线芯截面面积不小于 25 mm² 的铜芯绝缘导线连接。

2.消防设备供电系统

消防设备供电系统应能充分确保设备的工作性能,当火灾发生时能充分发挥消防设备的功能,将火灾损失降到最小。这就要求对电力负荷集中的高层建筑或者一、二级电力负荷(消防负荷),通常采用单电源或双电源的双回路供电方式,用两个 10 kV 电源进线及两台变压器构成消防主供电电源。

(1)一类建筑消防供电系统。如图 3-1 所示为一类建筑(一级消防负荷)的供电系统。

图 3-1(a)中,表示采用不同电网构成双电源,而两台变压器互为备用,单母线分段提供消防设备用电源;图 3-1(b)中,则表示采用同一电网双回路供电,两台变压器备用,单母线分段,设置柴油发电机组作为应急电源向消防设备供电,与主供电电源互为备用,符合一级负荷要求。

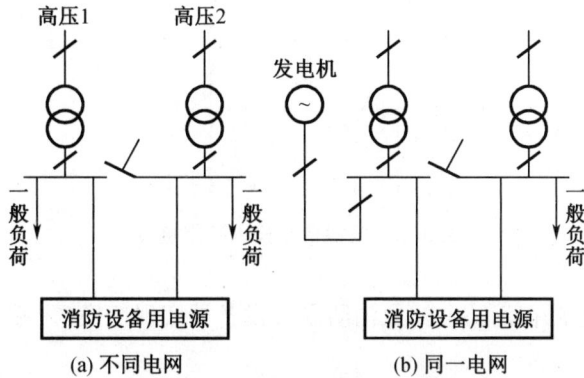

图 3-1　一类建筑消防供电系统

(2)二类建筑消防供电系统。如图 3-2 所示为对于二类建筑(二级消防负荷)的供电系统。

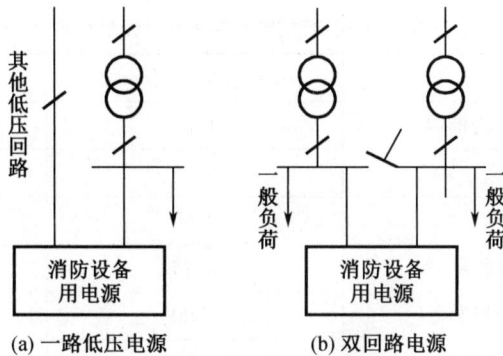

图 3-2　二类建筑消防供电系统

从图 3-2(a)中可知,表示由外部引来的一路低压电源和本部门电源(自备柴油发电机组)互为备用,供给消防设备电源;图 3-2(b)表示双回路供电,可符合二级负荷要求。

3. 备用电源的自动投入

备用电源的自动投入装置(BZT)可以使两路供电互为备用,也可用于主供电电源与应急电源(如柴油发电机组)的连接及应急电源自动投入。

(1)备用电源自动投入线路组成。由两台变压器、1 KM、2 KM、3 KM 三只交流接触器、自动开关 QF、手动开关 SAI、SA2、SA3 组成,如图 3-3 所示。

(2)备用电源自动投入原理。正常时,两台变压器分列运行,自动开关闭合状态,先合上 SA1、SA2 后,再合上 SA3,接触器 1 KM、2 KM 线圈通电闭合,3 KM 线圈断电触头释放。若母线失压(或 1 号回路掉电),1 KM 失电断开,3 KM 线圈通电,其常开触头闭合,使母线经过 Ⅱ 段母线接受 2 号回路电源供电,以实现自动切换。

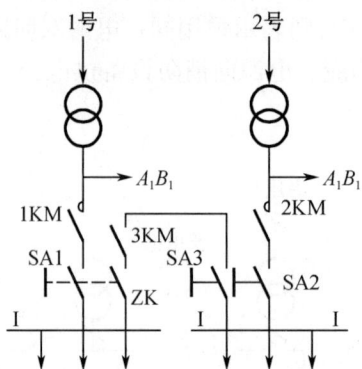

图 3-3　电源自动投入装置接线

应当指出:两路电源在消防电梯及消防泵等设备端实现切换(末端切换)常采用备用电源自动投入装置。

(二)消防系统的布线与接地

1.消防系统的布线

布线及配管火灾自动报警系统用导线最小截面如表3-10所示。

表 3-10　火灾自动报警系统用导线最小截面

| 类别 | 线芯最小截面/mm² | 备注 |
|---|---|---|
| 穿管敷设的绝缘导线线槽内 | 1.00 | — |
| 敷设的绝缘导线 | 0.75 | — |
| 多芯电缆 | 0.50 | — |
| 由探测器到区域报警器 | 0.75 | 多股铜芯耐热线 |
| 由区域报警器到集中报警器 | 1.00 | 单股铜芯线 |
| 水流指示器控制线 | 1.00 | — |
| 湿式报警阀及信号阀 | 1.00 | — |
| 排烟防火电源线 | 1.50 | 控制线>1.00 mm² |
| 电动卷帘门电源线 | 2.50 | 控制线>1.50 mm² |
| 消火栓控制按钮线 | 1.50 | |

(1)火灾自动报警系统的传输线路应采用铜芯绝缘导线或者铜芯电缆,其电压等级不应低于交流 250 V。

(2)火灾探测器的传输线路宜采用不同颜色的绝缘导线,以方便识别,接线端子应有标号。

(3)配线中使用的非金属管材、线槽及其附件,都应采用不燃或非延燃性材料制成。

(4)火灾自动报警系统的传输线,当采用绝缘电线时,应采取穿管(金属管或者不燃、难燃型硬质、半硬质塑料管)或者封闭式线槽进行保护。

（5）不同电压、不同电流类别、不同系统的线路,不可共管或者在线槽的同一槽孔内敷设。横向敷设的报警系统传输线路,如果采用穿管布线,则不同防火分区的线路不可共管敷设。

（6）消防联动控制、自动灭火控制、事故广播、通信以及应急照明等线路,应穿金属管保护,并宜暗敷设在非燃烧体结构内,其保护层厚度不宜小于 3 cm。若必须采用明敷设,则应对金属管采取防火保护措施。当采用具有非延燃性绝缘和护套的电缆时,可不穿金属保护管,但应将其敷设在电缆竖井内。

（7）弱电线路的电缆宜和强电线路的电缆竖井分别设置。如果因条件限制,必须合用一个电缆竖井时,则应将弱电线路和强电线路分别布置在竖井两侧。

（8）横向敷设在建筑物的暗配管,钢管直径不宜大于 25 mm;水平或者垂直敷设在顶棚内或墙内的暗配管,钢管直径不宜大于 20 mm。

（9）从线槽、接线盒等处引到火灾探测器的底座盒、控制设备的接线盒、扬声器箱等的线路,应穿金属软管保护。

2. 消防系统的接地

为了确保消防系统正常工作,对系统的接地规定如下。

（1）火灾自动报警系统应在消防控制室设置专用接地板。接地装置的接地电阻值应符合以下要求:若采用专用接地装置,则接地电阻值不大于 4 Ω;若采用共用接地装置时,则接地电阻值不应大于 1 Ω。

（2）火灾报警系统应设专用接地干线,通过消防控制室引到接地体。

（3）专用接地干线应采用铜芯绝缘导线,其芯线截面积应不小于 25 mm²,专用接地干线宜穿硬质型塑料管理设至接地体。

（4）由消防控制室接地板引到各消防电子设备的专用接地线应选用铜芯塑料绝缘导线,其芯线截面积不应小于 4 mm²。

（5）消防电子设备凡采用交流供电时,设备金属外壳和金属支架等应作保护接地,接地线应和电气保护接地干线（PE 线）相连接。

（6）区域报警系统与集中报警系统中各消防电子设备的接地亦应符合上述（1）～（5）条的要求。

## 二、消防系统的维护管理

### （一）一般要求

（1）消防系统的调试,应在建筑内部装修及该系统施工结束后进行。

（2）消防系统调试前应具备相关文件及调试必需的其他文件。

（3）调试负责人必须由有资格的专业技术人员担任,所有参加调试人员应职责明确,并且应按照调试程序工作。

### （二）调试前的准备

（1）调试前应按设计要求查验设备的规格、型号、数量以及备品备件等。

（2）应按要求检查系统的施工质量。对属于施工中出现的问题,应会同有关单位协商解决,并有文字记录。

（3）应按要求检查系统线路,对于错线、开路、虚焊以及短路等应进行处理。

（三）消防系统调试

（1）消防系统调试应先分别对火灾探测器、集中火灾报警控制器、区域火灾报警控制器、火灾警报装置和消防控制设备等逐个进行单机通电检查，正常之后方可进行系统调试。

（2）消防系统通电后，应按现行国家标准《火灾报警控制器》（GB 4717—2005）的有关要求，对火灾报警控制器进行以下功能检查。

①火灾报警自检功能。

②消声、复位功能。

③火灾优先功能。

⑤故障报警功能。

⑥报警记忆功能。

⑦电源自动转换及备用电源的自动充电功能。

⑧备用电源的欠压及过压报警功能。

⑨检查消防系统的主电源和备用电源，其容量应分别满足现行有关国家标准的要求，在备用电源连续充放电 3 次后，主电源与备用电源应能自动转换。

⑩应采用专用的检查仪器对探测器逐个进行试验，并且其动作应准确无误。

⑪应分别用主电源和备用电源供电，检查火灾自动报警系统的各项控制功能与联动功能。

⑫消防系统应在运行 120 h 无故障后，填写调试报告。

（四）消防系统验收

消防系统的竣工验收是对系统施工质量的全面检查。必须按国家标准《火灾自动报警系统施工及验收规范》（GB 50166—2019）的规定严格执行。

1.一般要求

（1）消防系统的竣工验收，应在公安消防监督机构监督下，由建设主管单位主持，设计、施工以及调试等单位参加，共同进行。

（2）消防系统的竣工验收应包括下列装置：

①火灾自动报警系统装置（包括各种火灾探测器、手动火灾报警按钮、区域火灾报警控制器以及集中火灾报警控制器等）；

②灭火系统控制装置（包括室内消火栓、自动喷水、卤代烷、干粉、二氧化碳、泡沫等固定灭火系统的控制装置）；

③电动防火门及防火卷帘控制装置；

④通风空调、防烟排烟及电动防火阀等消防控制装置；

⑤火灾应急广播、消防通信、消防电源、消防电梯以及消防控制室的控制装置。

⑥火灾应急照明和疏散指示控制装置。

（3）消防系统验收前，建设单位应向公安消防监督机构提交验收申请报告，并附以下技术文件：

①消防系统竣工表；

②消防系统竣工图；

③施工记录（包括隐蔽工程验收记录）；

④调试报告；

⑤管理、维护人员登记表。

（4）消防系统验收前，公安消防监督机构应对操作、管理以及维护人员配备情况进行检查。

（5）消防系统验收前，公安消防监督机构应进行施工质量复查。复查应包括以下内容：

①消防系统的主电源、备用电源、自动切换装置等安装位置以及施工质量；

②消防用电设备的动力线、控制线、接地线和火灾报警信号传输线的敷设方式；

③火灾探测器的类别、型号、适用场所、安装高度、保护半径、保护面积以及探测器的间距；

④火灾应急照明和疏散指示控制装置的安装位置及施工质量。

2. 系统竣工验收要求

（1）消防用电设备电源的自动切换装置，应进行3次切换试验，每次试验都应正常。

①实际安装数量在5台以下者，全部抽检。

②实际安装数量在6~10台者，抽检5台。

③实际安装数量超过10台者，按实际安装数量30%~50%的比例抽检，但不少于5台，抽检时每个功能应能重复1~2次，而被抽检火灾控制器的基本功能应符合现行国家标准《火灾自动报警系统施工及验收规范》（GB 50166—2019）中的功能要求。

（2）火灾探测器（包括手动报警按钮），应按下列要求进行模拟火灾响应试验和故障报警抽检。

①实际安装数量在100只以下者，抽检10只。

②实际安装数量超过100只，按实际安装数量5%~10%的比例抽检，但是不少于10只，被抽检探测器的试验均应正常。

（3）室内消火栓的功能验收应在出水压力符合现行国家有关建筑设计防火规范的条件之下进行，并应符合以下要求。

①工作泵、备用泵转换运行1~3次。

②消防控制室内操作启、停泵1~3次。

③消火栓操作启泵按钮按照5%~10%的比例抽检。

上述室内消火栓的控制功能应正常、信号应正确。

（4）自动喷水灭火系统的抽检，应在符合现行国家标准《自动喷水灭火系统设计规范》（GB 50084—2001）的条件下，抽检以下控制功能。

①工作泵与备用泵转换运行1~3次。

②消防控制室内操作启、停泵1~3次。

③水流指示器、闸阀关闭器和电动阀等按实际安装数量的10%~30%的比例进行末端放水试验。

上述自动喷水灭火系统的控制功能、信号都应正常。

（5）卤代烷、泡沫、二氧化碳以及干粉等灭火系统的抽检，应在符合现行有关系统设计规范的条件下，按照实际安装数量的20%~30%抽检下列控制功能。

①人工启动和紧急切断试验1~3次。

②与固定灭火设备联动控制的其他设备（关闭防火门窗、停止空调风机、关闭防火阀以及落下防火幕等）试验1~3次。

③抽一个防护区进行喷放试验（卤代烷系统应采用氮气等介质代替）。

上述气体灭火系统的试验控制功能、信号都应正常。

（6）电动防火门与防火卷帘的抽检,应按实际安装数量的10%~20%抽检联动控制功能,其控制功能及信号均应正常。

（7）通风空调和防排烟设备（包括风机与阀门）的抽检,应按照实际安装数量的10%~20%抽检联动控制功能,其控制功能、信号均应正常。

（8）消防电梯的检验应进行1~2次人工控制及自动控制功能检验,其控制功能、信号均应正常。

（9）火灾应急广播设备的检验,应按实际数量的10%~20%进行以下功能检验。

①共用的扬声器强行切换试验。

②在消防控制室选层广播。

③备用扩音机控制功能试验。

以上功能应正常,语音应清楚。

（10）消防通信设备的检验,应符合以下要求。

①消防控制室及设备间所设的对讲电话进行1~3次通话试验。

②电话插孔按照实际安装数量的5%~10%进行通话试验。

③消防控制室的外线电话和"119台"进行1~3次通话试验。

以上功能应正常,语音应清楚。

（11）上述各项检验项目中,当有不合格时,应限期修复或者更换,并进行复检。复检时,对有抽检比例要求的,应进行加倍试验。其中复检不合格者,不能通过验收。

（五）日常维护与定期清洗

消防系统中所有设备均应做好日常维护保养工作,注意防潮、防尘、防电磁干扰、防冲击、防碰撞等各项安全防护工作,保持设备经常处在完好状态。

做好火灾探测器的定期清洗工作,对于保持火灾监控系统良好运行非常重要。火灾探测器投入运行后,由于环境条件的原因,容易受污染、积聚灰尘,使可靠性降低,引起误报或漏报,尤其是感烟火灾探测器,更易受环境影响。所以,国家标准《火灾自动报警系统施工及验收规范》（GB 50166—2019）明确规定：点型感烟火灾探测器投入运行2年后,应每隔3年至少全部清洗一遍；通过采样管采样的吸气式感烟火灾探测器根据使用环境的不同,需要对采样管道进行定期吹洗,最长的时间间隔不应超过1年；探测器的清洗应由有相关资质的机构根据产品生产企业的要求进行。探测器清洗后应做响应阈值及其他必要的功能试验,合格者方可继续使用。不合格探测器严禁重新安装使用,并应将该不合格品返回产品生产企业集中处理,严禁将离子感烟火灾探测器随意丢弃。可燃气体探测器的气敏元件超过生产企业规定的寿命年限后应及时更换,气敏元件的更换应由有相关资质的机构根据产品生产企业的要求进行。我国地域辽阔,南北方气候差别很大。南方多雨潮湿,水汽大,容易凝结水珠；北方干燥多风,容易积聚灰尘。在同一地区、不同行业、不同使用性质的场所,污染也不相同。应根据不同情况,确定对探测器清洗的周期与批量。清洗工作要由有条件的专门清洗单位进行,不得随意自行清洗,除非经过公安消防监督机构批准认可。清洗之后,火灾探测器应做响应阈值和其他必要的功能试验,以确保其响应性能符合要求。发现不合格的,应予报废,并立即更换,不得维修之后重新安装使用。

# 第五节　特殊场所的消防安全管理技术

## 一、医院的消防安全

医院(含门诊部、医务室等)是为人们治疗疾病的重要场所,通常分为综合医院和专科医院两大类。各类医院在诊断、治疗过程中,常使用多种易燃易爆危险品、各种电气医疗设备以及其他明火等。而且由于医院里门诊和住院的病人较多,他们又大多行动困难,兼有大批照料和探视病人的家属、亲友等,人员的流动量很大。同时,一些大中型医院的建筑又属于高层建筑,万一失火很容易造成重大的伤亡和经济损失,因此做好医院消防安全管理工作十分重要。

### (一)医院的火灾危险特点

众所周知,医院作为人员集中的公共场所,是与众不同的,它的消防安全管理在整个医院管理中,占有十分重要的地位,其火灾危险性和特点如下。

1.一旦失火伤亡大、影响大

医院是病人治病养病的场所,住院病人年龄不一、病情不同、行动不便,既有刚出生的婴儿,又有年过古稀的老人;既有刚动过手术的病人,又有待产的孕妇,一旦发生火灾,撤离火场难以及时,轻者会使病情加重,严重时会使病情恶化,甚至直接危及病人生命。因此,医院不仅要有一个良好的医疗环境,而且必须有一个安全环境。

2.病人多,自救能力差,通道窄,逃生难

据某市第一中心医院住院情况日报表统计,全院每日住院加床平均达45张,分布在各病房楼道。发生火灾后,病人疏散困难。尤其是夜间病房发生火灾,断电后病房漆黑一片,加之医护人员少,通道窄,病人病情重,若组织指挥不当,很可能造成病人疏散过程中人踩伤亡事故。

3.使用易燃易爆危险品多,用火用电多,火险因素多

医院内使用易燃易爆危险品多,(如酒精、二甲苯、氧气等)需求量大。此外,病房因医疗消毒,必须使用电炉、煤气炉等加热工具;还有的病人或家属违章在病房或过道吸烟,烟头不掐灭就到处乱扔等,这些明火若遇可燃物就会发生火灾。

4.易燃要害部位多

医院的同位素库、危险品库、锅炉房、变电室、氧气库等要害部位,不仅火灾危险性大,而且一旦出现事故会直接危及病人生命安全。同时贵重仪器多,价值昂贵、移动困难。一旦失火,不仅会给国家财产造成巨大经济损失,而且仪器一旦损坏,将直接影响病人治疗,甚至危及生命安全。

5.建筑面积狭小,防火布局差

随着社会对医疗的需求,病床逐年增加,门诊量日趋增大。另外,随着科学技术的发展,医院的医疗仪器设备也在逐年递增,由于仪器增加,用电量增大,也使有的医院常年超负荷用电,而且高精尖医疗仪器操作间的消防设备与仪器设备不相适应;有的尽管消防部门、医院保卫部门多次下达火险隐患通知书,但由于医院受到人力、财力、建筑面积的制约,

许多隐患未能彻底解决,因而给消防安全管理带来了一定的困难。

6.高压氧舱火灾危险性大

高压氧舱是一个卧式圆柱形的钢制密封舱,不仅是抢救煤气中毒、溺水、缺氧窒息等危急病人必需的设备,而且是治疗耳聋、面瘫等多种疾病的重要手段。一般治疗压力为 0.15～0.2 MPa,含氧 25%～26%,有的甚至高达 30%～34%。有些供特殊用途,如为潜水员服务的高压氧舱,工作压力可高达 0.1 MPa。其火灾危险特点如下。

(1)当氧浓度增高时,一些在常压下的空气(氧浓度为 21%)中不会被引燃的物质会变得很容易被引燃;高浓度氧遇到碳氢化合物、油脂、纯涤纶等往往还可使之自燃;在常压空气中,氧分压为 21 kPa,在高压氧舱中当吸用高浓度氧或称富氧时,氧分压介于 21 kPa～0.1 MPa;当吸用高压氧时,氧分压大于 0.1 MPa;舱内的氧浓度常在 25%左右,有的甚至升高到 30%～34%。由于可燃物的燃烧主要与氧浓度有关,只要氧浓度不高,即使氧分压较高也不会燃烧。相反,氧浓度较高,即使氧分压在常压下也可引起剧烈燃烧。

(2)氧浓度增加时,可燃物的燃烧速度会加快,燃烧温度可达 1 000 ℃以上,可使紫铜管熔化,而且使舱内的压力急剧增加。如果舱体或观察窗的强度不够,可能引起舱体爆裂或观察窗突然破裂,其后果将更严重。

(3)舱内起火时,当密闭空间内氧气经剧烈燃烧而耗尽后,火可自行熄灭,总的燃烧时间很短,烧过的物品常常是表层烧焦,而内层较完好。但是燃烧物的温度仍很高,如灭火时通风驱除浓烟,或舱内气体膨胀使观察窗破裂通入新鲜空气,烧过的余烬又可复燃。

(4)当舱内氧浓度分布不均匀时,由于氧的相对密度较空气为大,与空气之比为 1.105:1,会使底层的氧浓度比上层高,燃烧后的损坏程度底层亦较明显。

(5)高压氧舱发生火灾很容易造成人员伤亡。此类伤亡事件,国内外都时有发生。舱内人员死亡的原因,一是舱内氧浓度高而造成极其严重的烧伤;二是舱内氧浓度高使燃烧非常充分,会很快将舱内氧气耗尽而造成急性缺氧和(或)使人窒息死亡。据对动物实验结果,20 s 内即可造成死亡。

(二)医院的消防管理措施

1.消防安全重点部位医院应将下列部位确定为消防安全重点部位

(1)容易发生火灾的部位,主要有危险品仓库、理化试验室、中心供氧站、高压氧舱、胶片室、锅炉房、木工间等。

(2)发生火灾时会严重危及人身和财产安全的部位,主要有病房楼、手术室、宿舍楼、贵重设备工作室、档案室、微机中心、病案室、财会室等。

(3)对消防安全有重大影响的部位,主要有消防控制室、配电间、消防水泵房等。

消防安全重点部位应设置明显的防火标志,标明"消防重点部位"和"防火责任人",落实相应管理规定,实行严格管理。

2.电气防火

(1)电气设备应由具有电工资格的专业人员负责安装和维修,严格执行安全操作规程。

(2)在要求防爆、防尘、防潮的部位安装电气设备,应符合有关安全技术要求。

(3)每年应对电气线路和设备进行安全性能检查,必要时应委托专业机构进行电气消防安全监测。

3.火源控制医院应采取下列控制火源的措施

（1）严格执行内部动火审批制度，及时落实动火现场防范措施及监护人。

（2）固定用火场所、设施和大型医疗设备应有专人负责，安全制度和操作规程应公布上墙。

（3）宿舍内严禁使用蜡烛灯明火用具，病房内非医疗不得使用明火。

（4）病区内禁止烧纸，除吸烟室外，不得在任何区域吸烟。

4.易燃易爆化学危险物品管理

医院应加强易燃易爆化学危险物品管理，采取下列措施。

（1）严格易燃易爆化学危险物品使用审批制度。

（2）加强易燃易爆化学危险物品储存管理。

（3）易燃易爆化学危险物品应根据物化特性分类存放，严禁混存。

（4）高温季节，易燃易爆化学危险物品储存场所应加强通风，室内温度应控制在 28 ℃以下。

5.安全疏散设施管理

医院应落实下列安全疏散设施管理措施。

（1）防火门、防火卷帘、疏散指示标志、火灾应急照明、火灾应急广播等设施应设置齐全完好有效。

（2）医疗用房应在明显位置设置安全疏散图。

（3）常闭式防火门应向疏散方向开启，并设有警示文字和符号，因工作必须常开的防火门应具备联动关闭功能。

（4）保持疏散通道、安全出口畅通，禁止占用疏散通道，不应遮挡、覆盖疏散指示标志。

（5）禁止将安全出口上锁，禁止在安全出口、疏散通道上安装栅栏等影响疏散的障碍物；疏散通道、疏散楼梯、安全出口处以及房间的外窗不应设置影响安全疏散和应急救援的固定栅栏。

（6）病房楼、门诊楼的疏散走道、疏散楼梯、安全出口应保持畅通，公共疏散门不应锁闭，宜设置推闩式外开门。

（7）防火卷帘下方严禁堆放物品，消防电梯前室的防火卷帘应具备停滞功能。

6.消防设施、器材日常管理

医院应加强建筑消防设施、灭火器材的日常管理，并确定本单位专职人员或委托具有消防设施维护保养资格的组织或单位进行消防设施维护保养，保证建筑消防设施、灭火器材配置齐全、正常工作。

医院可以组织经公安消防机构培训合格、具有维护能力的专职人员，定期对消防设施进行维护保养，并保留记录；或委托具有消防设施维护保养资格的组织或单位，定期对消防设施进行维护保养，并保留维护保养报告。

（三）医院消防安全管理制度

1.医院药库、药房消防安全管理制度

医院药品大都是可燃物，其中不乏易燃易爆化学物品，药品已经烟熏火烤就不能再用，防火措施非常重要。

（1）药库防火制度。药库应独立设立，不得与门诊部、病房等人员密集场所毗连。乙醇、甲醛、乙醚、丙酮等易燃、易爆危险性药品应另设危险品库，并与其他建筑物保持符合规定的安全间距，危险性药品应按化学危险物品的分类原则分类隔离存放。

存放量大的中草药库中，中草药药材应定期摊晾，注意防潮，预防发热自燃。

药库内禁止烟火。库内电气设备的安装、使用应符合防火要求。药库内不得使用 60 W 以上白炽灯、碘钨灯、高压汞灯及电热器具。灯具周围 0.5 m 内及垂直下方不得有可燃物；药库用电应在库房外或值班室内设置热水管或暖气片，如必须设置时，与易燃可燃药品应保持安全距离。

（2）药房防火。药房应设在门诊部或住院部的底层。对易燃危险药品应限量存放，一般不得超过一天用量，以氧化剂配方时应用玻璃、瓷质器皿盛装，不得采用纸质包装。药房内化学性能相互抵触或相互产生强烈反应的药品，要分开存放。盛放易燃液体的玻璃器皿应放在专用药架底部，以免破碎、脱底引起火灾。

药房内的废弃纸盒不应随地乱丢，应集中在专用筒篓内，集中按时清除。

药房内严禁烟火。照明灯具、开关、线路的安装、敷设和使用应符合相关防火规定。

2. 医院病房楼消防安全管理制度

（1）疏散通道内不得堆放可燃物品及其他杂物、不得加设病床。为划分防火防烟分区设在走道上的防火门，如平时需要保持常开状态，发生火灾时则必须自动关闭。

（2）按相关规定设置的封闭楼梯间、防烟楼梯间和消防电梯间内一律不得堆放杂物，防火门必须保持常关状态。疏散门应采用向疏散方向开启的平开门，不应采用推拉门、卷帘门、吊门、转门。除医疗有特殊要求外，疏散门不得上锁；疏散通道上应按规定设置事故照明、疏散指示标志和火灾事故广播并保持完整好用。

（3）无论是使用医用中心供氧系统还是采用氧气瓶供氧，都应遵循相关操作规程。给病人输氧时应由医护人员操作，采用氧气瓶供氧，氧气瓶要竖立固定，远离热源，使用时应轻搬轻放，避免碰撞。氧气瓶的开关、仪表、管道均不得漏气，医务人员要经常检查，保持氧气瓶的洁净和安全输氧。同时应提醒病人及其陪护、探视人员不得用有油污和抹布触摸氧气瓶和制氧设备。

（4）医务人员要随时检查病房用火、用电的安全情况。病房内的电气设备和线路不得擅自改动，严禁使用电炉、液化气炉、煤气炉、电水壶、酒精炉等非医疗器具，不得超负荷用电。病房内禁止使用明火与吸烟，禁止病人和家属携带煤油炉、电炉等加热食品，应在病房区以外的专门场所设置加热食品的炉灶并由专人管理。

## 二、商场、集贸市场消防安全

### （一）集贸市场的安全防火要求

1. 必须建立消防管理机构

在消防监督机构的指导下，集贸市场主办单位应建立消防管理机构，健全防火安全制度，强化管理，组建义务消防组织，并确定专（兼）职防火人员，制定灭火、疏散应急预案并开展演练。做到平时预防工作有人抓、有人管、有人落实；在发生火灾时有领导、有组织、有秩序地进行扑救。对于多家合办的单位应成立有关单位负责人参加的防火领导机构，统一管理消防安全工作。

2. 安全检查、隐患整改必须到位

集贸市场主办单位应组织防火人员要进行经常性的消防安全检查,针对检查中发现的火灾隐患,一要将产生的原因找出,制定出整改方案,抓紧落实。二要把整改工作做到领导到位、措施到位、行动到位以及检查验收到位,决不走过场、图形式;对整改不彻底的单位,要责令重新进行整改,决不留下新的隐患。三要充分发挥消防部门监督职能作用,经常深入市场检查指导,发现问题,及时指出,将检查中发现的火灾隐患整改彻底。

3. 确保消防通道畅通

安全通道畅通是集贸市场发生火灾后,保证人员生命财产安全的有效措施,市场主办单位应认真落实"谁主管、谁负责",按照商品的种类和火灾危险性划分若干区域,区域之间应保持相应的防火距离及安全疏散通道,对所堵塞消防通道的商品应依法取缔,保证安全疏散通道畅通。

4. 完善固定消防设施

针对集贸市场内未设置消防设施、无消防水源的现状,主办单位应立即筹集资金。按照相关规范要求增设室内外消火栓、火灾自动报警系统及消防水池、自动喷水灭火系统、水泵房等固定消防设施,配置足量的移动式灭火器、疏散指示标志,尽快提高市场自身的防火及灭火能力,使市场在安全的情况之下正常经营。

### (二)商场、集贸市场的安全防火技术

目前,我国的一些大型商场为了满足人民群众的需求,大多集购物、餐饮、娱乐为一体,所以商场、集贸市场的火灾风险较高,一旦发生火灾,容易造成重大的经济损失和人员伤亡,所以商场、集贸市场的防火要求要严于一般场所。

1. 建筑防火要求

商场的建筑首先在选址上应远离易燃易爆危险化学品生产及储存的场所,要同其他建筑保持一定防火间距。在商场周边要设置环形消防通道。商场内配套的锅炉房、变配电室、柴油发电机房、消防控制室、空调机房、消防水泵房等的设置应符合消防技术规范的要求。

商场建筑物的耐火等级不应低于二级,应严格按照《建筑设计防火规范》(GB 50016—2014)的要求划分防火分区。

对于电梯间、楼梯间、自动扶梯及贯通上下楼层的中庭,应安装防火门或者防火卷帘进行分隔,对于管道井、电缆井等,其每层检查口应安装丙级防火门,并且每隔2~3层楼板处用相当于楼板耐火极限的材料分隔。

2. 室内装修

商场室内装修采用的装修材料的燃烧性能等级,应按楼梯间严于疏散走道、疏散走道严于其他场所、地下严于地上、高层严于多层的原则予以控制。应严格执行《建筑内部装修设计防火规范》(GB 50222—2017)与《建筑内部装修防火施工及验收规范》(GB 50354—2019)的规定,尽量采用不燃性材料和难燃性材料,避免使用在燃烧时产生大量浓烟或有毒气体的材料。

建筑内部装修不应遮挡安全出口、消防设施、疏散通道及疏散指示标志,不应减少安全出口、疏散出口和疏散走道的净宽度和数量,不应妨碍消防设施及疏散走道的正常使用。

3.安全疏散设施

商场是人员集中的场所,安全疏散必须满足消防规范的要求。要按照规范设置相应的防烟楼梯间、封闭楼梯间或者室外疏散楼梯。商场要有足够数量的安全出口,并多方位地均匀布置,不应设置影响安全疏散的旋转门及侧拉门等。

安全出口的门禁系统必须具备从内向外开启并且发出声光报警信号的功能,以及断电自动停止锁闭的功能。禁止使用只能由控制中心遥控开启的门禁系统。

安全出口、疏散通道以及疏散楼梯等都应按要求设置应急照明灯和疏散指示标志,应急照明灯的照度不应低于 0.5 lx,连续供电时间不得少于 20 min,疏散指示标志的间距不大于 20 m。禁止在楼梯、安全出口和疏散通道上设置摊位、堆放货物。

4.消防设施

商场的消防设施包括火灾自动报警系统、室内外消火栓系统、自动喷水灭火系统、防排烟系统、疏散指示标志、应急照明、事故广播、防火门、防火卷帘及灭火器材。

(1)火灾自动报警系统。商场中任一层建筑面积大于 3 000 m² 或者总建筑面积大于 6 000 m² 的多层商场,建筑面积大于 500 m² 的地下、半地下商场以及一类高层商场,应设置火灾自动报警系统。火灾自动报警系统的设置应符合《火灾自动报警系统的设计规范》(GB 50116—2013)。营业厅等人员聚集场所宜设置漏电火灾报警系统。

(2)灭火设施。商场应设置室内外消火栓系统,并应满足有关消防技术规范要求。设有室内消防栓的商场应设置消防软管卷盘。建筑面积大于 200 m² 的商业服务网点应设置消防软管卷盘或者轻便消防水龙。

任一楼层建筑面积超过 1 500 m² 或总建筑面积超过 3 000 m² 的多层商场和建筑面积大于 500 m² 的地下商场以及高层商场均应设置自动喷水灭火系统。

商场应按照《建筑灭火器配置设计规范》(GB 50140—2005)的要求配备灭火器。

# 三、公共娱乐场所消防安全

## (一)公共文化娱乐场所的防火要求

1.公共文化娱乐场所的设置

(1)设置位置、防火间距、耐火等级。公共文化娱乐场所不得设置在文物古建筑、博物馆以及图书馆建筑内,不得毗连重要仓库或者危险物品仓库。不得在居民住宅楼内建公共娱乐场所。在公共文化娱乐场所的上面、下面或毗邻位置,不准布置燃油、燃气的锅炉房以及油浸电力变压器室。

公共文化娱乐场所在建设时,应与其他建筑物保持一定的防火间距,通常与甲、乙类生产厂房、库房之间应留有不少于 50 m 的防火间距。而建筑物本身不宜低于二级耐火等级。

(2)防火分隔在建筑设计时应当考虑必要的防火技术措施。影剧院等建筑的舞台和观众厅之间,应采用耐火极限不低于 3 h 的不燃体隔墙,舞台口上部和观众厅闷顶之间的隔墙可以采用耐火极限不低于 1 h 的不燃体,隔墙上的门应采用乙级防火门;舞台下面的灯光操作室和可燃物贮藏室,应用耐火极限不低于 2 h 的不燃体墙与其他部位隔开;电影放映室应用耐火极限不低于 1.5 h 的不燃体隔墙与其他部分隔开,观察孔和放映孔应设阻火闸门。

对超过 1 500 个座位的影剧院与超过 2 000 个座位的会堂、礼堂的舞台,以及与舞台相连的侧台、后台的门窗洞口,都应设水幕分隔;对于超过 1 500 个座位的剧院与超过 2 000 个座位的会堂的屋架下部,以及建筑面积超过 400 m 的演播室、建筑面积超过 500 m 的电影摄影棚等,均应设雨淋喷水灭火系统。

公共文化娱乐场所与其他建筑相毗连或者附设于其他建筑物内时,应当按照独立的防火分区设置。商住楼内的公共文化娱乐场所和居民住宅的安全出口应当分开设置。

(3)公共文化娱乐场所的内部装修设计和施工,必须符合《建筑内部装修设计防火规范》(GB 50222—2017)和有关装饰装修防火规定。

(4)在地下建筑内设置公共娱乐场所除符合有关消防技术规范的要求外,还应符合以下规定:

①允许设在地下一层;

②通往地面的安全出口不应少于 2 个,每个楼梯宽度应当满足有关建筑设计防火规范的规定;

③应当设置机械防烟、排烟设施;

④应当设置火灾自动报警系统及自动喷水灭火系统;

⑤禁止使用液化石油气。

2. 公共文化娱乐场所的安全疏散

(1)公共文化娱乐场所观众厅、舞厅的安全疏散出口,应当按照人流情况合理设置,数目不应少于 2 个,并且每个安全出口平均疏散人数不应超过 250 人,当容纳人数超过 2 000 人时,其超过部分按每个出口平均疏散人数不超过 400 人计算。

(2)公共文化娱乐场所观众厅的入场门、太平门不应设置门槛,其宽度不应小于 1.4 m。紧靠于门口 1.4 m 范围内不应设置踏步。同时,太平门不准采用卷帘门、转门、吊门以及侧拉门,门口不得设置门帘、屏风等影响疏散的遮挡物。公共文化娱乐场所在营业时,必须保证安全出口和走道畅通无阻,严禁将安全出口上锁、堵塞。

(3)为确保安全疏散,公共文化娱乐场所室外疏散通道的宽度不应小于 3 m。为了确保灭火时的需要,超过 2 000 个座位的礼堂、影院等超大空间建筑四周,宜设环形消防车道。

(4)在布置公共文化娱乐场所观众厅内的疏散走道时,横走道之间的座位不宜超过 20 排。而纵走道之间的座位数每排不宜超过 22 个,当前后排座椅的排距不小于 0.9 m 时,可以增加 1 倍,但是不得超过 50 个;仅一侧有纵走道时,其座位数应减半。

3. 公共文化娱乐场所的应急照明

(1)在安全出口和疏散走道上,应设置必要的应急照明及疏散指示标志,以利于火灾时引导观众沿着灯光疏散指示标志顺利疏散。疏散用的应急照明,其最低照度不应低于 1.0 lx。而照明供电时间不得少于 20 min。

(2)应急照明灯应设在墙面或者顶棚上,疏散指示标志应设于太平门的顶部和疏散走道及其转角处距地面 1.0 m 以下的墙面上,走道上的指示标志间距不应大于 20 m。

4. 公共文化娱乐场所的灭火设施及器材的设置

公共文化娱乐场所发生火灾蔓延快,扑救困难。因此,必须配备消防器材等灭火设施。根据规定,对于超过 800 个座位的剧院、电影院、俱乐部以及超过 1 200 个座位的礼堂,都应设置室内消火栓。

为了确保能及时有效地控制火灾,座位超过 1 500 个的剧院和座位超过 2 000 个的会堂或礼堂,室内人员休息室与器材间应设置自动喷水灭火系统。

室内消火栓的布置,通常应布置在舞台、观众厅和电影放映室等重点部位醒目并便于取用的地方。此外,对放映室(包括卷片室)、配电室、储藏室、舞台以及音响操作等重点部位,都应配备必要的灭火器。

### (二)娱乐场所的安全防火技术

设置在综合性建筑内的公共娱乐场所,其消防设施及火灾器材的配备,应符合规范对综合性建筑的防火要求。

1. 场所的设置要求

(1)设置位置、防火间距以及建筑物耐火等级。按照《娱乐场所管理条例》第7条的规定,"娱乐场所不得设在下列地点:居民楼、博物馆、图书馆和被核定为文物保护单位的建筑物内;居民住宅区和学校、医院、机关周围;车站、机场等人群密集的场所;建筑物地下一层以下;与危险化学品仓库毗连的区域。娱乐场所的边界噪声,应当符合国家规定的环境噪声标准。"

(2)防火分区。影剧院以及会堂舞台上部与观众厅闷顶之间应采用防火墙进行分隔,防火墙上不应开设门、窗、洞孔或穿越管道,若确需在隔墙上开门时,其门应采用甲级防火门。舞台灯光操作室与可燃物贮藏室之间,应用耐火极限不低于 1 h 的非燃烧的墙体分隔。

(3)装修规定。娱乐场所要正确选用装修材料,内部装修应妥善处理舒适豪华的装修效果和防火安全之间的矛盾,尽量选用不燃和难燃材料,少用可燃材料,特别是尽量避免使用在燃烧时产生大量浓烟和有毒气体的材料。如剧院观众厅顶棚,应用钢龙骨、纸面石膏板材料装修,严禁使用木龙骨、纸板或塑料板等材料装修。

剧院、会堂水平疏散通道及安全出口的门厅,其顶棚装饰材料应采用不燃装修材料。内部无自然采光的楼梯间、封闭楼梯间、防烟楼梯间及其前室的顶棚、墙面和地面,都应采用不燃装修材料。

2. 安全疏散设施

公共娱乐场所的安全疏散设施应严格按照相关规范要求设置。否则,一旦发生火灾,极易造成人员伤亡。安全疏散设施包括安全出口、疏散门、疏散走道、疏散楼梯、应急照明以及疏散指示标志。

(1)安全出口。安全出口或者疏散出口的数量应按相关规范规定计算确定。除规范另有规定外,安全出口的数量不应少于 2 个。安全出口或者疏散出口应分散合理设置,相邻 2 个安全出口或疏散出口最近边缘之间的水平距离不应小于 5 m。

(2)疏散门。疏散门的数量应当依据计算合理设置,数量不应少于 2 个,影剧院的疏散门的平均疏散人数不应超过 250 人,当容纳人数大于 2 000 人时,其超过的部分按每个疏散门平均疏散人数不超过 400 人计算。

疏散门不应设置门槛,其净宽度不应小于 1.4 m,并且紧靠门口内、外各 1.4 m 范围内不应设置踏步。疏散门均应向疏散方向开启,不准使用卷帘门、转门、吊门、折叠门、铁栅门以及侧拉门,应为朝疏散方向开启的平开门,门口不得设置门帘及屏风等影响疏散的遮挡物。公共场所在营业时,必须保证安全出口畅通无阻,禁止将安全出口上锁、堵塞。

为确保安全疏散,公共娱乐场所室外疏散小巷的宽度不应小于 3 m。为保证灭火的需要,超过 2 000 个座位的会堂等建筑四周,宜设置环形消防车道。

(3)疏散楼梯和走道。多层建筑的室内疏散楼梯宜设置楼梯间,大于 2 层的建筑应采用封闭楼梯间。当娱乐场所设置在一类高层建筑或者超过 32 m 的二类高层建筑中时,应设置防烟楼梯间。

剧院的观众厅的疏散走道宽度应按照其通过人数,每 100 人不小于 0.6 m,但是最小净宽度不应小于 1 m,边走道的净宽度不应小于 0.8 m。在布置疏散走道时,横走道之间的座位排数不宜大于 20 排;纵走道之间的座位数,每排不宜超过 22 个;前后排座椅的排距不小于 0.9 m 时,可以增加一倍,但不得超过 50 个;仅一侧有纵走道时,座位数应减少一半。

(4)应急照明和疏散指示标志。公共娱乐场所内应按照相关规范条文配置应急照明和疏散指示标志,场所内的疏散走道和主要疏散路线的地面或者靠近地面的墙上应设置发光疏散指示标志,以便引导观众沿着标志顺利疏散。疏散用的应急照明其最低照度不应低于 0.5 lx,设置的应急照明及疏散指示标志的备用电源,其连续供电的时间不应少于 20 ~ 30 min。

3. 消防设施

(1)消火栓系统。除相关规范另有规定之外,娱乐场所必须设置室内、室外消火栓系统,并且宜设置消防软管卷盘。系统的设计应符合相关规范要求。

(2)自动灭火系统。设置在地下、半地下,建筑的首层、二层以及三层且任一层建筑面积超过 300 m² 时,或建筑在地上四层及四层以上以及设置在高层建筑内的娱乐场所,都应设置自动喷水灭火系统。系统的设置应符合相关规范的要求。

(3)防排烟系统。设置在高层建筑内三层以上的娱乐场所应设置防排烟系统,设置在多层建筑一、二、三层且房间建筑面积超过 200 m² 时,设置在四层及四层以上,或者地下、半地下的娱乐场所,该场所中长度大于 20 m 的内走道,都应设置防排烟系统。

(4)灭火器的配置。建筑面积在 200 m² 及以上的娱乐场所应按照严重危险级配置灭火器。建筑面积在 200 m² 以下的娱乐场所应按中危险级配置灭火器。应依据场所可能发生的火灾种类选择相应的灭火器,在同一灭火器配置场所,当选用两种或者两种以上类型的灭火器时,应采用灭火剂相容的灭火器。

灭火器的设置、配置应满足《建筑灭火器配置设计规范》(GB 50140—2005)的规定。

## 四、宾馆、饭店消防安全

宾馆和饭店是供国内外旅客住宿、就餐、娱乐和举行各种会议、宴会的场所。现代化的宾馆、饭店一般都具有多功能的特点,拥有各种厅、堂、房、室、场。

厅:包括各种风味餐厅和咖啡厅、歌舞厅、展览厅等。

堂:指大堂、会堂等。

房:包括各种客房和厨房、面包房、库房、洗衣房、锅炉房、冷冻机房等。

室:包括办公室、变电室、美容室、医疗室等。

场:指商场、停车场等。从而组成了宾馆、饭店这样一个有"小社会"之称的有机整体。

### (一)宾馆、饭店的火灾危险性

现代的宾馆、饭店,抛弃了以往那种以客房为主的单一经营方式,将客房、公寓、餐馆、商场和夜总会、会议中心等集于一体,向多功能方面发展。因而对建筑和其他设施的要求很高,并且追求舒适、豪华,以满足旅客的需要,提高竞争能力。这样,就潜伏着许多火灾危险,主要有以下几种。

1.可燃物多

宾馆、饭店虽然大多采用钢筋混凝土结构或钢结构,但大量的装饰材料和陈设用具都采用木材、塑料和棉、麻、丝、毛以及其他纤维制品。这些都是有机可燃物质,增加了建筑内的火灾荷载。一旦发生火灾,这些材料就像架在炉膛里的柴火,燃烧猛烈,蔓延迅速,塑料制品在燃烧时还会产生有毒气体。这些不仅会给疏散和扑救带来困难,而且还会危及人身安全。

2.建筑结构易产生烟囱效应

现代的宾馆和饭店,特别是大、中城市的宾馆、饭店,很多都是高层建筑,楼梯井、电梯井、管道井、电缆垃圾井、污水井等竖井林立,如同一座座大烟囱;还有通风管道,纵横交叉,延伸到建筑的各个角落,一旦发生火灾,竖井产生的烟囱效应,便会使火焰沿着竖井和通风管道迅速蔓延、扩大,进而危及全楼。

3.疏散困难,易造成重大伤亡

宾馆、饭店是人员比较集中的地方,在这些人员中,多数是暂住的旅客,流动性很大。他们对建筑内的环境情况、疏散设施不熟悉,加之发生火灾时烟雾弥漫,心情紧张,极易迷失方向,拥塞在通道上,造成秩序混乱,给疏散和施救工作带来困难,因此往往造成重大伤亡。

4.致灾因素多

宾馆、饭店发生火灾,在国外是常有的事.一般损失都极为严重。国内宾馆、饭店的火灾,也时有发生。

从国内外宾馆、饭店发生的火灾来看,起火原因主要是:旅客酒后躺在床上吸烟;乱丢烟蒂和火柴梗;厨房用火不慎和油锅过热起火;维修管道设备和进行可燃装修施工等动火违章;电器线路接触不良,电热器具使用不当,照明灯具温度过高烤着可燃物等。宾馆、饭店容易引起火灾的可燃物主要有液体或气体燃料、化学涂料、家具、棉织品等。宾馆、饭店最有可能发生火灾的位置是:客房、厨房、餐厅以及各种机房。

(二)宾馆、饭店的防火管理措施

宾馆、饭店的防火管理,除建筑应严格按照《建筑设计防火规范》(GB 50016—2014)的有关标准进行设计施工外,客房、厨房、公寓、写字间以及其他附属设施,应分别采取以下防火管理措施。

1.客房、公寓、写字间

客房、公寓、写字间是现代宾馆、饭店的主要部分,包括卧室、卫生间、办公室、小型厨房、客房、楼层服务间、小型库房等。

客房、公寓发生火灾的主要原因是烟头、火柴梗引燃可燃物或电热器具烤着可燃物,发生火灾的时间一般在夜间和节假日,尤以旅客酒后卧床吸烟,引燃被褥及其他棉织品等发生的事故最为常见。所以,客房内所有的装饰材料应采用不燃材料或难燃材料,窗帘一类的丝、棉织品应经过防火处理,客房内除了固有电器和允许旅客使用电吹风、电动剃须刀等日常生活的小型电器外,禁止使用其他电器设备,尤其是电热设备。

对旅客及来访人员,应明文规定:禁止将易燃易爆物品带入宾馆,凡携带进入宾馆者,要立即交服务员专门储存,妥善保管,并严禁在宾馆、饭店区域内燃放烟花爆竹。

客房内应配有禁止卧床吸烟的标志、应急疏散指示图、宾馆客人须知及宾馆、饭店内的消防安全指南。服务员应经常向旅客宣传：不要躺在床上吸烟，烟头和火柴梗不要乱扔乱放，应放在烟灰缸内；入睡前将音响、电视机等关闭，人离开客房时，应将客房内照明灯关掉；服务员应保持高度警惕，在整理房间时要仔细检查，对烟灰缸内未熄灭的烟蒂不得倒入垃圾袋；平时应不断巡逻查看，发现火灾隐患应及时采取措施。对酒后的旅客尤应特别注意。

高层旅馆的客房内应配备应急手电筒、防烟面具等逃生器材及使用说明，其他旅馆的客房内宜配备应急手电筒、防烟面具等逃生器材及使用说明。客房层应按照有关建筑火灾逃生器材及配备标准设置辅助疏散、逃生设备，并应有明显的标志。

写字间出租时，出租方和承租方应签订租赁合同，并明确各自的防火责任。

2. 餐厅、厨房

餐厅是宾馆、饭店人员最集中的场所，一般有大小宴会厅、中西餐厅、咖啡厅、酒吧等。大型的宾馆、饭店通常还会有好几个风味餐厅，可以同时供几百人甚至几千人就餐和举行宴会。这些餐厅、宴会厅出于功能和装饰上的需要，其内部常有较多的装修物，可燃物数量很大。厅内装有许多装饰灯，供电线路非常复杂，布线都在闷顶之内，又紧靠失火概率较大的厨房。

厨房内设有冷冻机、绞肉机、切菜机、烤箱等多种设备，油雾气、水汽较大的电气设备容易受潮和导致绝缘层老化，易导致漏电或短路起火。有的餐厅，为了增加地方风味，临时使用明火较多，如点蜡烛增加气氛、吃火锅使用各种火炉等方面的事故已屡有发生。厨房用火最多，若燃气管道漏气或油炸食品时不小心，也非常容易发生火灾。因此，必须引起高度重视。

（1）要控制客流量。餐厅应根据设计用餐的人数摆放餐桌，留出足够的通道。通道及出入口必须保持畅通，不得堵塞。举行宴会和酒会时，人员不应超出原设计的容量。

（2）加强用火管理。如餐厅内需要点蜡烛增加气氛时，必须把蜡烛固定在不燃材料制作的基座内，并不得靠近可燃物。供应火锅的风味餐厅，必须加强对火炉的管理，使用液化石油气炉、酒精炉和木炭炉要慎用，由于酒精炉未熄灭就添加酒精很容易导致火灾事故的发生，所以操作时严禁在火焰未熄灭前添加酒精，酒精炉最好使用固体酒精燃料，但应加强对固体酒精存放的管理。餐厅内应在多处放置烟缸、痰盂，以方便宾客扔放烟头和火柴梗。

（3）注意燃气使用防火。厨房内燃气管道、法兰接头、仪表、阀门必须定期检查，防止泄漏；发现燃气泄漏，首先要关闭阀门，及时通风，并严禁任何明火和启动电源开关。燃气库房不得存放或堆放餐具等其他物品。楼层厨房不应使用瓶装液化石油气，煤气，天然气管道应从室外单独引入，不得穿过客房或其他公共区域。

（4）厨房用火用电的管理。厨房内使用的绞肉机、切菜机等电气机械设备，不得过载运行，并防止电气设备和线路受潮。油炸食品时，锅内的油不要超过三分之二，以防食油溢出着火。工作结束后，操作人员应及时关闭厨房的所有燃气阀门，切断气源、火源和电源后方能离开。厨房的烟道，至少应每季度清洗一次；厨房燃油、燃气管道应经常检查、检测和保养。厨房内除配置常用的灭火器外，还应配置石棉毯，以便扑灭油锅起火的火灾。

3. 电气设备

随着科学技术的发展，电气化、自动化在宾馆和饭店日益普及，电冰箱、电热器、电风扇、电视机，各类新型灯具，以及电动扶梯、电动窗帘、空调设备、吸尘器、电灶具等已被宾馆和饭店大量采用。此外，随着改革开放的发展，国外的长驻商社在宾馆、饭店内设办事机构的日益增多,复印机、电传机、打字机、载波机、碎纸机等现代办公设备也在广泛应用。在这种情况下,用电急增,往往超过原设计的供电容量,因增加各种电气而产生过载或使用不当,引起的火灾已时有发生,故应引起足够重视。宾馆、饭店的电气线路,一般都敷设在闷顶和墙内。如发生漏电短路等电气故障,往往先在闷顶内起火,而后蔓延,并不易及时发觉,待发现时火已烧大,造成无可挽回的损失。为此,电气设备的安装、使用、维护必须做到以下几点。

(1)客房里的台灯、壁灯、落地灯和厨房内的电冰箱、绞肉机、切菜机等电器的金属外壳,应有可靠的接地保护。床头柜内设有音响、灯光、电视等控制设备的,应做好防火隔热处理。

(2)照明灯灯具表面高温部位不得靠近可燃物。碘钨灯、荧光灯、高压汞灯(包括日光灯镇流器),不应直接安装在可燃物上;深罩灯、吸顶灯等,如安装在可燃物附近时,应加垫石棉瓦和石棉板(布)隔热层;碘钨灯及功率大的白炽灯的灯头线,应采用耐高温线穿套管保护;厨房等潮湿地方应采用防潮灯具。

4. 维修施工

宾馆、饭店往往要对客房、餐厅等进行装饰、更新和修缮,使用易燃液体稀释维修或使用易燃化学黏合剂粘贴地面和墙面装修物等,大都有易燃蒸气产生,遇明火会发生着火或爆炸。在维修安装设备进行焊接或切割时,管道传热和火星溅落在可燃物上以及缝隙、夹层、垃圾井中也会导致引燃而引起火灾。因此应注意如下几点。

(1)使用明火应严格控制。除餐厅、厨房、锅炉的日常用火外,维修施工中电气焊割、喷灯烤漆、搪锡熬炼等动火作业,均须报请保安部门批准,签发动火证,并清除周围的可燃物,派人监护,同时备好灭火器材。

(2)在防火墙、不燃体楼板等防火分隔物上,不得任意开凿孔洞,以免烟火通过孔洞造成蔓延。安装窗式空调器的电缆线穿过楼板开孔时,空隙应用不燃材料封堵;空调系统的风管在穿过防火墙和不燃体板墙时,应在穿过处设阻火阀。

(3)中央空调系统的冷却塔,一般都设在建筑物的顶层。目前普遍使用的是玻璃钢冷却塔,这是一种外壳为玻璃钢,内部填充大量聚丙烯塑料薄片的冷却设备。聚丙烯塑料片的片与片之间留有空隙,使水通过冷却散热。这种设备使用时,内部充满了水,并没有火灾危险。但是在施工安装或停用检查时,冷却塔却处于干燥状态下,由于塑料薄片非常易燃,而且片与片之间的空隙利于通风,起火后会立即扩大成灾,扑救也比较困难。因此,在用火管理上应列为重点,不准在冷却塔及附近任意动用明火。

(4)装饰墙面或铺设地面时,如采用油漆和易燃化学黏合剂,应严格控制用量,作业时应打开窗户,加强自然通风,并且切断作业点的电源,附近严禁使用明火。

5. 安全疏散设施

建筑内安全疏散设施除消防电梯外,还有封闭式疏散楼梯,主要用于发生火灾时扑救火灾和疏散人员、物资,必须绝对不在疏散楼梯间堆放物资,否则一旦发生火灾,后果不堪设想。为确保防火分隔,由走道进入楼梯间前室的门应为防火门,而且应向疏散方向开启。宾馆、饭店的每层楼面应挂平面图,楼梯间及通道应有事故照明灯具和疏散指示标志;装在墙面上的地脚灯最大距离不应超过 20 m,距地面不应大于 1 m,不准在楼内通道上增设床铺,以防影响紧急情况下的安全疏散。

宾馆、饭店内的宴会厅、歌舞厅等人员集中的场所,应符合公共娱乐场所的有关防火要求。

6. 应急灭火疏散训练

根据宾馆、饭店的性质及火灾特点,宾馆、饭店的消防安全工作,要以自防自救为主,在做好火灾预防工作的基础上,应配备一支训练有素的应急队伍,以便在发生火灾时,特别在夜间发生火灾时,能够正确处置,尽可能地减少损失和人员伤亡。

(1)应制定应急疏散和灭火作战预案,绘制出疏散及灭火作战指挥图和通信联络图。总经理和部门经理以及全体员工,均应经过消防训练,了解和掌握在发生火灾时,本岗位和本部门应采取的应急措施,以免临时慌乱。在夜间应留有足够的应急力量,以便在发生火灾时能及时进行扑救,并组织和引导旅客及其他人员安全疏散。

(2)应急力量的所有人员应配备防烟、防毒面具、照明器材及通信设备,并佩戴明显标志。高层宾馆、饭店在客房内还应配备救生器材。所有保安人员,均应了解应急预案的程序,以便能在紧急状态时及时有效地采取措施。消防中心控制室应配有足够的值班人员,且能熟练地掌握火灾自动报警系统和自动灭火系统设备的性能。在发生火灾时,这类自动报警和灭火设备能及时准确地进行动作,并能将情况通知有关人员。

(3)客房内宜备有红、白两色光的专用逃生手电,便于旅客在火灾情况下,能够起到照明和发射救生信号之用;同时应备有自救保护的湿毛巾,以过滤燃烧产生的浓烟及毒气,便于疏散和逃生。

(4)为了经常保持防火警惕,应在每季度组织一次消防安全教育活动,每年组织一次包括旅客参加的"实战"演习。

## 五、院校消防安全

### (一)幼儿园防火管理

幼儿园是对3~6周岁的幼儿实施学前教育的机构。按照年龄段划分,一般分为大、中、小三个班次。根据条件,还可分为日托和全托等。从在克拉玛依那场大火中丧生的学生来看,客观上原因很多,但教师不懂消防常识,不知如何组织学生逃生,学生不会最基本的自救方法也应是重要的原因之一。对于幼儿园来讲,学生都是3~6岁的孩童,几乎没有逃生自救能力,所以,加强其消防安全管理非常重要。

1. 幼儿园的火灾危险特点

(1)幼儿未形成消防安全意识。

(2)幼儿自救能力极差。

(3)一旦发生火灾,极易造成伤亡事故。

2. 幼儿园消防安全制度

(1)消防安全教育、培训制度。

①每年以创办消防知识宣传栏、开展知识竞赛等多种形式,提高全体员工的消防安全意识。

②定期组织员工学习消防法规和各项规章制度,做到依法治火。

③各部门应针对岗位特点进行消防安全教育培训。

④对消防设施维护保养和使用人员应进行实地演示和培训。

⑤对教职员工进行岗前消防培训。

（2）防火巡查、检查制度。

①落实逐级消防安全责任制和岗位消防安全责任制，落实巡查检查制度。

②幼儿园后勤每月对幼儿园进行一次防火检查并复查追踪改善。

③检查中发现火灾隐患，检查人员应填写防火检查记录，并按照规定，要求有关人员在记录上签名。

④检查人员应将检查情况及时报告幼儿园，若发现幼儿园存在火灾隐患，应及时整改。

（3）消防控制中心管理制度。

①熟悉并掌握各类消防设施的使用性能，保证扑救火灾过程中操作有序、准确迅速。

②发现设备故障时，应及时报告，并通知有关部门及时修复。

③发现火灾时，迅速按灭火作战预案紧急处理，并拨打"119"电话通知公安消防部门并报告上级主管部门。

3. 幼儿园的消防安全管理措施

（1）健全消防安全组织，加强对幼儿的消防安全意识教育。

①幼儿园管理、教育幼儿，保证他们安全健康的成长是幼儿园领导和教职员工的神圣职责。应让每一位教师、保育员和员工都懂得日常的防火知识和发生火灾后的处置方法，达到会使用灭火器材，会扑救初期火灾，会组织幼儿疏散和逃生的要求。

②将消防安全教育纳入幼儿园的教育大纲。

③根据幼儿的身心特点，利用多种形式进行消防安全知识教育。可以根据幼儿的这些特点将消防知识编写成幼儿故事、儿歌、歌曲等，运用听、说、唱的形式对幼儿传授消防安全知识。

（2）园内建筑应当满足耐火和安全疏散的防火要求。

①幼儿园的建筑宜单独布置，应当与甲、乙类火灾危险生产厂房、库房至少保持 50 m 以上的距离，并应远离散发有害气体的部位。建筑面积不宜过大，耐火等级不应低于三级。

②附设在居住等建筑物内的幼儿园，应用耐火极限不低于 1 h 的不燃体墙与其他部分隔开。设在幼儿园主体建筑内的厨房，应用耐火极限不低于 1.5 h 的不燃体墙与其他部分隔开。

③幼儿园的安全疏散出口不应少于 2 个，每班活动室必须有单独的出入口。活动室或卧室门至外部出口或封闭楼梯间的最大距离：位于两个外部出口或楼梯间之间的房间，一、二级耐火等级为 25 m，三级为 20 m；位于袋形走道的房间，一、二级建筑为 20 m，三级建筑为 15 m。

④活动室、卧室的门应向外开，不宜使用落地或玻璃门；疏散楼梯的最小宽度不宜小于 1.1 m，坡度不宜过大；楼梯栏杆上应加设儿童扶手，疏散通道的地面材料不宜太光滑。楼梯间应采用天然采光，其内部不得设置影响疏散的突出物及易燃易爆危险品（如燃气）管道。

⑤为了便于安全疏散，幼儿园为多层建筑时，应将年龄较大的班级布置在上层，年龄较小的布置在下层，不准设置在地下室内。

⑥幼儿园的院内要保持道路通畅，其道路、院门的宽度不应小于 3.5 m。院内应留出幼儿活动场地和绿地，以便火灾时用作灭火展开和人员疏散用地。

（3）园内各种设备应满足消防安全要求。

①幼儿园的采暖锅炉房应单独设置，并且锅炉和烟囱不能靠近可燃物或穿过可燃结

构。要加设防护栅栏,防止幼儿玩火。室内的暖气片应设防护罩,以防烤燃可燃物品和烫伤幼儿。

②幼儿园的电气设备应符合电气安装规程的有关要求,电源开关、电闸、插座等距地面应不小于 1.5 m,以防幼儿触电。

③幼儿园不宜使用台扇、台灯等活动式电器,应选用吊扇、固定照明灯。

④幼儿园的用电乐器、收录机等,应安设牢固、可靠,电源线应合理布设,以防幼儿触电或引起火灾事故。同时,要对幼儿进行安全用电的常识教育。

(4)加强对园内各种幼儿教育活动的防火管理。

①教育幼儿不做玩火游戏。同时,教师、保育员用的火柴、打火机等引火物,要妥善保管,放置在孩子拿不到的地方。定期进行防火安全检查,督促厨房、锅炉房等单位搞好火源、电源管理。

②托儿所、幼儿园的儿童用房及儿童游乐厅等儿童活动场所不应使用明火取暖、照明,当必须使用时,应采取防火、防护措施,设专人负责;厨房、烧水间应单独设置。

幼儿是祖国的明天,更是民族的未来,愿所有的幼教工作者,都能积极对幼儿进行消防安全知识教育,让孩子们能够在更加安全健康和充满快乐、幸福的氛围中茁壮成长。

### (二) 中小学防火管理

**1. 中小学的火灾危险特点**

(1)火灾危险因素多,学生活泼好动,易玩火造成火灾。中小学内少年学生多,且集中,由于中小学生活泼好动,模仿力强,常因玩火、玩电子器具等引起火灾。

为了保证教育效果,不少中、小学校除了教学楼(室)外,一般都设有实验室、图书室、校办工厂等,这些部位的火灾危险因素较多,往往因不慎而发生火灾。

建筑物的耐火等级低、安全疏散差。建筑耐火等级一般为二、三级,但建设较早的中、小学校,三级耐火等级建筑较多。一旦发生火灾往往造成重大人员伤亡和财产损失。

(2)学生的自救逃生能力差,一旦遭遇火灾伤亡大。由于中小学生活泼好动,模仿力强,缺乏自我控制能力,加之中小学学生数量多且集中,一旦遇有火灾事故,会受烟气和火势的威胁陷入一片混乱。在高温烟气浓度大、照明困难的情况下,很难发现被困儿童。故一旦发生火灾,很容易造成伤亡事故。还由于中小学的教职员工大多数是女性,大多缺乏在紧急情况下疏散抢救、扑救初期火灾的常识,如果是夜间,自救能力更差。所以,一旦遭遇火灾往往造成重大伤亡。

**2. 防火安全管理措施**

(1)加强行政领导,落实防范措施。为了保证中、小学生的安全健康成长和学校教学工作的正常进行,中、小学应建立以主管行政工作的校长为组长,各班主任、总务管理人员为成员的防火安全领导机构,并配备 1 名防火兼职干部,具体负责学校的防火安全工作。防火安全领导机构应定期召开会议,研究解决学校防火安全方面的问题;要对教职员工进行消防安全知识教育,达到会使用灭火器材,会扑救初期火灾,会报警,会组织学生安全疏散、逃生的要求。要定期进行防火安全检查,对检查发现的不安全因素,要组织整改,消除火灾隐患,要落实各项防火措施。要配备质量合格,数量足够的灭火器材,并经常检查维修,保证完整好用。要做好实验室、图书室、校办工厂等重点部位的防火安全工作,严格管理措施,切实防止火灾事故的发生。

（2）加强对学生的防火安全教育。中、小学应切实加强对学生的防火安全教育，这是从根本上提高全民消防安全素质的主要途径，也是促进社会精神文明和物质文明发展的一个重要方面。

①小学消防安全教育的着眼点应当放在增强学生的消防安全意识上，可通过团队活动日、主题班会、演讲会、故事会、知识竞赛、书画比赛、征文等形式进行。消防安全知识专题教育的内容主要应当包括：火的作用和起源；无情的火灾；火灾是怎样发生的；怎样预防火灾的发生；如何协助家长搞好家庭防火；在公共场所怎样注意防火；怎样报告火警；遇到火灾后怎样逃生等方面的知识。各级公安机关消防机构可通过组织专门人员，协助学校举办少年消防警校、组织中小学生参观消防站、观摩消防表演等活动对小学生进行提高消防安全意识的教育。这样往往能够收到很好的效果。

②对中学生的消防安全教育最好采用渗透教育的方法。所谓渗透教育，就是指在进行主课教育的同时将相关的副课知识渗透在主课中讲解。此种方法既不需要增加课程内容，也不需要增加课时即可达到消防安全教育的目的。现在中学阶段的学生学习负担很重，全国都在减负，要增加中学生的课本和主课的内容是不可能的，但根据现行教材和课程安排，学校在学生开始学习《化学》《物理》《法律知识》等基础理论知识的同时将消防安全科学知识渗透在其中讲授却是完全可行的。

消防安全教育要结合教学、校园文化活动进行，有条件的中小学还应邀请当地公安消防人员来校讲消防课，或与消防等有关部门联合举办"中小学生消防夏令营"活动，传授消防知识，提高消防意识。要求学生不吸烟、不玩火，元旦、春节等重大节日，还应进行不燃放烟花爆竹的安全教育。从而使广大中小学生自幼就养成遵守防火制度、注意防火安全的良好习惯。

（3）提高建筑物的耐火等级，保证安全疏散。

①中、小学的教学楼应采用一、二级耐火等级的建筑，若采用三级耐火等级，则不能超过3层，且在地下室内不准设置教室。

②容纳50人以上的教室，其安全出口不应少于2个。音乐教室、大型教室的出入口，其门的开启方向应与人流疏散方向一致。教室门至外部出口或封闭楼梯间的距离：当位于两个外部出口或楼梯间之间时，一、二级耐火等级为35 m，三级为30 m；位于袋形走道两侧或尽端的房间，一、二级为22 m，三级为20 m。

③教学楼疏散楼梯的最小宽度不应小于1.1 m，疏散通道的地面材料不宜太光滑，楼梯间应采用自然采光，不得采用旋转楼梯、高形踏步，燃气管道不得设在楼梯间内。中、小学应开设消防车可以通行的大门或院内消防车道，以满足安全疏散和扑救火灾的需要。

④图书馆、教学楼、实验楼和集体宿舍的公共疏散走道、疏散楼梯间不应设置卷帘门、栅栏等影响安全疏散的设施。

⑤学生集体宿舍严禁使用蜡烛、电炉等明火；当需要使用炉火采暖时，应设专人负责，夜间应定时进行防火巡查。每间集体宿舍均应设置用电超载保护装置。集体宿舍应设置醒目的消防设施、器材、出口等消防安全标志。

（三）高等院校防火管理

1.普通教室及教学楼

（1）作为教室的建筑，其防火设计应满足《建筑设计防火规范》（GB 50016—2014）的要求，耐火等级不应低于三级，如由于条件限制设在低于三级耐火等级时，其层数不应超过1

层,建筑面积不应超过 600 m²。普通教学楼建筑的耐火等级、层数、面积和其他民用建筑的防火间距等,应满足具体的规定。

(2)作为教学使用的建筑,尤其是教学楼,距离甲、乙类的生产厂房,甲、乙类的物品仓库以及具有火灾爆炸危险性比较大的独立实验室的防火间距不应小于 25 m。

(3)课堂上用于实验及演示的危险化学品应严格控制用量。

(4)容纳人数超过 50 人的教室,其安全出口不应少于 2 个;安全疏散门应向疏散方向开启,并且不得设置门槛。

(5)教学楼的建筑高度超过 24 m 或者 10 层以上的应严格执行《建筑设计防火规范》(GB 50016—2014)中的有关规定。

(6)高等院校和中等专业技术学校的教学楼体积大于 5 000 m³ 时,应设室内消火栓。

(7)教学楼内的配电线路应满足电气安装规程的要求,其中消防用电设备的配电线路应采取穿金属管保护。暗敷时,应敷设在非燃烧体结构内,保护厚度不小于 3 cm;当明敷时,应在金属管上采取防火保护措施。

(8)当教室内的照明灯具表面的高温部位靠近可燃物时应采取隔热、散热措施进行防火保护;隔热保护材料通常选用瓷管、石棉、玻璃丝等非燃烧材料。

2.电化教室及电教中心

(1)演播室的建筑耐火等级不应低于一、二级,室内的装饰材料与吸声材料应采用非燃材料或者难燃材料,室内的安全门应向外开启。

(2)电影放映室及其附近的卷片室及影片贮藏室等,应用耐火极限不低于 1h 的非燃烧体与其他建筑部分隔开,房门应用防火门,放映孔与瞭望孔应设阻火闸门。

(3)电教楼或电教中心的耐火等级应是一、二级,其设置应同周围建筑保持足够的安全距离,当电教楼为多层建筑时,其占地面积宜控制在 2 500 m² 内,其中电视收看室、听音室单间面积超过 50 m²,并且人数超过 50 人时,应设在三层以下,应设两个以上安全出口;门必须向外开启,门宽应不小于 1.4 m。

3.实验室及实验楼防火

(1)高等院校或者中等技术学校的实验室,耐火等级应不低于三级。

(2)一般实验室的底层疏散门、楼梯以及走道的各自总宽度应按具体的指标计算确定,其安全疏散出口不应少于 2 个,而安全疏散门向疏散方向开启。

(3)当实验楼超过 5 层时,宜设置封闭式楼梯间。

(4)实验室与一般实验室的配电线路应符合电气安装规程的要求,消防设备的配电线路需穿金属管保护,暗敷时非燃烧体的保护厚度不少于 3 cm,当明敷时金属管上采取防火保护措施。

(5)实验室内使用的电炉必须确定位置,定点使用,专人管理,周围禁止堆放可燃物。

(6)一般实验室内的通风管道应是非燃材料,其保温材料应为非燃或难燃材料。

4.学生宿舍的防火要求

学生宿舍的安全防火工作应从管理职能部门、班主任、校卫队以及联防队这几个方面着手,加强管理。

(1)管理职能部门的安全防火工作职责。

①学生宿舍的安全防火管理职能部门(包括保卫处、学生处以及宿管办等)应经常对学生进行消防安全教育,如举行消防安全知识讲座、开展消防警示教育以及平时行为规范教

育等,使学生明白火灾的严重性和防火的重要性,掌握防火的基本知识及灭火的基本技能,做到防患于未然。

②经常对学生宿舍进行检查督促,查找并且整改存在的消防安全隐患。发现大功率电器与劣质电器应没收代管;发现抽烟或者点蜡烛的学生应及时制止和教育,晓之以理,使其不再犯同样的错误。

③加强对学生的纪律约束。不仅要对引起火灾、火情的学生进行纪律处分,对多次被查出违章用电、点蜡烛以及抽烟并屡教不改的学生也应予以纪律处分。

(2)班主任的安全防火工作职责。

①班主任应接受消防安全教育,了解防火的重要性,从而将防火列为对学生日常管理内容之一,经常对学生进行教育、提醒以及突击检查。

②班主任应当将防火工作纳入对学生操行等级考核内容,比如学生被查出有违章使用大功率电器、抽烟、点蜡烛等行为,可以对其操行等级降级处理。

(3)校卫队与联防队的安全防火工作职责。

①校卫队和联防队应加强对学生宿舍的巡逻,尤其是在晚上,发现学生有使用大功率电器、点蜡烛、抽烟等行为,要及时制止,并且报学生处或宿舍管理办公室记录在案。

②加强学生的自我管理和自我保护教育。学生安全员为学生宿舍加强安全管理的重要力量,在经过培训的基础上,他们可担负发现、处理以及报告火灾隐患及初起火险的任务。

## 六、电信通信枢纽消防安全

现代社会,称为信息社会,而邮政电信则是人们传递信息、掌握信息、加强联系以及交往的一种必不可少的手段。它缩短了时间及空间的距离,在经济建设和国防建设中占有非常重要的地位。

随着科学技术的发展,邮政电信的方式不断地更新,使其业务量及种类也大量增加。由邮政、电话、电报等普通业务的发展,增加至传真、电视电话、波导以及微波通信等。目前,这些现代化的邮政电信设施,各地都在广为兴建,联系全国城乡及国外的邮政电信网络正在形成。因此加强防火工作,保障邮政电信安全、迅速、准确地为社会服务都具有非常重要的意义。

### (一)邮政企业防火管理

邮政局除办理包裹、汇兑、信件、印刷品外,还办理储蓄、报刊发行、集邮以及电信业务。其中,邮件传递主要包括收寄、分拣、封发、转运以及投递等过程。

1. 邮件的收寄和投递

办理邮件收寄和投递的单位有邮政局、邮政所以及邮政代办所等。这些单位分布在各省、市、地区、县城、乡镇和农村,负责办理本辖区邮件的收寄及投递。邮政局一般都设有营业室、邮件、包裹寄存室、封发室以及投递室等;辖区范围较大的邮政局还设有车库,库内存放的机动车,从数辆到数十辆不等,这些都潜伏有一定的火灾危险性,因此在收寄和投递邮件中应注意以下防火要求。

(1)严格生活用火的管理。在营业室的柜台内,邮件及包裹存放室以及邮件封发室等部位,要禁止吸烟;小型邮电所冬季如没有暖气采暖时,这些部位不得使用火盆、火缸,必要时可安装火炉,但在木地板上应垫砖,并加铁皮炉盘隔热及保护,炉体与周围可燃物保持不小于 1 m 的距离,金属烟筒与可燃结构应保持 50 cm 以上的距离,上班时要有专人看管,工作人员离开或者下班时,应将炉火封好。

(2)包裹收寄要注意防火安全检查。包裹收寄的安全检查工序,为邮政管理过程中的重要环节。为了避免邮件、包裹内夹带易燃、易爆危险化学品,负责收寄的工作人员,必须认真负责,严格检查。包裹、邮件要开包检查,有条件的邮政局,应采用防爆监测设备进行检查,防止混进的易燃、易爆危险品在运输、储存过程中引起着火或者爆炸。营业室内应悬挂宣传消防知识的标语、图片。

(3)机动邮运投递车辆应注意防火。机动邮运投递车辆除应遵守"汽车和汽车库、场"的有关防火要求外,还应要求司机及押运人员:不准在驾驶室及邮件厢内吸烟;营业室及车库内不准存放汽油等易燃液体;车辆的修理及保养应在车库外指定的地点进行。

2. 邮件转运

各地邮政系统的邮件转运部门是将邮件集中、分拣、封发以及运输等集中于一体的邮政枢纽。在邮政枢纽内的各工序中,应分别注意下列防火要求。

(1)信件分拣

信件分拣工作对邮件的迅速、准确以及安全投递有着重要影响。信件分拣应在分拣车间(房)内进行,操作方法目前有人工与机械分拣两种。

手工分拣车间(房)的照明灯具和线路应固定安装,照明所需电源要设置室外总控开关与室内分控开关,以便停止工作时切断电源。照明线路布设应按照闷顶内的布线的要求穿金属管保护,荧光灯的镇流器不能安装在可燃结构上。同时要求禁止在分拣车间(房)内吸烟和进行各种明火作业。

机械分拣车间分别设有信件分拣与包裹分拣设备,主要是信件分拣机和皮带输送设备等,除有照明用线路外,还有动力线路。机械分拣车间除应遵守信件分拣的有关防火要求之外,对电力线路、控制开关、电动机及传动设备等的安装使用,都应满足有关电气防火的要求。电气控制开关应安装在包铁片的开关箱内,并不使邮包靠近,电动机周围要加设铁护栏以避免可燃物靠近和人员受伤,机械设备要定期检查维护,传动部位要经常加油润滑,最好选用润滑胶皮带,避免机械摩擦发热引起着火。

(2)邮件待发场地

邮件待发场地是邮件转运过程中,邮件集中的场所。此场所一旦发生火灾,会造成很大的影响,所以要把邮件待发场地划为禁火区域,并设置明显的禁火标志。要禁止吸烟和一切明火作业,严格控制外来人员及车辆的出入。邮件待发场地不应设于电力线下面,不准拉设临时电源线。

(3)邮件运输

邮件运输是邮件传递过程中的一个重要环节,是在确保邮件迅速、准确、安全传递的基础上,根据不同运输特点,组织运输。邮件运输的方式分铁路、船舶、航空以及汽车四种。

铁路邮政车和船舶运输的邮件,由邮政部门派专人押运;航空邮件由交班机托运。此类邮件运输要遵守铁路交通以及民航部门的各项防火安全规定。汽车运输邮件,除了长途汽车托运外,还有邮政部门本身组织的汽车运输。当邮政部门用汽车运输邮件时,运输邮件的汽车,应用金属材料改装车厢。如用一般卡车装运邮件时,必须用篷布严密封盖,并提防途中飞火或者烟头落到车厢内,引燃邮件起火。邮件车要专车专用。在装运邮件时,禁止与易燃易爆化学危险品以及其他物品混装、混运。邮件运输车辆要根据邮件的数量配备应急灭火器材并不少于两具。通常情况下,装有邮件的重车不能停放在车库内,以防不测。

3. 邮政枢纽建筑

在大、中城市,尤其是大城市,一般都兴建有现代化的邮政枢纽设施;集数分、发于一体。它是邮政行业的重点防火单位。

邮政枢纽设施作为公共建筑,通常都采用多层或高层建筑,并建在交通方便的繁华地段。新建的邮政枢纽工程,在总体设计上应对于建筑的耐火等级、防火分隔,安全疏散、消防给水和自动报警、自动灭火系统等防火措施认真予以考虑,并严格执行《建筑设计防火规范》(GB 50016—2014)的有关规定。对已经建成,但以上防火措施不符合两个规范规定的,应采取措施逐步加以改善。

4. 邮票库房

邮票库房是邮政防火的重点部位,其库房的建筑不能低于一、二级耐火等级,并与其他建筑保持规定的防火间距或防火分隔,避免其他建筑物失火殃及邮票库房的安全。邮票库房的电气照明、线路敷设、开关的设置,都必须满足仓库电气规定的要求,并应做到人离电断。对邮票总额在50万元以上的邮票库房,还应安装火灾自动报警及自动灭火装置。对省级邮政楼的邮袋库,应当设置闭式自动喷水灭火系统。

(二) 电信企业防火管理

电信是利用电或者电子设施来传送语言、文字、图像等信息的一种过程。最近几十年内,随着空间技术的发展出现了卫星通信方式,电子计算机的发明开发了数据通信,光学与化学的进一步发展发明了光纤通信。这些,都使电信成了现代最有力的通信方式。社会发展至今天,可以说,没有现代化的通信就不可能有现代化的人类社会。

电信,不论是根据其信号传输媒介,还是根据其传送信号形式,总体来讲,也就是电话与电报两种,而电话和电报又由信息的发送、传输以及接收三个部分的设备组成,其中电话是一种利用电信号相互沟通语言的通信方式,分为普通电话和长途电话两类。

电话通信设备使用的是直流电,均有一套独立的配电系统,把220 V的交流电经整流变为±24 V或±60 V的直流电使用。同时还配有蓄电池组,以确保在停电情况下继续给设备供电。目前,多数通信设备使用的蓄电池组与整流设备并联在一起,一方面供给通信设备用电;另一方面可以供给蓄电池组充电。电话的配电系统,通常还设有柴油或者汽油发电机,当交流电长时间停电时,配电系统靠发电机发电供电。

电报是通信的重要组成部分,经收报、译电、处理、质查、分发、送对方局以及报底管理等,构成整个服务流程。电报通信的主要设备是电报传真机、载波机以及电报交换机等。

电信企业的内部联系是相当密切的,不论是有线电话、无线电话、传真以及电报都是密不可分的。加之电信机房的各种设备价值昂贵,通信事务又不允许中断,如若遭受火灾,不仅会造成生命、财产损失,而且会导致整个通信电路或大片通信网的瘫痪,使政府和整个国民经济遭受损失,因此,搞好电信企业防火非常重要。

1. 电信企业的火灾危险性

(1) 电信建筑可燃物较多

电信建筑的火灾危险性主要在两个方面:一是原有老式建筑,耐火等级比较低,在许多方面很难满足防火的要求,导致火险隐患非常突出;二是在一些新建筑中,由于使用性能特殊,机房里敷管设线、开凿孔洞较多,尤其是机房建筑中的间壁、隔声板、地板、吊顶等装饰材料和通风管道的保温材料,以及木制机台、电报纸条、打字蜡纸以及窗帘等,都是可燃物,一旦起火会迅速蔓延成灾。

(2)设备带电易带来火种

安装有电话及电报通信设备的机房,不仅设备多、线路复杂,而且带电设备火险因素较多。这些带电设备,若发生短路或者接触不良等,都会造成设备上的电压变化,使导线的绝缘材料起火,并可引燃周围可燃物,扩大灾害;若遭受雷击或者架空的裸导线搭接在通信线路上就会将高电压引到设备上发生火灾;避雷的引下线电缆、信号电缆距离过近也会给通信设备造成不安全的因素;收、发信机的调压器是充油设备,若发生超负荷、短路、漏油、渗油或者遭雷击等,都有可能引起调压器起火或者爆炸;室内的照明、空调设备以及测试仪表等的电气线路,都有可能引起火灾;电信行业中经常用到电炉、电烙铁以及烘箱等电热器具,如果使用、管理不当,也会引燃附近的可燃物。动力输送设备、电气设备安装不合格,接地线不牢固或者超负荷运行等,亦会造成火灾危险。

(3)设备维修、保养时使用易燃液体并有动火作业。电信设备经常需要进行维修及保养,但在维修保养中,经常要使用汽油、煤油以及酒精等易燃液体清洗机件。这类易燃液体在清洗机件、设备时极易挥发,遇火花就会引起着火、爆炸。同时在设备维修中,除常用电烙铁焊接插头和接头外,有时还要使用喷灯和进行焊接、气割作业,此类明火作业随时都有导致火灾的危险。

2. 电信企业的消防安全管理措施

(1)电信建筑

电信建筑的防火,除必须严格执行《建筑设计防火规范》(GB 50016—2014)外,还应在总平面布置上适当分组、分区。通常将主机房、柴油机房、变电室等组成生产区;将食堂、宿舍以及住宅等组成生活区。生产区同生活区要用围墙分隔开。尤其贵重的通信设备、仪表等,必须设在一级耐火等级的建筑物内。在设有机房及报房的建筑内,不应设礼堂、歌舞厅、清洗间以及机修室。收发信机的调压设备(油浸式),不宜设在机房内,如由于条件所限必须设在同一层时,应以防火墙分隔成小间作调压器室,每间设的调压器的总容量,不得大于400 kV。调压器室通向机房的各种孔洞、缝隙都应用不燃材料密封填塞,门窗不应开向人员集中的方向,并应设有通风、泄压和防尘、防小动物入内的网罩等设施。清洗间应为一、二级耐火等级的单独建筑,由于室内常用易燃液体清洗机件,其电气设备应符合防爆要求,易燃液体的储量不应大于当天的用量,盛装容器应为金属制作,室内严禁一切明火。

各种通风管道的隔热材料,应使用硅酸铝、石棉等不燃材料。通风管道内要设置自动阻火闸门。通风管道不宜穿越防火墙,必须穿越时,应用不燃材料把缝隙紧密填塞。建筑内的装饰材料,如吊顶、隔墙以及门窗等,均应采用不燃材料制作,建筑内层与表层之间的电缆及信号电缆穿过的孔洞、缝隙亦应用不燃材料堵塞。竖向风道、电缆(含信号电缆)的竖井,不能采用可燃材料装修,检修门的耐火极限不应低于0.6 h。

(2)电信电气设备

①电源线与信号线不应混在一起敷设,若必须在一起敷设时,电源线应穿金属管或采用铠装线。移动式测试仪表线、照明灯具的电线应采用橡胶护套线或者塑料线穿塑料套管。机房采用日光灯照明时,应有防止镇流器发热起火的措施。照明、报警以及电铃线路在穿越吊顶或者其他隐蔽地方时,均应穿金属管敷设,接头处要安装接线盒。

②机房、报房内禁止任意安装临时灯具和活动接线板,并不得使用电炉等电加热设备,

若生产上必须使用时,则要经本单位保卫、安全部门审批。机房、报房内的输送带等使用的电动机,应安装在不燃材料的基础上,并且加护栏保护。

③避雷设备应在每年雷雨季节到来前进行一次测试,对于不合格的要及时改进。避雷的地下线与电源线和信号线的地下线的水平距离,不应小于 3 m。应保持地下通信电缆与易、燃易爆地下储罐、仓库之间规定的安全距离,通常地下油库与通信电缆的水平距离不应小于 10 m,20 t 以上的易燃液体储罐和爆炸危险性较大的地下仓库与通信电缆的安全距离还应按照专业规范要求相应增大。

④供电用的柴油机发电室应和机房分开,独立设在一、二级耐火等级的建筑内,如不能分开时,须用防火墙隔开。供发电用的燃料油,最多保持一天的用量。汽油或者柴油禁止存放在发电室内,而应存放在专门的危险品仓库内。配电室、变压器室、酸性蓄电池室以及电容器室等电源设施,必须确保安全。

(3)电信消防设施

电信建筑设施应安装室内消防给水系统,并且装置火灾自动报警和自动灭火系统。电信建筑内的机房和其他电信设备较集中的地方,应采用二氧化碳自动灭火系统或者"烟落尽"灭火系统。其余地方可以用自动喷水灭火系统。电信建筑的各种机房内,还应配备应急用的常规灭火器。

(4)电信企业日常的防火管理

①要加强易燃品的使用管理。在日常的工作中,电信机房及报房内不得存放易燃物品,在临近的房间内存放生产中必须使用的小量易燃液体时,应严格限制其储存量。在机房、报房以及计算机房等部位禁止使用易燃液体擦刷地板,也不得进行清洗设备的操作,如用汽油等少量易燃液体擦拭接点时,应在设备不带电的条件下进行,如果情况特殊必须带电操作,则应有可靠的防火措施。所用汽油要用塑料小瓶盛装,以避免其大量挥发;使用的刷子的铁质部分,应用绝缘材料包严,避免碰到设备上短路打火,引燃汽油而失火。

②要加强可燃物的管理。机房、报房内要尽量减少可燃物,拖把、扫帚以及地板蜡等应放在固定的安全地点,在报房内存放电报纸的容器应当用不燃材料制成并且加盖,在各种电气开关、插入式熔断器插座附近和下方,以及电动机、电源线附近不得堆放纸条及纸张等可燃物。

③要加强设备的维修。各种通信设备的保护装置及报警设备应灵敏可靠,要经常检查维修,如有熔丝熔断,应及时查清原因,整修后再安装,切实确保各项设备及操作的安全。

④要加强对人员的管理。电信企业领导应把消防安全工作列入重要日程,切实加强日常的消防管理、配备一定数量的专、兼职消防管理人员,各岗位职工应全员进行消防安全培训,掌握必要的消防安全知识之后才可上岗操作,保证通信设施万无一失。

## 七、重要办公场所的消防安全

### (一)会议室防火管理

办公楼通常都设有各种会议室,小则容纳几十人,大则可容纳数百人。大型会议室人员集中,而且参加会议者往往对大楼的建筑设施、疏散路线并不了解。所以,一旦发生火灾,会出现各处逃生的混乱局面。所以,必须注意下列防火要求。

(1)办公楼的会议室,其耐火等级不应低于二级,单独建的中、小会议室,最好用一、二级,不得低于三级。会议室的内部装修,尽量选用不燃材料。

（2）容纳 50 人以上的会议室,必须设置两个安全出口,其净宽度不小于 1.4 m。门必须向疏散方向开,并不能设置门槛,靠近门口 1.4 m 内不能设踏步。

（3）会议室内疏散走道宽度应按照其通过人数每 100 人不小于 60 cm 计算,边走道净宽不得小于 80 cm,其他走道净宽不得小于 1 m。

（4）会议室疏散门、室外走道的总宽度,分别应按照平坡地面每通过 100 人不小于 65 cm、阶梯地面每通过 100 人不小于 80 cm 计算,室外疏散走道净宽不应小于 1.4 m。

（5）大型会议室座位的布置,横走道之间的排数不宜大于 20 排,纵走道之间每排座位不宜超过 22 个。

（6）大型会议室应设置事故备用电源和事故照明灯具及疏散标志等。

（7）每天会议进行之后,要对会议室内的烟头、纸张等进行清理、扫除,避免遗留烟头等火种引起火灾。

### （二）图书馆、档案馆及机要室防火管理

图书馆、档案机要室是搜集、整理、收藏以及保存图书资料和重要档案,供读者学习、参考、研究的部门和提供重要档案资料的机要部门,通常都收藏有大量的古今中外的图书、报纸、刊物等资料,保存具有参考价值的收发电文、会议记录、人事材料、会议文件、财会簿册、出版物原稿、印模、影片、照片、录音带、录像带以及各种具有保存价值的文书等档案材料。有的设有目录检索、阅览室以及复印、装订、照相、录放音像、电子计算机等部门。大型的图书馆还设有会议厅,举办各种报告会及其他活动。

图书馆、档案机要室收藏的各类图书报刊及档案材料,绝大多数都是可燃物品,公共图书馆和科研、教育机构的大型图书馆还要经常接待大量的读者,图书馆以及档案机要室一旦发生火灾,不仅会使珍贵的孤本书籍、稀缺报刊和历史档案以及文献资料化为灰烬,价值无法计算,损失难以弥补,而且会危及人员的生命安全。所以,火灾是图书馆、档案机要室的大敌。在我国历史上,曾有大批珍贵图书资料毁于火患的记载;在近代,这方面的火灾也并不少见。纵观图书馆等发生火灾的原因,主要是电气安装使用不当和火源控制不严所导致,也有受外来火种的影响。保障图书馆、档案机要室的安全,是保护祖国历史文化遗产的一个重要方面,对促进文化、科学等事业的发展关系极大。所以必须把它们列为消防工作的重点,采取严密的防范措施,做到万无一失。

1. 提高耐火等级、限制建筑面积,注意防火分隔

（1）图书馆、档案机要室要设于环境清静的安全地带,与周围易燃易爆单位,保持足够的安全距离,并应设在一、二级耐火等级的建筑物内。不超过三层的一般图书馆及档案机要室应设在不低于三级耐火等级的建筑物内,藏书库、档案库内部的装饰材料,都采用不燃材料制成,闷顶内不得用稻草及锯末等可燃材料保温。

（2）为防止一旦发生火灾造成大面积蔓延,减少火灾损失,对于书库建筑的建筑面积应适当加以限制。一、二级耐火等级的单层书库建筑面积不应超过 4 000 $m^2$,防火墙隔间面积不应超过 1 000 $m^2$;二级耐火等级的多层书库建筑面积不应超过 3 000 $m^2$,防火墙隔间面积也不应超过 1 000 $m^2$;三级耐火等级的书库,最多允许建三层,单层的书库,建筑面积不应超过 2 100 m 气防火墙隔间面积不应大于 700 $m^2$;二、三层的书库,建筑面积不应超过 1 200 $m^2$,防火墙隔间面积不应超过 400 $m^2$。

（3）图书馆、档案机要室内的复印、装订、照相以及录放音像等部门，不要与书库、档案库、阅览室布置在同一层内，若必须在同一层内布置时，应采取防火分隔措施。

（4）过去遗留下来的硝酸纤维底片资料库房的耐火等级不应低于二级，一幢库房面积不应超过 180 $m^2$。而内部防火墙隔间面积不应超过 60 $m^2$。

（5）图书馆、档案机要室的阅览室，其建筑面积应按照容纳人数每人 1.2 $m^2$ 计算。阅览室不宜设在很高的楼层，如果建筑耐火等级为一、二级的，应设在四层以下；耐火等级为三级的应设在三层以下。

（6）书库、档案库，应作为一个单独的防火分区处理，同其他部分的隔墙，均应为不燃体，耐火极限不得低于 4 h。书库与档案库内部的分隔墙，如果是防火单元的墙，应按防火墙的要求执行，如作为内部的一般分隔墙，也应采取不燃体，耐火极限不得低于 1 h。书库和档案库与其他建筑直接相通的门，均应是防火门，其耐火极限不应小于 2 h，内部分隔墙上开设的门也应采取防火措施，耐火极限要求不小于 1.2 h。书库、档案库内楼板上不准随便开设洞孔，比如需要开设垂直联系渠道时，应做成封闭式的吊井，其围墙应采用不燃材料制成，并保持密闭。书库及档案库内设置的电梯，应为封闭式的，不允许做成敞开式的。电梯门不准直接开设在书库、资料库以及档案库内，可做成电梯前室，避免起火时火势向上、下层蔓延。

2. 注意安全疏散

图书馆、档案机要室的安全疏散出口不应少于两个，但单层面积在 100 $m^2$ 左右的，允许只设一个疏散出口，阅览室的面积超过 60 $m^2$，人数超过 50 人的，应设置两个安全出口，门必须向外开启，其宽度不小于 1.2 m，不应设置门槛；装订及修理图书的房间，面积超过 150 $m^2$，且同一时间内工作数超过 15 人的，应设两个安全出口；一般书库的安全出口不少于两个，面积小的库房可设一个，库房的门应向外或者靠墙的外侧推拉。

3. 书库、档案库的内部布置要求

重要书库、档案库的书架、资料架以及档案架，应采用不燃材料制成。一般书库、资料库以及档案库的书架、资料架也尽量不采用木架等可燃材料。单面书架可贴墙安放，双面书架可单放，两个书架之间的间距不得小于 0.8 m，横穿书架的主干线通道不得小于 1~1.2 m，贴墙通道可为 0.5~0.6 m，通道尽量与窗户相对应。重要的书库及档案库内，不得设置复印、装订以及音像等作业间，也不准设置办公、休息、更衣等生活用房。对硝酸纤维底片资料应储存在独立的危险品仓库，并应有良好的通风及降温措施，加强养护管理，注意防潮防霉，避免发生自燃事故。

4. 严格电气防火要求

（1）重要的图书馆（室）、档案机要室，电气线路应全部选用铜芯线，外加金属套管保护。书库、档案库内严禁设置配电盘，人离库时必须将电源切断。

（2）书库、档案库内不准用碘钨灯照明，也不宜用荧光灯。当采用一般白炽灯泡时，尽量不用吊灯，最好采用吸顶灯。灯座位置应在走道的上方，灯泡与图书、资料以及档案等可燃物应保持 50 cm 的距离。

（3）书库、档案库内不准使用电炉、电视机、交流收音机、电熨斗、电烙铁、电钟以及电烘箱等用电设备，不准用可燃物做灯罩，不准随便乱拉电线，禁止超负荷用电。

（4）图书馆（室）、档案机要室的阅览室、办公室采用荧光灯照明时，必须选择优质产品，防止镇流器过热起火。在安装时切忌将灯架直接固定在可燃构件上，人离开时须切断电源。

（5）大型图书馆、档案机要室应设计及安装避雷装置。

5. 加强火源管理

（1）图书馆（室）、档案机要室应加强日常的防火管理,严格控制一切用火,并不准将火种带入书库和档案库,不准在阅览室、目录检索室等处吸烟及点蚊香。工作人员必须在每天闭馆前,对图书馆、档案室和阅览室等处认真进行检查,避免留下火种或不切断电源而造成火灾。

（2）未经有关部门批准,防火措施不落实,禁止在馆（室）内进行电焊等明火作业。为保护图书、档案必须进行熏蒸杀虫时,由于许多杀虫药剂都是易燃易爆的化学危险品,存在较大的火灾危险。所以应经有关领导批准,在技术人员的具体指导之下,采取绝对可靠的安全措施。

6. 应有自动报警、自动灭火、自动控制措施

为了保证知识宝库永无火患,书林常在,做到万无一失,在藏书量超过100万册的大型图书馆及档案馆,应采用现代化的消防管理手段,装备现代化的消防设施,建立高技术的消防控制中心。其功能主要有:火灾自动报警系统,二氧化碳自动喷洒灭火系统,闭式自动喷水、自动排烟系统,闭路电视监控,火灾紧急电话通信,事故广播及防火门、卷帘门、空调机通风管等关键部位的遥控关闭等。

### （三）电子计算机中心防火管理

电子计算机房里,一块块清晰的电视荧屏,一排排闪动的电子数字,将各种信息传达给各种不同需要的人们,给城市管理、生产指挥、交通运输、国防工程以及科学实验等各个系统注入了现代文明的活力,使各项工作越发敏捷、方便以及高效。

随着电子计算机技术的推广应用,从中央到地方,各行各业较为普遍地建立了各自的"管理信息系统",一个信息系统就是一个电子计算机中心,不同的只是规模大小而已。

电子计算机系统价格昂贵,机房平均每平方米的设备费用高达数万元甚至数十万元。一旦失火成灾,不仅会造成巨大的经济损失,并且因为信息、资料数据的破坏,会给有关的管理、控制系统产生严重影响,后果不堪设想。所以电子计算机中心一向是消防安全管理的重点。

1. 电子计算机中心的火灾危险性

电子计算机中心主要由计算机系统、电源系统、空调系统以及机房建筑四部分组成。其中,计算机系统主要包括"输入设备""输出设备""存储器""运算器"以及"控制器"五大件。在电子计算机房发生的各类事故中,火灾事故占80%左右。据国内外发生的电子计算机房火灾事故的分析,起火部位大多是:计算机内部的风扇、空调机、打印机、配电盘、通风管以及电度表等。其火灾危险性主要源于下列几方面。

（1）建筑内装修、通风管道使用大量可燃物。一般为了保持电子计算机房的恒温和洁净,建筑物内部需要用相当数量的木材、胶合板及塑料板等可燃材料建造或者装饰,使建筑物本身的可燃物增多,耐火性能相应降低,极易引燃成灾。同时,空调系统的通风管道采用聚苯乙烯泡沫塑料等可燃材料进行保温,如果保温材料靠近电加热器,长时间受热亦会被引燃起火。

（2）电缆竖井、管道以及通风管道缺乏防火分隔。计算机中心的电缆竖井、电缆管道及通风管道等系统未按照规定独立设置和进行防火分隔时,易造成外部火灾的引入或内部火

灾蔓延。

（3）用电设备多、易出现机械故障和电火花。机房内电气设备及电路很多,如果电气设备和电线选型不合理或安装质量差;违反规程乱拉临时电线或任意增设电气设备,电炉以及电烙铁,用完后不拔插销,长时间通电或者与可燃物接触而没有采取隔热措施;日光灯镇流器和闷顶或者活动地板内的电气线路缺乏检查维修;电缆线与主机柜的连接松动,致使接触电阻过大等,均可能起火造成火灾。电子计算机需要长时间连续工作,如若设备质量不好或者元器件发生故障等,均有可能导致绝缘被击穿、稳压电源短路或者高阻抗元件因接触不良、接触点过热而起火。机房内工作人员穿涤纶、腈纶以及氯纶等服装或聚氯乙烯拖鞋,容易产生静电放电。

（4）工作中使用的可燃物品易被火源引燃起火。用过的纸张及清洗剂等可燃物品未能及时清理,或使用易燃清洗剂擦拭机器设备及地板等,遇电气火花及静电放电火花等火源而起火。

2. 电子计算机中心的防火管理措施

（1）选址。独立设置的电子计算机中心,在选址时,应注意远离散发有害气体及生产、储存腐蚀性物品和易燃易爆物品的地方,或建于其上风方向,避免设于落雷区、矿山"采空区"以及杂填土、淤泥、流沙层、地层断裂段以及地震活动频繁的地区和低洼潮湿的地方。应尽量建立在电力、水源充足,自然环境清洁,交通运输方便的区域。并且尽量避开强电磁场的干扰,远离强振动源和强噪声源。

（2）建筑构造。新建、改建或者扩建的电子计算机中心,其建筑物的耐火等级不应低于一、二级,主机房与媒体存放间等要害部位应为一级。安装电子计算机的楼层不宜超过五层,且不应安装于地下室内,不应布置在燃油、燃气锅炉房,油浸电力变压器室、充有可燃油的高压电器以及多油开关室等易燃易爆房间的上、下层或者贴近布置,应与建筑物的其他房间用防火墙(门)及楼板分开。房间外墙、间壁和装饰,要用不燃或者阻燃材料建造,并且计算机机房和媒体存放间的防火墙或隔板应从建筑物的地板起直到屋顶,将其完全封闭。信息储存设备要安装于单独的房间,室内应配有不燃材料制成的资料架及资料柜。电子计算机主机房应设有两个以上安全出口,并且门应向外开启。

（3）空调系统。大中型计算机中心的空调系统应与其报警控制系统实行联动控制,其风管及其保温材料、消声材料以及黏结剂等,均应采用不燃或者难燃材料。当风管内设有电加热器时,电加热器的开关与通风机开关亦应联锁控制。通风、空调系统的送、回风管道通过机房的隔墙和楼板处应设防火阀,既要有手动装置,又应设置易熔片或者其他感温、感烟等控制设备。当管内温度超过正常工作的最高温度 25 ℃ 时,防火阀即行顺气流方向严密关闭,并且应有附设单独支吊架等避免风管变形而影响关闭的措施。

（4）电气设备。电子计算机中的电气设备应特别注意下列防火要求。

①电缆竖井及其电管道竖井在穿过楼板时,必须用耐火极限不低于 1 h 的不燃体隔板分开。水平方向的电缆管道及其电管道在通过机房大楼的墙壁处时,也要设置耐火极限不低于 0.75 h 的不燃体板分隔。电缆和其电管道穿过隔墙时,应用金属套管引出,缝隙用不燃材料密封填实。机房内要预先开设电缆沟,以便分层铺设信号线、电源线以及电缆线地线等,电缆沟要采取防潮及防鼠咬的措施,电缆线和机柜的连接要有锁紧装置或者采用焊接加以固定。

②大中型电子计算机中心应当建立不间断供电系统或者自备供电系统,对于 24 h 内要

求不间断运行的电子计算机系统,要按照一级负荷采取双路高压电源供电。电源必须有两个不同的变压器,以两条可交替的线路供电。供电系统的控制部分应靠近机房并且设置紧急断电装置,做到供电系统远距离控制,一旦系统出现故障,能够较快地切断电源。为确保安全稳定供电,计算机系统的电源线路上,不得接有负荷变化的空调系统和电动机等电气设备,其供电导线截面不应小于 2.5 mm² 并采用屏蔽接地。

③弱电线路的电缆竖井宜与强电线路的电缆竖井分开设置,如果受条件限制必须合用时,弱电与强电线路应分别布置在竖井两侧。

④计算机房和已记录的媒体存放间应设置事故照明,其照度在距地面0.8 m处,不应低于5 lx。主要通道及有关房间亦应设事故照明,其照度在距地面0.8 m处不应低于1 lx。事故照明可以采用蓄电池作备用电源,连续供电时间不应少于20 min,并且应设置玻璃或者其他不燃材料制作的保护罩。卤钨灯和额定功率为100 W 及 100 W 以上的白炽灯泡的吸顶灯、槽灯以及嵌入式灯的引入线应穿套瓷管,并用石棉、玻璃丝等不燃材料作隔热保护。

⑤电气设备的安装及检查维修及重大改线和临时用线,要严格执行国家的有关规定和标准,由正式电工操作安装。禁止使用漏电的烙铁在带电的机柜上焊接。信号线要分层、分排整齐排列。蓄电池房应靠外墙设置,并加强通风,其电气设备应满足有关防的火要求。

(5)防雷、防静电保护。机房外面应设有良好的防雷设施。计算机交流系统工作接地与安全保护接地电阻均不宜大于4 Ω,直流系统工作接地的接地电阻不宜大于计算机直流系统工作接地极与防雷接地引下线之间的距离应大于5 m,交流线路走线不应与直流地线紧贴或者平行敷设,更不能相互短接或混接。机房内宜选用具有防火性能的抗静电活动地板或水泥地板,以将静电消除。有关防雷和消除静电的具体措施,应达到有关规范和标准。

(6)消防设施的设置。大中型电子计算机中心应设置火灾自动报警及自动灭火系统。自动报警和自动灭火系统主要设置在计算机机房和已记录的媒体存放间。火灾自动报警与自动灭火系统的设备,应采用经国家有关产品质量监督检测单位检验合格的产品。大中型电子计算机中心宜配套设置消防控制室,并应具有:接受火灾报警,发出起火的声、光信号及事故广播及安全疏散指令,控制消防水泵、固定灭火装置、通风空调系统、阀门、电动防火门、防火卷帘及防排烟设施和显示电源运行情况等功能。

(7)日常的消防安全管理。计算机中心特别应注意抓好日常的消防安全管理工作,禁止存放腐蚀品和易燃危险品。维修中应尽量避免使用汽油、酒精、丙酮以及甲苯等易燃溶剂,若确因工作需要必须使用时,则应采取限量的办法,每次带入量不得超过100 g,随用随取,并禁止使用易燃品清洗带电设备。维修设备时,必须先关闭设备电源再进行作业。维修中使用的测试仪表、电烙铁以及吸尘器等用电设备,用完后应立即切断电源,存放至固定地点。机房及媒体存放间等重要场所应严禁吸烟和随意动火。计算机中心应配备轻便的二氧化碳等灭火器,并放置在显要并且便于取用的地点。工作人员必须实行全员安全教育和培训,使之掌握必要的防火常识及灭火技能,并经考试合格才能上岗。值班人员应定时巡回检查,发现异常情况,及时处理和报告,当处理不了时,要停机检查,排除隐患后才可继续开机运行,并把巡视检查情况做好记录。要定期检查设备运行状况及技术和防火安全制度的执行情况,及时分析故障原因并且积极修复。要切实落实可靠的防火安全措施,确保计算机中心的使用安全。

各办公场所对其他火灾危险性大的部位比如物资仓库、易燃易爆危险品的储存、使用,汽车库、电气设备以及礼堂等都应列为重点,加强防火管理。

# 第四章　电气消防安全管理

## 第一节　建筑工程电气消防设计分析

伴随着我国建筑工程的不断增多,在建筑施工过程以及设计过程中有很多应该注意的细节问题。在这些细节问题中建筑工程的消防设计就是其中较为重要的一项工作。建筑工程的消防设计好坏直接影响了建筑后期使用的安全性,如果没有完善的建筑工程消防系统设计会给建筑工程后期使用带来极大的安全隐患,同时也给人们的人身安全以及财产安全埋下了隐患,因此在建筑工程设计过程中,电气消防系统的设计至关重要,要提升这方面设计的关注度。本章主要针对建筑工程电气消防设计方面的问题进行分析和阐述,希望通过本章的阐述以及分析能够有效地提升我国建筑工程电气消防系统的设计能力以及质量,同时也为我国建筑工程在设计工作中的不断提升以及发展贡献力量。

在建筑工程设计过程中,电气消防系统设计作为重要的一个设计环节要给予足够的重视。在设计过程中,不仅要对相应的设计环节给予重视,同时还要不断地提升相关设计人员的专业素质以及责任心。电气消防设计在设计的过程中要有效地利用以往的设计经验以及现场的实际经验来进行,这样能够在最大限度上避免设计过程过程中出现以往出现的问题,提升电气消防系统的设计正确率,保障设计的完整性以及安全性。

### 一、我国建筑工程电气消防设计过程中的基本要求

伴随着我国建筑物的密集程度不断提升,我国的建筑电气消防工作越来越严峻。这样就要求我们在进行建筑工程消防电气设计的过程中严格地按照我国相关消防电气标准和规范执行设计工作。目前我国电气消防设计工作参照的设计标准规范主要有四个。首先是我国的建筑设计防火规范;其次是我国的高层明勇建筑设计防火规范;第三个是我国的火灾自动报警系统设计规范;最后是我国的明勇建筑电气设计规范。

上述的四个设计规范在我们进行电气消防设计的过程中要严格地遵守和执行。同时在进行电气消防设计的过程中还要有效地结合建筑设计中的其他学科,如建筑学、给排水以及暖通等,我们要通过上述的专业来了解和掌握电气消防设计的要求,只有这样我们才能够有效地设计出符合规范和要求的建筑工程电气消防设计。我们在进行电气消防设计初期,要充分和细致地同建设单位进行有关电气消防的沟通和了解,要预想我们在设计过程中可能的设计思路和设计出现的问题,建筑单位要提出他们对于电气消防设计的要求,只有这样我们才能够有效的保障电气消防设计的准确性以及质量。充分地了解能够有效地避免在电气消防设计的过程中出现错误,遗漏以及重复的设计问题。在建筑工程电气消防设计的过程中我们还要针对建筑工程对于消防等级以及消防重点保护对象进行详细的沟通和了解,只有明确了消防的要求,我们才能够在电气消防设计的过程中有针对性地进

行设计。在电气消防设计的过程中我们要对消防联动电气控制系统进行详细的设计和审查,要符合我国电气消防设计的要求和规范。在配电方式上我们要最大限度地贴合我国电气消防设计规范中的要求。在消防等级以及消防设备的选择上也要进行谨慎的选择和沟通。通常在电气消防设计中,我们要设计两路的消防配电线路,这样能够保障在主电路出现故障的时候,另一个电路第一时间投入到电气消防的工作中。

## 二、我国建筑工程电气消防设计过程中的主要设计要点

在建筑工程电气消防设计的过程中我们首先要对建筑中的电气用电等级进行明确和确认,在设计过程中要根据用电等级来进行科学合理的电气消防设计;其次我们在电气消防设计的过程中考虑火灾发生的问题,当火灾发生时我们应该如何进行消防补救措施等等。在建筑工程中最有效的消防电源切除后补救措施就是应用低压断路器,低压断路器也叫做分励脱扣器。但是需要注意的一点是,低压断路器和我们消防电气电流不一致,这样会导致在实际的操作过程中存在一定的复杂性以及困难,这样就需要我们在进行电气消防系统的设计过程中给予充分的考虑,保障电气消防设计的实用性。

## 三、电气消防设计内容

### (一)简述在电气消防系统设计中探测器的位置布置

在电气消防设计的过程中火灾自动报警系统检测设备的设计布置是一个非常重要的设计工作。通常情况下我们首先要做的就是对火灾探测器进行合理的设计布置,要根据不同场合进行不同的针对性设计和选择。将火灾探测器按照相应的标准以及要求安置完毕后,我们就要针对手动报警装置进行电气设计。通常情况下在设计的过程中我们遵循手动报警系统能够在同一个消防防火区 30 m 之内,需要注意的是手动报警按钮要安装在明显的位置,这样便于操作。很多时候人们认为手动报警按钮可以和消防栓通用,这是一种非常严重的认知,会导致不可预估的后果。

### (二)简述在电气消防系统设计中雨淋报警器的设计

在建筑电气消防设计的过程中,电气元件雨淋报警器有两种电气控制方式。首先是将雨淋报警器同烟感探测器以及温感探测器组合使用,当两种探测器出现动作的情况下,会触动相应的电气控制开关,执行雨淋报警器的动作,实现雨淋报警器的工作;其次是将雨淋报警器同消防区域内的任意火灾探测器进行组合使用。在消防区域内,设计多个火灾探测器,当火灾探测器发生动作时,通过相应的电气元件触动雨淋报警阀的执行开关,雨淋报警阀开始工作。上述两种方式的控制都是通过相应的电气信号传输实现的。因此在进行电气消防雨淋报警器设计的过程中要对其中的控制电气元件以及线路有效地给予控制和选择。

### (三)简述在电气消防系统设计中防烟系统和排烟系统的设计

在对建筑物中的防烟、排烟系统进行设计的时候,要在电动的防火阀相应的位置上设置控制模块,当火灾报警之后可控制开启防烟分区的加压送风口或者是排烟口的相关电动防火阀,再就是要关闭相应的位置的空调送风系统。

（四）简述在电气消防系统设计中消防电梯的设计

在已经确认建筑物中发生了火灾之后，联动的控制台要及时地控制消防电梯和客梯，保证其能够停在首层，且能够在建筑物的首层，设置消防电梯的紧急迫降按钮，再就是消防的电梯联动线一定要并联于紧急迫降的按钮的迫降控制返回信号接点，只有这样才能通过该接点的信号来对消防电梯停在首层进行有效的控制。

### 四、电气消防设计过程中的接地系统设计主要内容

接地系统包括四个方面：工作接地、系统接地、防雷接地、保护接地。接地系统在保障人身安全和电气设备安全和建筑物安全方面有着重要作用。因此，在每一套建筑消防电气系统中都离不开完善的接地系统，国家也对此制定了严格的设计规范。

# 第二节　电气火灾监控系统与电气火灾预防

本节通过对我国当前的电器火灾的防控形势情况和电气火灾产生理由及电气火灾预防的办法等内容进行深入剖析，提出在配置合理电气火灾的监控系统的同时需要格外重视剩余电流监控探测器功能的扩大化方面的问题，在对电气火灾的监控技术方面进行应用。在日常生活和生产中，电气火灾监控系统必须要在人类生活及生产正常的前提下进行应用。

### 一、电气火灾的防控形势

伴随现代科技水平猛速发展，社会以及国家城市化发展的脚步正在飞快迈进。在这过程中，电能是非常重要的能源，可以说当今社会根本离不开电，人类根本离不开电，人类对电的利用率每年都成增加趋势。因此在生活和生产中如何能既安全又规范地用电显得相当重要。随着人类用电意识的增高，不规范用电造成的危险事件每年都在减少，然而电气故障造成的火灾数量每年都在增多，特大火灾事故也频频发生，每年全国关于电气火灾发生的数量逐步减退，电气火灾俨然成了当今社会聚焦的热点话题，根据官方数据统计，在2018年全国的火灾共有23.7万起，伤亡人数达到了2 205人，截止到2019年年底全国的火灾共有23.3万起，伤亡人数达到了2 172人，北京"11·18"火灾事故、天津"12·1"重大火灾事故、山东临沂金誉石化爆炸事故、浙江天台县"2·5"重大火灾事故等。电气火灾不但使人民群众的财产受到损失还使人们人身安全受到伤害。火灾电气的频繁发生离不开日常的安全隐患排查，为了避免电气火灾的发生，消防以及控制已经成为最为重要的安全工作。

### 二、电气火灾发生的原因分析

电气线路出现问题往往会导致电气装备的短路、短接、漏电、电流过大，这些故障都可以引起过热起火，引起火灾。从事故火灾的变化角度来看一般有两类：一种为渐变型，另一种为突变型。如果渐变型故障没有得到及时处理，将会逐渐会发展成为突变型故障，并且转变形势是不可逆的，一旦出现，后果严重，因为在转变成突变型故障过程中会出现电能的

非正常释放,伴随着泄漏电流的增高,造成接线端子等地方温度的上升,同时还会产生故障电弧,在这些因素的共同作用下,会造成故障点温度迅速增高。产生的故障电弧的温度可以达到上千度,大大超过了电气周围可燃物的燃点,最终导致火灾的发生。

## 三、现有电气火灾的预防措施

### (一)利用常规防护电器监控电气故障

电气火灾是一种非常难以控制的火灾类型,在电气周围应该经常预防才能避免电气火灾的发生,人们在使用电器时倡导应用过负荷防护电器、过电流防护电器、短路防护电器、剩余电流动作保护器等作为常规防护电器,定期检查电路以及电器设备,对电器故障及时究其原因,并及时处理,立即排除电气故障。突发性故障可以通过突变事故检测及时有效地将电气设备的运行情况进行预测,可以大大降低此类电气故障导致电气火灾的概率。但值得一提的是,相间或者线间端子或者线路相间或线间端子或线路缓慢引起温度增高的情况,还有因泄漏电流慢慢升高等渐变型故障引起的金属性短路的情况发生时,对于这类电气火灾实施以上的预防措施不能起到预防作用。

### (二)利用电气火灾监控系统监控电气故障

电气火灾监控系统可以检测现场电气设备的运行情况,并将漏电情况及时反馈,这是非常常见的一种消防产品,火灾预报警系统的优势在于与传统火灾自动报警系统相比,电气火灾监控系统一旦反馈到运行设备的电气情况异常可以及时的反馈故障信息并立刻报警,从而阻止火灾的发生,而传统火灾自动报警系统显示异常只能减少火灾带来的损失,而不能避免火灾的发生。因此即使已经安装了传统火灾自动报警系统,还是需要安装电气火灾监控系统。从另一个角度来看,电气火灾监控系统是自动火灾报警系统中的一个独立子系统。组装电气火灾监控系统可以有效地阻止电气火灾事件的发生。这是确保公共财产和人员安全的保护伞。电气火灾监控系统由两部分组成:电气火灾监控探测器和电气火灾监控设备。在日常工程实践中,常用的电气火灾监控探测器的类型为温度测量电气火灾监控探测器,剩余电流电气火灾监控探测器等。产品,当电力电缆表面的温度发生变化时,可以使用线性温度灵敏型火灾探测器进行监督和监视。线性温度敏感型火灾探测器也是电气火灾监控探测器的一种,可以与电气火灾监控器一起使用。

当出现过电流、接触不良等渐变型电气情况的时候,能造成接线端子和电缆接头等处温度增高,温度增高达到可燃点温度时周围的可燃物很有可能会燃烧,最终造成电气火灾的发生。接线端子、电缆接头等地方安放测温式电气火灾监控探测器设备。以便可以随时掌握接线端子、电缆接头等地方温度的情况,当温度上升到预设的值时,报警系统会感应出,并且马上发出警报,直接从源头上切断电气火灾隐患,发生漏电情况大都是由电线路中相间或者相地间短路引起的或者是在电气设备中的相线和电气设备的外壳出现短路引起的,漏电能使电气线路绝缘性能降低,此情况是不可逆的,漏电电流慢慢地在积累中变大,最后形成的故障电弧达到可燃物阈值从而引起火灾,在供电线路里安装剩余电流式电气火灾监控器能够随时监测供电线路的泄漏电流情况,当温度上升到预设的值时,报警系统会感应出,并且马上发出警报,直接从源头上切断电气火灾隐患,预防电气火灾的发生。

### 四、电气火灾监控系统的设定预防电气火灾

工程实践中的经验告诉人们,合理配备电气火灾监控设备可以最大限度地降低电气火灾的发生,电气火灾监控系统是预防电气火灾最有效措施之一,能够最大限度降低电气火灾的发生,目前随着电气火灾监控系统普遍应用,在其应用环节经常出现以下误区。

#### (一)避免剩余电流监控探测器功能的扩大化

深入剖析电气火灾产生原因,漏电导致的火灾的原因在总的电气火灾中的比例相对很低,选用的电线电缆的绝缘性能不合乎标准,电气设备介电强度不达标,电气线路的构造错误或不规则是新电气系统泄漏的重要原因,因此在项目中安装了剩余电流电气火灾监控探测器。能够尽可能解决电气系统施工工作中存在的难题,按照以往的说法只要电气火灾监控系统设置完成并且处于正常工作状态,电气系统施工工作中存在的难题也就迎刃而解了,从源头上切断了电气火灾的安全隐患,结合全国电气系统工程施工情况以及当前形势,以上这些问题很难马上解决,因此,安装剩余电流式电气火灾监控探测器一定要保证电气系统施工质量,是非常有必要的,并且提议今后在新建的工程中,必须按照低压配电系统第一部分的原则进行施工,以最大限度地减少剩余电流电气火灾监控探测器的使用。还要保证电线电缆的绝缘性、选用电气设备介电强度能以及规范电气线路的施工,尽可能去除电气火灾隐患。深入剖析漏电引发的电气火灾产生原因,常常发生在老建筑老房子中,越老的建筑电线电缆老化越严重。电线电缆因为老化绝缘性能明显降低,大大增加了漏电的概率,面对这种年老失修的建筑应当通过加多剩余电流式电气火灾的监控探测器的方式,来达到监控电气系统的漏电故障的目的。

#### (二)进一步加强电弧式电气火灾监控探测器的工程应用

深入剖析电气火灾原因后可以得到以下结论,电气故障导致的火灾都是电气设备或者线路产生的故障电弧的热能逐渐积聚达到周围可燃物的燃点导致的。所以要想大幅度减少电气火灾的产生,就是广泛地使用电弧式电气火灾监控探测器,其实,在日常工作中很难发现故障电弧,目前为止识别故障电弧的产品功能相对不是很成熟,电弧式电气火灾监控探测器还在逐渐改进,在不久的未来,伴随着科学的发展,社会的进步,电弧式电气火灾监控探测器的研究人员一定会攻克此类产品并且取得最终胜利。

#### (三)电气火灾监控系统的高实用性

电气火灾监控系统属于火灾自动报警系统的独立子系统,也属于火灾预警系统。电气火灾监控系统处于警报状态时,只能向电气设备电路发出潜在的安全隐患警报,并不代表电气火灾一定能发生,如果此时联动开关断开,由于停电,一定会给人们的生产以及生活造成不良影响,所以电气火灾监控系统不能效仿火灾自动报警系统那样,直接切断供电电源,只要能达到告知相关工作人员电气设备线路出现了异常状况目的就可以,还要通知专业的工人及时对该线路进行检修,及早查出安全隐患并且第一时间排除火灾隐患。

电气引发的火灾不同于普通的火灾,电气线路积聚的温度一旦达到引燃周围可燃物的温度,马上会引起火灾的发生,电火一旦发生立刻会蔓延到周围,具有时间短速度快的特点,本文首先对我国电气火灾防控形势进行分析,其次对电气火灾形成的原因加以阐述,最后重点研究了怎么预防电气火灾,并且重点提到了电气火灾监控系统相关问题,从中认识到要想彻底消灭电气火灾,首先必须要熟悉其发生基本机理,只有这样才能把电气火灾抑

制在萌芽状态,从而从根本上战胜电气火灾。还值得一提的是关于在新的工程项目施工建设有关的问题,在新的工程项目施工以前,设置电气火灾监视系统,必须考虑工程项目的实际状况,并以不影响正常的生活生产为原则,设计出合理实用的电气火灾监视系统,最大程度实现预防电气火灾的最终目的。

# 第三节 常用电气装置防火措施

## 一、变、配电站防火措施

### (一) 变、配电站的耐火等级与防火间距

为保证变、配电站的防火安全,变、配电站建筑物、构筑物的耐火等级与防火间距应依据《建筑设计防火规范》(GB 50016—2014)的规定及要求确定。建筑物在生产和储存物品过程中火灾危险性的严重程度分为甲、乙、丙、丁、戊五类,甲类危险性最大,戊类危险性最小。建筑物和构筑物的最低耐火等级由建筑构件的燃烧性能及最低耐火极限决定,分为一、二、三、四共四个级别。一、二级耐火等级的建筑物防火条件较好,层数可不限。

1. 耐火等级

变、配电站的耐火等级除了油浸变压器室是一级外,其他为二级。部分电工建筑物、构筑物火灾危险性类别以及应达到的最低耐火等级见表 4-1。

表 4-1 建筑物、构筑物火灾危险性类别和耐火等级

| 序号 | 建筑物、构筑物名称 | | 火灾危险性类别 | 最低耐火等级 |
|---|---|---|---|---|
| 1 | 油浸变压器室 | | 丙 | 一 |
| 2 | 干式变压器室 | | 丁 | 二 |
| 3 | 配电装置室<br>(单台设备充油量) | ≥100 kg | 丙 | 二 |
| | | <100 kg | 丁 | 二 |
| 4 | 母线室、母线廊道和竖井 | | 丁 | 二 |
| 5 | 屋外主变压器构筑物 | | 丙 | 二 |
| 6 | 屋外开关站构筑物、配电装置构架 | | 丁 | 二 |
| 7 | SF6 封闭式组合电器开关站、SF6 储气罐室 | | 丁 | 二 |
| 8 | 高压充油电缆廊道、隧道、竖井 | | 丙 | 二 |
| 9 | 电力电缆室、控制电缆室及廊道、隧道、竖井 | | 丙 | 二 |
| 10 | 蓄电池室 | 开敞式 | 乙 | 二 |
| | | 防酸隔爆型铅酸 | 丙 | 二 |
| | | 碱性 | 丁 | 二 |
| 11 | 柴油发电机房 | 丙 | 丙 | 二 |

注:屋内变压器室通常都安装在一个独立的防爆小间内,35 kV 电压等级的油浸变压器和 10 kV 电压等级、容量为 80 kVA 以上的油浸变压器,其油量都大于 100 kg。变压器室的耐火等级为一级。

2.防火间距

为保证变、配电站的安全运行,变、配电站与建筑物的防火间距应依据建筑物在生产或储存物品过程中的火灾危险性类别以及建筑物应达到的最低耐火等级来设计。

室外主变压器等充油电气设备的内部均充有大量闪点在 130~140 ℃ 的可燃油。油质量 2 500 kg 以上的变压器或电抗器和油质量 600 kg 以上的回路充油电气设备间的防火间距不应小于 5m。如果上述间距无法满足,中间应设防火墙且耐火极限不小于 4 h。为了便于变压器散热、运行维护以及发生事故时的灭火作业,防火墙和变压器之间的距离不得小于 2 m。

## (二)油浸式变压器防火

1.变压器常见故障

变压器发生火灾是由绕组、放电(含火花、电弧)、绝缘、铁芯、分接开关、渗漏油、保护拒动等故障造成的。

(1)绕组

绕组故障主要包括匝间短路、绕组接地、相间短路、断线及接头开焊等几种。

①匝间短路。其是因为绕组导线本身的绝缘损坏产生的短路故障。匝间短路现象发生时,变压器过热油温增高,电源侧电流略有增大,油中有"吱吱"声与"咕嘟"声,严重时油枕喷油。匝间短路故障产生的原因是变压器长期过载应用,从而导致匝间绝缘损坏。

②绕组接地。绕组接地时,变压器油质变坏,长时间接地会导致接地相绕组绝缘老化。绕组接地产生的原因包括雷电大气过电压及操作过电压的作用使得绕组受到短路电流的冲击发生变形,主绝缘损坏、折断;变压器油受潮后绝缘强度下降。

③相间短路。相间短路是指绕组相间的绝缘被击穿引起短路。发生相同短路时应立即汇报值班调度员和上级领导,检修部门应立即查清故障原因并处理,使变压器及早恢复运行。

(2)放电

放电与火花、电弧放电是有区别的,放电属于一种非贯穿性的放电现象,在变压器内部也将它称为局部放电,它是由油中的气泡、绝缘空穴、尖角毛刺、导体接触不良导致的。放电能量密度不大,但是局部放电能释放气体,气体种类和数量随能量密度而变化。局部放电与火花放电发生时都有超声波表征信号出现,检测人员可以通过超声波检测仪去捕捉它。

(3)绝缘

绝缘是变压器正常工作及运行的基本条件,绝缘材料的寿命实际上决定了变压器的寿命。根据统计,因为绝缘损坏所造成的变压器损坏达 85% 以上,所以预知性维护可以提高变压器的寿命和运行安全。油浸变压器内主要包括固体绝缘纸、板、垫、卷、绑扎带等纤维素和液体油两种绝缘,无论何种原因产生的温度升高对变压器油和纸绝缘均会造成影响。温度升高时油、纸水分含量比失调,油质劣化,纤维素裂解,油中 CO 与 $CO_2$ 含量增加。因为温度决定着绝缘的老化程度,也决定了变压器的寿命,所以控制变压器的运行温度非常重要。

(4)铁芯

铁芯故障大部分是由铁芯柱的穿心螺杆或铁芯的夹紧螺杆绝缘损坏造成的,其后果可能使铁芯局部过热,导致铁芯烧坏、磁路短路、损耗增加,油分解性能降低,内部析出气体,继电器动作。

如果判断是绕组或铁芯故障应吊芯检查,然后进行处理,经试验合格后,变压器才能投入运行。

(5)分接开关

分接开关故障主要是由电接触及机械接触不良使局部过热造成的。有载分接开关密封不严时,因为雨水浸入还会导致分接开关相间短路,分接开关的限流阻抗在切换过程中,可能被击穿、烧断。在触头间的电弧可能越拉越长,导致故障扩大,造成变压器故障。

(6)过电压

运行中的变压器受到雷击时,因为雷电的电位很高,将导致变电压器外部过电压。当电力系统的某些参数发生变化时,因为电磁振荡,将引起变压器内部过电压。这两类过电压所造成的变压器损坏大多是绕组主绝缘击穿。为了防止变压器过电压引起故障,通常要求变压器高压侧和低压侧装设避雷器。

(7)渗漏油现象

变压器渗漏油通常很容易目测到,主要部位有焊缝、密封件、阀门、导电铜杆及有载分接开关盒等。渗漏会使内部油位下移,变压器箱体污损,产生爬电现象。

2. 防火安全措施

油浸式变压器的防火安全措施如下。

(1)油量在2 500 kg以上的油浸式变压器和油量在600~2 500 kg的充油电气设备之间,其防火间距不应小于5 m。

(2)当相邻两台油浸式变压器之间的防火间距无法满足要求时,应设置防火隔墙或防火隔墙顶部增加防火水幕。单相油浸式变压器之间可仅设置防火隔墙或防火水幕。

(3)当厂房外墙和屋外油浸式变压器外缘的距离小于规定时,该外墙应采用防火墙。该墙与变压器外缘的距离不得小于0.8 m。

(4)厂房外墙距油浸式变压器外缘5 m以内时,在变压器总厚度加3 m的水平线以下以及两侧外缘各加3 m的范围内,不宜开设门窗和孔洞;在其范围以外的防火墙上的门及固定式窗,其耐火极限不宜低于0.9 h。

(5)油浸式变压器和其他充油电气设备单台油量在1 000 kg以上时,应设储油坑和公共集油池。

(6)油浸式变压器需设置固定式水喷雾等灭火系统。油浸式厂用变压器应布置在单独的房间内,房间的门应为向外开启的乙级防火门,并直接通往屋外或走廊,不应开向其他房间。

(三)干式变压器的安装、运行及其防火性能

1. 安装

(1)变压器带电导体与地的最小安全距离应符合《电力变压器第3部分:绝缘水平、绝缘试验和外绝缘空气间隙》(GB 1094.3—2017)的规定。通常与墙壁、其他障碍物以及相邻变压器之间的距离都是300 mm,若变压器有外壳可不受上述距离限制。

(2)干式变压器因为没有油也就没有火灾、爆炸和污染问题,《20 kV及以下变电所设计规范》(GB 50053—2013)规定,非充油的高、低压配电装置和非油浸型的电力变压器,可设

置在同一房间内,当二者相互靠近布置时,应符合下列规定。

在配电室内相互靠近布置时,二者的外壳均应符合现行国家标准《外壳防护等级(IP 代码)》(GB 4208—2017)中 IP2X 防护等级的有关规定。

在车间内相互靠近布置时,二者的外壳均应符合现行国家标准《外壳防护等级(IP 代码)》(GB 4208—2017)中 IP3X 防护等级的有关规定。

即使变压器单独设置在变压器室,为了美观、整齐和安全、可靠,干式变压器也应加装 IP20 或 IP23 的防护外壳。

2. 变压器结线组别

在 TN(保护接零)和 TT(保护接地)系统接地方式的电网中应选用 Dyn11 结线组别,原因就是激磁电流中以三次谐波为主的高次谐波电流在原边接成三角形的条件下,可以在三角形的原边形成环流,有利于抑制高次谐波;Dyn11 结线组别单相短路电流是原边是星形的 Yyn0。结线组别的 3 倍;Dyn11 结线组别对低压侧中性线电流无限制,可以达到相电流数值。

选用 Dyn11 结线组别的优点是可以抑制电子元件和气体放电灯多的场所的高次谐波电流,确保供电质量;提高短路电流,方便单相接地保护装置的动作;在以单相负荷为主的三相不平衡配电系统,可充分利用干式变压器的过载能力。

3. 运行与维护

(1)应经常检查运行状态,记录电压和电流并监视温控温显仪表的显示值,查看其有无异常,检查风机冷却装置运行是否正常。

(2)检查外壳内是否有异物、雨水进入,绝缘件、绕组外观表面有无龟裂、碳化及放电痕迹,附件有无异常声响和振动,外壳内有无共振声及接地不良引起的放电声。

(3)检查浇注绕组是否附着脏物,铁芯、套管是否被污染;附着脏物或绝缘件是否被高温烧焦而发出焦糊臭味。

(4)根据示温涂料及油漆变色情况,判断引线接头、电缆、母线是否过热;有载分接开关有无过热及异常现象。

(5)定期检查紧固件、连接件是否松动,导电零部件是否有生锈、腐蚀痕迹;观察绝缘漆表面有无爬电痕迹及炭化现象,各部位接地是否良好。

变压器声音异常、过热,有局部放电声响,保护装置拒动,产生冒烟、着火以及附近设备着火、爆炸或出现其他对变压器构成严重威胁的情况都应立即停运变压器。

(四)高、低压配电室防火

1. 高压配电柜防火

高压配电柜内的高压电器如少油断路器油位应正常,没有渗漏油现象;电流、电压互感器接线正确;所用变压器没有异常现象;避雷器完好;高压母排及其支持绝缘子外部无破损、裂纹及放电痕迹;柜内各高压电器无超温及异常放电声音;高压电缆沟内无小动物尸体和异物,孔洞封堵完好。

2. 低压配电柜防火

低压配电柜内各低压电器,包括断路器开关、自动空气断路器、电流互感器、熔断器以及电瓷件等完好、无破损、灭弧罩齐全。接线排列整齐,接线端子(包括主母排与小母排)的连接正确而且无锈蚀、松动发热超温现象。相线与中性线无过负荷,地线连接良好,柜内无异声及火花放电现象。低压电缆沟电缆排列整齐,无积水和杂物,盖板不能为可燃材料,严格封堵缆沟孔洞。

3.电容器室防火

电容器在变、配电站是作为功率因数补偿用的,1 000 V以上的电容器通常安装在专用电容器室,建筑耐火等级为二级;1 000 V以下的电容器或数量较少时,可以安装在低压配电室或高压配电室。

电容器在运行中常见的故障包括渗漏油、鼓肚和喷油现象,如不立即处理就会引起火灾,其防止措施如下。

(1)室内要保持良好的通风条件,且温度不应超过40 ℃。

(2)安装可靠的保护装置,用熔断器保护时,熔丝不得大于电容器额定电流的130%,并连接好接地线。

(3)为防止过电压,运行电压不能超过1.1倍额定电压,运行电流不宜超过1.3倍额定电流。

(4)平时加强维护管理,电容器要做到无鼓肚、无渗漏油、套管无松动与裂损、无火花放电等现象。

对于供高压开关试验用的电容器堆,除采用上述措施外,还应设置适用于扑救电气火灾的固定灭火装置及移动灭火器。

4.蓄电池室防火

蓄电池室是蓄电池组充放电工作的地方,在高压配电室为操作回路、信号回路及继电保护回路提供直流电源。蓄电池室要防止火灾、爆炸事故必须做到如下几点。

(1)设置自然通风或轴流式抽风设备,增强室内通风换气,但室内空气不能再循环使用。对独通风系统的管道,应使用非燃材料,并作接地处理。对小容量蓄电池室通风次数应控制在不少于10次/h,对大容量开口蓄电池室不少于15次/h。通风口距地1.5 m,以确保吸入新鲜空气。

(2)蓄电池室与调酸室的温度不应低于10 ℃。采暖(蒸汽或热水)管道需焊接连接,不允许安装法兰盘或阀门,以防漏气、漏水。

(3)室内的抽风机及照明灯具应采用密封防爆式,电源开关应安装在蓄电池室外。

(4)配电线路采用钢管布线,蓄电池间应使用裸导线连接。

5.油断路器防火

断路器是电力系统配电装置中的主要控制元件,它可以接通或切断正常负荷电流和短路电流。根据其灭弧介质的不同,常见的包括油断路器、六氟化硫(SF6)断路器、真空断路器。

六氟化硫(SF/断路器,是用SR作为灭弧介质的一种断路器,SF6沸点在标准大气压下为-60 ℃,加温到150 ℃时都不易和其他物质发生化学反应,到达500 ℃时仍无法自由分解,具有防火、防爆性能,而且无毒、无味。

真空断路器是一种利用空气绝缘和灭弧的断路器。因为真空中几乎没有什么气体分子可供游离导电,而且弧隙中少量导电粒子极易向周围真空扩散,故真空的绝缘及灭弧性能非常好,更没有爆炸和火灾的可能。

油断路器是将油作为灭弧介质的断路器,在断路器中它的火灾危险性最大,为此必须采取下列措施。

(1)安装前应根据制造技术条件的要求严格检查,要注意断路器的短路容量必须超过电力系统所在装设处的短路容量。

(2)保持油箱内的规定油位,以免油箱或充油套管渗油、漏油。

(3)发现油温过高时应立即抽取油样化验。如果油色变黑、闪点降低或有可燃气体逸出,应对触头进行检修,并及时更换新油。

(4)保证断路器机件灵活好用,定期试验绝缘性能,及时发现和消除缺陷。

## 二、低压配电线路的防火要求

### (一)对架空线路路径的防火要求

(1)架空线路不得跨越以易燃材料作为屋顶的建筑物,以可燃材料搭建的露天粮囤、棉花堆垛、可燃材料堆垛。

(2)架空线路不能跨越易燃易爆物品库,有爆炸危险的场所、易燃可燃液体储罐、可燃气体储罐及易燃材料堆场。

(3)严格防止架空线路出现松弛、受风吹摇摆相碰产生的电弧熔融高温金属颗粒散落到可燃易燃物上的现象发生。

(4)为防止倒杆、断线事故发生时,因为导线短路产生的火花、电弧引燃易燃易爆物,造成燃烧爆炸事故发生,架空线路和上述有燃烧、爆炸危险设施靠近时,必须保持不小于电杆高 1.5 倍的间距。

(5)对已经建架空线路下方,也不应堆放可燃材料或易燃易爆物。

### (二)接户线与进户线敷设的防火要求

因为与地面垂直距离短,进户线和接户线的截面选择不当、线间距离不符合规程要求和机械外力作用的影响,往往因短路造成火灾事故的发生。因此,在敷设进户线和接户线时,必须符合要求。

1. 进户线

进户线是指从用户屋外第一个支撑点至屋内第一个支撑点之间的引线。进户线应采用绝缘线穿管进户,且进户钢管应设置防水弯头,防止电线磨损、雨水倒流引起电线短路或受潮漏电的事故发生。禁止将电线从腰窗、天窗、老虎窗或从草、木屋顶直接引入建筑内。

爆炸物品库的进户线应用铠装电缆埋地引入,进户处穿管保护并且将电缆外皮接地。从电杆引下电缆的长度要大于 50 m,并在电杆上安装低压避雷器,防止感应雷电波沿进户电缆侵入库内,引起爆炸事故。

2. 接户线

接户线是指从架空线路电线杆引下至用户屋外第一个支撑点的线路。380/220 V 低压接户线的挡距不应超过 25 m,距地距离要大于 2.5 m,线间距离不应小于 150 mm,其导线截面不宜小于表 4-2 的规定。

表4-2　低压接户线的最小截面面积

| 接户方式 | 挡距/m | 最小截面/(mm²) | |
| --- | --- | --- | --- |
| | | 绝缘铜线 | 绝缘铝线 |
| 从电杆上引下 | 10 | 2.5 | 4.0 |
| | 10~15 | 4.0 | 6.0 |

### (三)对低压配电线路防火的一般规定

1. 敷设方式、导线选型要与环境相适应

电气设备所处的使用环境在实际生产、生活建筑中各种各样,因此对导线、电缆类型的选择,敷设方式的确定,必须符合各自不同环境特征的特殊要求。对高温场所需采用以石棉、玻璃丝、瓷管或云母等作耐火耐热配线处理的导线。

为了避免导线绝缘损坏引起火灾,敷设线路时,导线固定点之间,配线和建筑物、地面及其线间距离应符合规定要求。

2. 电线电缆产品绝缘强度和绝缘电阻

(1)额定电压($Un$)。为了保证电线电缆的耐电压水平,室内配线用绝缘电线额定电压需不小于0.45/0.75 kV,绝缘电缆额定电压不小于0.6/1.0 kV。额定电压是产品安全认证的标志,它满足相关标准及相关部门对产品制造和试验的标准要求,在加压2 500 V情况下5 min内绝缘不会被击穿,能够满足用电电压为220/380 V低压系统电压水平的需求。

(2)绝缘电阻($R$)。用500 V绝缘电阻表测量电线绝缘强度,相间和相对地的R应不小于0.5 MΩ;用1 000 V绝缘电阻表测量电缆绝缘强度,$R$应不小于10 MΩ。

3. 线芯机械强度

采用不同的敷设方式.最小截面需符合机械强度的要求。铜芯绝缘导线穿管、槽管敷设及塑料绝缘护套线直敷最小截面都是1 mm²绝缘导线线槽敷设时为0.75 mm²。

4. 防机械损伤措施

导线敷设时,水平部分距地高度宜低于2.5 m,垂直部分低于1.8 m。对导线容易受到磕碰、拉磨机械损伤的部位,例如导线与导线间、导线与其他管道交叉以及穿越建筑物时应采取穿管保护。

5. 对中性线N和保护性中性线PEN截面的要求

TN-S(五线制)、TN-C-S、TT系统的中性线N和TN-C-S、TN-C(四线制)保护性中性线PEN,受单相负荷或三相负荷不平衡或谐波电流的影响,会使N与PEN线过负荷发生过热现象,具体的预防措施如下。

(1)对于用电负荷以气体放电灯(如日光灯和汞灯等)为主的配电系统及单相负荷多或三相负荷严重不平衡的系统,N与PEN线截面不得小于相线截面。

(2)可控硅调光设备和计算机均为非线性负荷,在三相四线或两相三线配电系统中,因为非线性负荷产生的谐波电流,使配电线路电流波形出现畸变,不再是正弦波。这种情况下,即使三相负荷是平衡的,三相中只要是3的奇次倍数的奇次谐波电流都要从中性线流向电源,若中性线中也有三相不平衡电流,两者叠加就有可能导致中性线电流大于相线电流的两倍多。因此,在有可控硅调光或计算机负荷较多的配电系统,N和PEN线截面不应小于相线截面的两倍。

6. 配电线路导线截面与保护装置的配合关系

(1)与过载保护配合关系。过载保护原则是自动开关过载(热)脱扣器的整定电流值侦和导线截面的允许电流之间必须满足下列配合关系。

(2)与短路保护配合关系。用电磁脱扣器保护的原则是当短路热效应与电动力作用危害导线前,保护装置就应该切断电源。为此短路电流和导线截面之间必须满足一定的配合关系。

7. 导线穿管或明配时与管道的最小交叉与平行距离

为确保配线的安全运行,配线与煤气、蒸汽、暖气、热水等管道接近时,管道间需保持一定的最小距离。

8. 接地保护

为了保证接地通路的连续性,防止因为接地回路导体连接不良,在用电设备绝缘损坏时保护不动作而导致外露导电部分长期带电,外壳对地电位高于人身接触电压,电击伤人;或因为连接接触不良处产生局部过热引发火灾。必须根据规定,在配电线路中设置避免人身触电的漏电保护器或防止接地火灾的防火漏电保护器。

防火漏电保护器整定值为 300~500 mA,为了和下级漏电保护开关做到保护性配合动作,可以带少量延时。防火漏电保护器应安置在用户进线配电箱处或树干式配线电源侧。配线末端接近用电设备处的漏电保护器也能起到漏电防火保护的作用,漏电保护值通常为 30 mA,而且停电影响的只有此保护设备,在无拒动现象时不会扩大停电范围。

导线相互连接处、导线分支连接处、导线与配电装置以及各种用电设备等接线端子的连接处是形成接触电阻过大、发生局部过热的主要部位,是电气火灾的引火源。

## (四)建筑室内导线管和电缆贯穿孔口的防火封堵

1. 贯穿封堵的基本原则

(1)由被贯穿物(防火分隔构件、墙、楼板等)、贯穿物(导线管、金属线槽、封闭式母线、电缆桥架、电缆等)以及支撑体、防火封堵材料及其支撑体,填充材料构成的用来维持被贯穿物耐火能力的贯穿防火封堵组件的耐火极限,不得低于被贯穿物的耐火极限。

(2)所设计的贯穿防火封堵组件在正常应用或发生火灾时,应保持本身结构的稳定性,不出现脱落、移位及开裂等现象。

(3)封堵材料的选用需考虑贯穿物的类型、尺寸,贯穿孔口、环形间隙大小和被贯穿物的类型、特性以及环境温度、湿度等因素的影响。

2. 常用防火封堵材料

(1)防火灰泥。防火灰泥是以水泥为基料-调入填充料等混合而成的无机堵料,具有防火、防烟、防水、隔热和抗机械冲击的性能。

防火灰泥适用于混凝土及砌块内较大尺寸的贯穿孔口和空开口防火封堵,可根据孔口尺寸直接填入,也可与临时或永久性模板一同灌注,需要时还可与其他增强材料如焊接网、钢筋等配合应用。

(2)防火密封胶和防火泥。防火密封胶和防火泥具有防火、防烟及隔热功能,适用于较小环形间隙和管道公称直径小于 32 mm 的可燃管道的防火封堵,以及电缆束之间间隙的封堵。使用时应清除孔口周边油污和杂物,放入矿棉等背衬材料。

(3)防火填缝胶。防火填缝胶在空气中固化后可成为具有一定柔韧性的弹性体,能够黏结在多种建筑材料表面,具有防火、防烟和伸缩功能。它适用于建筑缝隙、管道贯穿孔口环形间隙的封堵,特别适用于有位移的建筑缝隙封堵。

(4)防火发泡砖、防火塞。防火发泡砖通常是立方体,用于矩形孔口的封堵。防火塞通常是圆柱圆锥形,适用于圆形贯穿开口的封堵。防火塞处在高温、火灾环境中,材料体积膨胀、表面碳化,使用时可用手操作,不需专用工具,还可重复使用,适用于贯穿物常常变更的场所。对于大型洞口的封堵,需要加钢丝网辅助支持。

(5)防火泡沫。防火泡沫适用于施工困难、贯穿物复杂的贯穿孔口的防火封堵。

(6)防火板。防火板包括同质单体、复合体、混合体三种类型,具有防火、隔热性能及承载能力。防火板主要适于较大尺寸贯穿孔口和空开口处,切割后使用具有防火性能的紧固件固定在被贯穿物上即可。

(7)阻火圈和阻火带。阻火圈由具有防腐性能的钢质壳体与内部一个遇火膨胀的条带组成,是预制防火封堵专用装置,有预制型与后置型两种。火灾时,内部条带受热膨胀,挤压管道和周边缝隙,填满燃烧后的残留空隙。

阻火带是一种遇火膨胀的防火封堵材料,遇火时性能与阻火圈类似,但必须直接设置在防火分割构件内或用具有防火性能的专用箍圈固定。

阻火圈和阻火带均适用于公称直径在 32 mm 以上的可燃管道、铝或铝合金等遇火易变形的不燃管道,还可用于封堵熔点不小于 1 000 ℃的金属管道的可燃隔热层。两种材料在应用时需清除孔口周边油污和杂物,并使用防火密封胶封堵管道环形间隙。

## 三、电气照明装置防火措施

电气照明是现代照明的主要方式,电气照明往往伴随着大量的热和高温,若安装或使用不当,极易引发火灾事故。

照明器具包括室内各类照明及艺术装饰用的灯具,如各种室内照明灯具、镇流器与启辉器等。常用的照明灯具包括白炽灯、荧光灯、高压钠灯、高压汞灯、卤钨灯与霓虹灯。

照明器具的防火主要应从灯具选型、安装、使用上采取相应的措施。

### (一)电气照明灯具的选型

电气照明灯具的选型应符合国家现行相关标准的有关规定,既要满足使用功能及照明质量的要求,同时也要满足防火安全的要求。

(1)火灾危险场所应当选用闭合型、封闭型与密闭型灯具。

火灾危险环境根据火灾事故发生的可能性和后果、危险程度及物质状态的不同,分为下述 3 类区域。

A 区:具有闪点高于环境温度的可燃液体,且其数量和配置能引起火灾危险的环境(H-1 级场所)。

B 区:具有悬浮状、堆积状的可燃粉尘或可燃纤维,虽无法形成爆炸混合物,但在数量和配置上能够引起火灾危险的环境(H-2 级场所)。

C 区:具有固体状可燃物质,其数量和配置上能引起火灾危险的环境(H-3 级场所)。

(2)爆炸危险场所应当选用防爆型、隔爆型灯具。

(3)有腐蚀性气体及特别潮湿的场所,应当用密闭型灯具,灯具的各种部件还应进行防腐处理。

（4）潮湿的厂房内和户外可采用封闭型灯具，也可以采用有防水灯座的开启型灯具。

（5）可能直接受外来机械损伤的场所及移动式和携带式灯具，应当采用有保护网（罩）的灯具。

（6）振动场所（如有锻锤、空气压缩机、桥式起重机等）的灯具应当具有防振措施（如采用吊链等软性连接）。

（7）有火灾危险和爆炸危险场所的电气照明开关、接线盒、配电盘等。

（8）人防工程内的潮湿场所应当采用防潮型灯具；柴油发电机房的储油间、蓄电池室等房间应当采用密闭型灯具；可燃物品库房不应当设置卤钨灯等高温照明灯具。

### （二）照明灯具的设置要求

（1）在连续出现或长期出现气体混合物的场所和连续出现或长期出现爆炸性粉尘混合物的场所，选用定型照明灯具有困难时，可以将开启型照明灯具做成嵌墙式壁龛灯，检修门应向墙外开启，并确保有良好的通风；向室外照射的一面应有双层玻璃严密封闭，其中至少有一层必须是高强度玻璃，安装位置不应当设在门、窗及排风口的正上方，距门框、窗框的水平距离应当不小于 3 m，距排风口水平距离应不小于 5 m。

（2）照明与动力合用一电源时，应有各自的分支回路，所有照明线路均应有短路保护装置。配电盘盘后接线要尽可能减少接头；接头应当采用锡焊焊接并应用绝缘布包好。金属盘面还应当有良好接地。

（3）照明电压通常采用 220 V；携带式照明灯具（俗称行灯）的供电电压不应超过 36 V；如在金属容器内及特别潮湿场所内作业，行灯电压不得超过 12 V，36 V 以下照明供电变压器严禁使用自耦变压器。

（4）36 V 以下和 220 V 以上的电源插座应有明显区别，低压插头应无法插入较高电压的插座内。

（5）每一照明单相分支回路的电流不宜超过 16 A，所接光源数不宜超过 25 个；当连接建筑组合灯具时，回路电流不宜超过 25 A，光源数不宜超过 60 个；连接高强度气体放电灯的单相分支回路的电流不应当超过 30 A。

（6）插座不宜与照明灯接在同一分支回路。

（7）各种零件必须符合电压、电流等级，不得过电压、过电流使用。

（8）当明装吸顶灯具采用木制底台时，应当在灯具与底台中间铺垫石板或石棉布。附带镇流器的各式荧光吸顶灯，应当在灯具与可燃材料之间加垫瓷夹板隔热，禁止直接安装在可燃吊顶上。

（9）可燃吊顶上所有暗装、明装灯具、舞台暗装彩灯、舞池脚灯的电源导线，均应穿钢管敷设。

（10）舞台暗装彩灯泡，舞池脚灯彩灯灯泡，其功率均宜在 40 W 以下，最大不应超过 60 W。彩灯之间导线应当焊接，所有导线不应与可燃材料直接接触。

（11）各种零件必须符合电压、电流等级，不得过电压、过电流使用。

## 四、电气装置件的防火

电气装置件包括开关设备、用电设备、保护设备、供电线路等。下面主要讨论常见的一些被广泛应用于生产和生活领域中的低压电器（开关箱、配电箱、隔离开关、接触器、自动空气断路器和控制继电器等)的防火安全问题。

电气装置件最基本的防火工作是电气装置件应安装牢固,配件完整、无损;外壳接地良好,端子温度应符合规定,无发热烧熔痕迹;电气防护和屏障应符合规范安全规定;导线采用额定电压不低于 750 V 的绝缘电线或电缆,接线应排列整齐、美观。

以下是几种电气装置件的防火措施。

### (一)配电箱和开关箱

(1)配电箱箱体应当采用不燃材料,近旁无可燃物。

(2)N 或 PEN、PE(接地)汇流母排分别设置,不混接。

(3)测量 N 或 PEN、PE 电流,不超负荷。

(4)箱内电器无损坏现象,导线排列整齐,端子温度符合规定,无烧蚀痕迹。

(5)箱内电器及保护装置正确完好,接线正确、排列整齐。

### (二)隔离开关

瓷底胶盖隔离开关的特点就是本身并不能切断故障电流,只有采用有熔断器组合电器时,才能够接通和分断电路,熔断器在这里起着过载及短路保护元件的作用。

当隔离开关刀口接触不良、导线与开关端子连接松动时,会由于接触电阻过大引起局部发热,使刀片或导线熔融。如果是三相隔离开关,如果有一相刀片失效或由于熔体熔断没有及时更换修复,被控制电动机会处于单相运行或单相启动的状态,烧坏电动机;使开关分合出现火花和电弧点火源,引起火灾或爆炸。

为了防止隔离开关引起的火灾必须做到下述几点。

(1)根据计算负荷选择隔离开关容量,一般触头额定电流为线路负荷计算电流的 2.5 倍以上。

(2)隔离开关应当安装在有化学腐蚀、灰尘、潮湿场所的室外环境或者专用配电室内的开关箱内,而且安装正确,静触头接电源进线,熔断器装于出线端。

(3)胶盖损坏、触头氧化或者接触松动、瓷底座破裂或手柄损坏以及熔断器熔丝熔断时,均要及时修理或更换。

(4)拉合闸要快捷、迅速,以减少电弧伤害;触头结合要紧密,防止接触不良;操作人员在隔离开关侧面站立,防止电弧灼伤脸部。

### (三)接触器

接触器是一种控制电器,由主触头、辅助触头、电磁机构、灭弧装置、支架及外壳等组成。

因接触器常用于频繁接通和分断电路,能够实现远距离自动或连锁控制,因此控制器必须安全可靠。

(1)接触器触头接触应良好,弹簧压力不能过小,防止接触电阻过大。

(2)电磁机构应灵活,接触器动、静磁辗间隙不能太大,且无振动异声,防止绕组过热烧毁。

(3)灭弧装置不得破损或短缺,防止失效,发生弧光短路;要保持接触器表面清洁,零部件完好、无损。

### （四）自动空气断路器

自动空气断路器在低压配电系统中，是分合、转换、保护线路或电气设备正常运行中，使之免受过载、短路、欠压等危害的。它的结构复杂、功能较多，如果操作使用和维护不当，造成脱扣器或操动机构失灵、接触不良、缺相运行等故障，将会烧坏电气设备，引燃可燃物，形成火灾。所以，不应安装在易燃、受振、潮湿、高温或多尘的场所，应当装于干燥明亮、便于维护操作的地方；断路器脱扣装置类型，一般均设置有过电流脱扣器、热脱扣器、欠压和接地脱扣器、漏电保护断路器。

### （五）控制继电器

控制继电器是电路保护和生产过程自动控制中的重要部件。继电器本身火灾危险性并不大，可是如果发生误动作或失灵，将会使整个控制系统瘫痪，所以应当按照规定认真选择继电器，同时运行中要监视运行状态，注意日常维修。不要将它设置在多尘、潮湿场所，更不得设置在易燃、易爆的场所，防止产生的微小火花引燃易燃、易爆气体或是粉尘。

## 五、电动机防火

如果电动机选型不合理、本身质量差或使用维护不当等均可能造成铁芯、绕组等部件发热而引发火灾。

### （一）电动机的火灾危险性

电动机的具体火灾原因包括以下几个方面。

（1）选型不当。应当根据不同的使用场所选择不同类型的电动机，如果在易燃易爆场所使用了一般防护式电动机，则当电动机发生故障时，产生的高温或火花可引燃可燃或可爆炸物质，引发火灾或爆炸。

（2）过载。当电动机所带机械负载超过额定负载或者电源电压过低时，会造成绕组电流增加，绕组及铁芯温度上升，严重时会引发火灾。

（3）缺相运行。处于运转中的三相异步电动机，若因电源缺相、接触不良、内部绕组断路等原因造成缺相，电动机虽然还能运转，但因绕组电流会增大以至烧毁电动机而引发火灾。

（4）绝缘损坏。因长期过载使用、受潮湿环境或腐蚀性气体侵蚀、金属异物掉入机壳内、频繁启动、雷击或瞬间过电压等原因，造成电动机绕组绝缘损坏或绝缘能力降低，形成相间和匝间短路，因此引发火灾。

（5）接触不良。电动机在运转时如果电源线、电源引线、绕组等电气连接点处接触不良，会造成接触电阻过大而发热或者产生电弧，严重时可引燃电动机内可燃物，进而引发火灾。

（6）铁芯消耗过大。电动机在运行时，因定子和转子铁芯内部、外壳产生涡流、磁滞等，均会形成一定的损耗，这部分损耗叫作铁损。如果电动机铁芯的硅钢片因质量、规格、绝缘强度等不符合要求，使涡流损耗过大而造成铁芯发热和绕组过载，在严重时可引发火灾。

（7）机械摩擦。当电动机轴承损坏时，摩擦增大，出现局部过热现象，润滑脂变稀溢出轴承，进一步加速轴承温度升高。当温度达到一定程度时，会引燃周围可燃物质而引发火灾。轴承损坏严重时可造成定子、转子摩擦或电动机轴被卡住，产生高温或绕组短路而引发火灾。

（8）接地不良。当电动机绕组对发生短路时,如果接地保护不良,会导致电动机外壳带电,一方面可能引起人身触电事故,另一方面致使机壳发热,在严重时引燃周围可燃物而引发火灾。

### （二）电动机的火灾预防措施

（1）合理选择功率和形式。合理选择电动机有两方面的内容:一方面应当考虑传动过程中功率的损失和对电动机的实际功率需求,选择合适功率的电动机;另一方面应当根据使用环境、运行方式和生产工况等因素,特别是防潮、防腐、防尘及防暴等对电动机的要求,合理选择电动机的形式。

（2）合理选择启动方式。三相异步电动机的启动方式包括直接启动、降压启动两种。其中直接启动适用于功率较小的异步电动机;降压启动包括星-三角形启动、定子串电阻启动、软启动器启动、自耦变压器启动及变频器启动等,适用于各种功率的电动机。因此,在使用电动机时应根据电动机的形式、容量及电源等情况选择合适的启动方式。

（3）正确安装电动机。电动机应当安装在不燃材料制成的机座上,电动机机座的基础与建筑物或其他设备之间应留出距离不小于 1 m 的通道。电动机与墙壁之间,或成列装设的电动机一侧已有通道时,另一侧的净距离应当不小于 0.3 m。电动机与其他设备的裸露带电部分的距离不应小于 1 m。

电动机及联动机械至开关的通道应保持畅通,急停按钮应当设置在便于操作的地方,以便于紧急事故时的处置。电动机及电源线管都应有牢固的保护接地,电源线靠近电动机一端必须用金属软管或塑料套管保护,保护管与电源线之间必须用夹头扎牢并固定,另一端要与电动机进线盒牢固连接并做固定支点。

电动机附近不准堆放可燃物,附近地面不应有油渍、油棉纱等易燃物。

（4）启动符合规范要求。电动机启动前应按照规程进行试验和外观检查。所有试验应当符合要求,机械及电动机部分应当完好、无异状。电动机的绝缘电阻应当符合要求,380 V及以下电动机的绝缘电阻不应当小于 0.5 MΩ,6 kV 高压绝缘电阻应不小于 6 MΩ。电动机不允许频繁启动,冷态下启动次数不应当超过 5 次,热态下启动次数不应当超过 2 次。

（5）应设置符合要求的保护装置。不同类型的电动机应当采用相适合的保护装置,如中小容量低压感应电动机的保护装置应具备短路保护、过载保护、堵转保护、低压保护、断线保护、漏电保护、绕组温度保护等功能。

（6）加强运行监视。电动机在运行中应当对电流、电压、温升、声音、振动、传动装置的状况等进行严格监视,当上述参数超出允许值或出现异常时,应当立即停止运行,检查原因,排除故障。

（7）加强电动机的运行维护。电动机在运行中应当做好防雨、防潮、防尘和降温等工作,保持轴承润滑良好,电动机周围应当保持环境整洁。

## 六、插座、照明开关和风扇的防火

### （一）插座

（1）插座的使用条件。同场所交流与直流电压插座应当分开安装,用电时也不能插错,主要是为了防止损坏设备,危及人身安全;在潮湿场所要有防水、防溅密封措施,而且安装高度不低于 1.5 m;地插座面板与地面齐平或是紧贴地面,盖板固定牢固,密封良好,并有座盖;安置在可燃结构上的暗装插座要有专用接线盒,面板紧贴墙面,四周无缝隙,安装牢固,表面光洁、无裂纹、无划伤,装饰帽齐全,且有隔热、散热措施。卫生间应当使用防护型。

(2)插座的移动。电源线要通过插头与固定插座插孔连接,不应当将电线导体直接插入插孔,更不应该用木塞在插孔中固定导体,护套线长度不大于 2 m;严禁放置在可燃物上或吊装使用;组合插座不超负荷。

(3)插座的接线。为了保证线路正常工作和用电安全,统一插座接线位置,特别是三相五线制的普遍应用,N 或接零(PEN)不能混同,除变压器中性点可互连外,其余各点均无法相互连接。因此,规定单相两孔插座面对插座右(上)孔与相线连接,左(下)孔与零线连接;单相三孔插座面对插座左孔与零线连接,右孔与相线连接;单相三孔、三相四孔及三相五孔插座的 PE(零线)或 PEN(接零)在上孔。插座地线端子不与零线端子连接。同一场所三相插座的接线相序一致。PE 端子或 PEN 线在插座之间不串联连接。

(4)插座的外观。无论移动插座、固定插座板或插头,外观均应当无发热、烧损、缺件现象。

(5)儿童聚集地点插座的高度。在托儿所、幼儿园、小学等儿童活动场所安装的非安全性插座,距离地面高度应不小于 1.8 m。

(二)照明开关

同一建(构)筑物中,开关系列相同,通断位置应一致,操作应灵活、接触应可靠;相线要经过开关控制,床头开关不得用软线作为控制线;暗装开关面板应紧贴墙面,配件齐全、无损,固定牢固,四周没有缝隙,无打火过热烧痕,有隔热、散热措施。

(三)风扇

(1)吊扇挂钩安装牢固,有防振橡胶垫,挂销防振零件齐全、可靠,防止坠落。

(2)接线正确,运转扇叶没有明显颤动及异常声音。

(3)壁扇底座应当采用尼龙塞或膨胀螺栓固定,而且要固定牢固、可靠。

(4)壁扇防护罩扣紧、牢固,在运转时扇叶及防护罩没有明显颤动及异常声音。

## 七、电缆防火和阻燃的方法

### (一)电缆火灾特点

电缆火灾具有蔓延快、火势猛、扑救难、损失严重等特点。因电缆火灾的教训,目前已得到设计、施工、使用部门的高度重视。

1.火势凶猛,延燃迅速

电缆绝缘本身就是一种易燃物,尤其是塑料电缆更易蔓延。发电厂、变电站、大型工厂、城市隧道等处电缆数量多,且采用架空和隧道、缆沟密集敷设,有的还处于高温管道重叠或交错设置的环境中;电缆在电缆夹层内的敷设像蜘蛛网样纵横交错;电缆竖井形成的高差又有"烟囱效应"存在。一旦着火,凶猛的火焰将沿电缆束群快速延燃,再加上空间狭小,消防器具难以发挥灭火作用。

2.扑救困难,二次危害

目前,工程中使用的大多是普通塑料电缆,它不仅易燃而且着火时要产生大量的烟雾和 $CO$、$CO_2$ 等有毒有害气体以及氯化氢腐蚀性气体。氯化氢气体往往通过缝隙和孔洞蔓延到电气装置室内,形成稀盐酸附着在电气装置上,相当于一层导电膜,严重影响了设备和接线回路的绝缘性。这层氯化氢导电膜很难清理干净,即使在火灾扑灭后,仍会影响设备及接线回路的安全运行,即氯化氢的二次危害。

3. 损失严重,不易恢复

电缆火灾事故将导致大量电缆、盘柜等电气设备以及装置设施烧毁,控制回路失灵扩大事故范围,甚至主设备损坏、厂房坍塌,造成严重直接损失。

### (二)电缆火灾原因

常见的电缆火灾原因有内因与外因两种,内因是指电缆自身故障引起的火灾,外因是指引燃电缆的火源或火种来自外部。根据统计,引起电缆火灾的原因大多源于外部。

1. 外因火灾

(1)电缆沟盖板不严,预制板之间的缝隙没有封死,或是沟内混入了油泥、木板等易燃可燃物品。在地面进行电、气焊作业时,电焊渣火花掉落沟内引燃电缆绝缘或易燃可燃物而。

(2)充油电气设备故障喷油起火,油火流入电缆沟引燃电缆。例如,变压器保护装置拒动发生爆炸起火,火焰沿电缆孔洞、电缆夹层蔓延到控制室,使主控室全部烧毁。

(3)电缆排上堆积的粉尘(煤粉)受电缆本身温度或靠近高温管道温度的作用,自燃并且引燃电缆着火。

(4)发电厂汽轮机油系统漏油,喷到高温管道上着火,将附近的电缆引燃。

(5)锅炉防爆门爆破,锅炉热灰渣喷到附近的电缆上,导致电缆着火。

2. 内因火灾

(1)电缆截面选型偏小和实际负荷不匹配、施工中局部接入了比设计截面小的电缆或原设计电缆截面损伤、运行中使用负荷增加等均会使电缆处于过负荷状态,使沿线或局部温度大于允许值,形成点火源。

(2)因施工中机械损伤或接触不良使电缆绝缘(护套、统包)层或接头包扎绝缘胶布过热、使用年久、老化、超过绝缘寿命期等均会使绝缘失效。在一定条件下电流泄漏甚至短路,产生火花、电弧,将绝缘层或周围可燃物点燃。

(3)电缆头是电缆线路的终端接头与电缆中间接头的总称。电缆头因为施工质量差或运行中受到污染而不清洁,会降低线间绝缘强度,使得绝缘物自燃或爆炸。

(4)电缆接头连接不规范,违规绕接、虚接,压接不牢,发生松动,没有实施铜铝过渡等,都会造成电缆局部产生过热、炽热现象,形成点火源。

(5)电缆制造质量差、施工不规范、没有设计和验收程序及违章操作使用也会引起电缆火灾。

### (三)电线电缆的选择及电气线路的保护措施

电气线路是用于传输电能、传递信息和宏观电磁能量转换的载体,电气线路火灾除了由外部的火源或火种直接引燃之外,主要是因自身在运行过程中出现的短路、过载、接触电阻过大及漏电等故障产生电弧、电火花或电线、电缆过热,引燃电线、电缆及其周围的可燃物而引发的火灾。通过对电气线路火灾事故原因进行统计分析,电气线路的防火措施主要应当从电线电缆的选择、线路的敷设及连接、在线路上采取保护措施等方面入手。

1. 电线电缆的选择

(1)电线电缆选择的一般要求。根据使用场所的潮湿、化学腐蚀、高温等环境因素及额定电压要求,选择适宜的电线电缆。同时,根据系统的载荷情况,合理选择导线截面,在经计算所需导线截面基础上留出适当增加负荷的余量。

(2)电线电缆导体材料的选择。固定敷设的供电线路应选用铜芯线缆。重要电源、重要的操作回路及二次回路、电机的励磁回路等需要确保长期运行在连接可靠的回路;移动设备的线路及振动场所的线路;对于铝有腐蚀的环境、潮湿环境、高温环境、爆炸及火灾危险环境;工业及市政工程等场所不宜选用铝芯线缆。非熟练人员容易接触的线路,比如公共建筑与居住建筑;线芯截面为 6 mm² 及以下的线缆不宜选用铝芯线缆。对于铜有腐蚀而对铝腐蚀相对较轻的环境、氨压缩机房等场所宜选用铝芯线缆。

(3)电线电缆绝缘材料及护套的选择。

①普通电线电缆。普通聚氯乙烯电线电缆适用温度范围是 -15~60 ℃,当使用场所的环境温度超出该范围时,应当采用特种聚氯乙烯电线电缆;普通聚氯乙烯电线电缆在燃烧时会散放有毒烟气,不适用于地下客运设施、地下商业区、高层建筑及重要公共设施等人员密集场所。

交联聚氯乙烯(XLPE)电线电缆不具备阻燃性能,但燃烧时不会产生大量的有毒烟气,适用于有"清洁"要求的工业与民用建筑。

橡皮电线电缆弯曲性能较好,能在严寒气候下敷设,适用于水平高差大和垂直敷设的场所;橡皮电线电缆适用于移动式电气设备的供电线路。

②阻燃电线电缆。其是指在规定试验条件下被燃烧,能够使火焰蔓延仅在限定范围内,撤去火源之后,残焰和残灼能够在限定时间内自行熄灭的电缆。

阻燃电线电缆的性能主要用氧指数和发烟性两指标进行评定。因为空气中氧气占 21%,所以氧指数超过 21 的材料在空气中会自熄,材料的氧指数越高,则表示它的阻燃性越好。

阻燃电缆燃烧时的烟气特性可以分为一般阻燃电缆、低烟低卤阻燃电缆、无卤阻燃电缆 3 大类。电线电缆成束敷设时,应当采用阻燃型电线电缆。当电缆在桥架内敷设时,应当考虑将来增加电缆时,也能够符合阻燃等级,宜按近期敷设电缆的非金属材料体积预留 20% 余量。电线在槽盒内敷设时,也应按此原则来选择阻燃等级。在同一通道中敷设的电缆,应当选用同一阻燃等级的电缆。阻燃和非阻燃电缆也不应在同一通道内敷设。非同一设备的电力与控制电缆若在同一通道时,应互相隔离。

直埋地电缆、直埋入建筑孔洞或砌体的电缆及穿管敷设的电线电缆,可以选用普通型电线电缆。敷设于有盖槽盒、有盖板的电缆沟中的电缆,如果已采取封堵、阻水、隔离等防止延燃的措施,可以降低一级阻燃要求。

③耐火电线电缆。其是指规定试验条件下,在火焰中被燃烧一定时间内能够保持正常运行特性的电缆。

耐火电线电缆按绝缘材质可以分为有机型和无机型两种。有机型主要是采用耐高温 800 ℃的云母带以 50% 重叠搭盖率包覆两层作为耐火层。外部采用聚氯乙烯或交联聚乙烯为绝缘,如果同时要求阻燃,只要绝缘材料选用阻燃型材料即可。加入隔氧层后,可耐受 950 ℃高温。无机型是矿物绝缘电缆。它是采用氧化镁作为绝缘材料,铜管作为护套的电缆,国际上称为 Ml 电缆。

耐火电线电缆主要适用于即使在火灾中仍需要保持正常运行的线路,如工业及民用建筑的消防系统、应急照明系统、救生系统、报警以及重要的监测回路等。

耐火等级应根据一旦火灾时可能达到的火焰温度确定。在火灾时,因环境温度剧烈升高,导致线芯电阻的增大,当火焰温度为 800~1 000 ℃时,导体电阻增大 3~4 倍,此时,仍应确保系统正常工作,需要按照此条件校验电压损失。耐火电线电缆也应考虑自身在火灾时的机械强度,因此明敷的耐火电线电缆截面积应当不小于 2.5 mm²。应当区分耐高温电线电缆与耐火电线电缆,耐高温电线电缆只适用于调温环境。一般有机类的耐火电线电缆本身并不阻燃。如果既需要耐火又要满足阻燃,应当采用阻燃耐火型电线电缆或矿物绝缘电缆。普通电缆及阻燃电缆敷设在耐火电缆槽盒内,并不一定满足耐火的要求,在设计选用时必须注意这一点。

2. 电气线路的保护措施

为了有效预防因电气线路故障引发的火灾,除合理地进行电线电缆的选型外,还应当根据现场的实际情况合理选择线路的敷设方式,并按照有关规定规范线路的敷设及连接环节,确保线路的施工质量。此外,低压配电线路还应当按照《低压配电设计规范》(GB 50054—2011)等相关标准要求设置短路保护、过负载保护与接地故障保护。

(1)短路保护

短路保护装置应确保在短路电流导体与连接件之间产生的热效应和机械力造成危害之前分断此短路电流;分断能力不应小于保护电气安装的预期短路电流。但在上级已装有所需分断能力的保护电气时,下级保护电路的分断能力允许小于预期短路电流,此时次上下级保护电器的特性必须配合,使得通过下级保护电器的能量不超过其能够承受的能量。应当在短路电流使导体达到允许的极限温度之前分断该短路电流。

(2)过负载保护

保护电器应当在过负载电流引起的导体升温对导体的绝缘、接头、端子或导体周围的物质造成损害之前分断过负载电流。对于突然断电比过负载造成的损失更大的线路,如消防水泵之类的负荷,其过负载保护应当作为报警信号,不应作为直接切断电路的触发信号。

(3)接地故障保护

当发生带电导体与外露可导电部分、装置外可导电部分、PE 线、PEN 线、大地等之间的接地故障时,保护电器必须切断此故障电路。接地故障保护电器的选择应当根据配电系统的接地形式、电气设备使用特点及导体截面等确定。

TN 系统接地保护方式:

(1)当灵敏性符合要求时,采用短路保护兼做接地故障保护。

(2)零序电流保护模式适用于 TN-C、TN-C-S 与 TN-S 系统,不适用于谐波电流大的配电系统。

(3)剩余电流保护模式适用于 TN-S 系统,不适用于 TN-C 系统。

(四)电缆敷设、施工与运行

1. 电缆敷设要求

(1)远离热源和火源。缆道要尽量远离热源、火源,其最小距离若不符合规定数值,应在接近或交叉后 1 m 处采取保护措施。可燃气体和可燃液体管沟内不得敷设电缆,敷设在热力和采暖管沟的电缆应有隔热措施。

(2)防止遭受机械和化学损坏。电缆应尽可能避免机械损伤、化学腐蚀、地下流散电流腐蚀、水土锈蚀、蚁鼠害等的损坏。在可能受机械损伤及机械振动影响的地方,电缆应穿入金属管或电缆外设置金属防护罩。用专用滑轮施放电缆时,其机械施放速度不得超过 8 m/min,并禁止在地上拖拽电缆,以防损伤绝缘层。

(3)线路要短。电缆线路路径要短,位置应顾及已有或拟建房屋的情况,避免和热力及其他各种管线的交叉。严禁将各路电缆平行敷设在管道的上部或下部。

(4)施放位置、间距、接地与防火处理。并列施放的动力电缆相互之间需保持一定间距,有利于散热,电缆在沟内应敷设在电缆支架上,不能在沟底交错施放。电缆所有金属保护层需接地并良好地引入主接地网。对钢带铠装电缆应剥除其黄麻保护层,以降低火灾蔓延的危险性,但是防腐漆层应保持完好。

2. 各种电缆敷设方式的防火要点

(1)电缆桥架。为防止隧道(沟)内的积水和电缆与地下管沟交叉相碰问题,可将电缆设置在桥架上,封闭桥架有利于防火、防爆。在分界层的动力电缆,应用防火隔板托衬其层底。

(2)电缆隧道、电缆沟。电缆隧道是用来安放电缆的一种封闭狭长的构筑物,高 1.8 m以上,两侧设置有多层敷设电缆的支架,其上可以放置多条电缆,人可以在隧道内方便地施放、更换和维修电缆。电缆沟是有盖板的沟道,沟宽和深不足 1 m,施放、更换及维修电缆时,必须揭开水泥盖板。电缆隧道(沟)内易于积水、积灰。

电缆隧道(沟)在进入建筑物处,或是在电缆隧道每隔 100 m 处,应设置带门的防火隔墙,电缆沟只设隔墙,防止电缆火灾时烟火向建筑物室内蔓延扩大,同时还可以避免小动物进入。如果要在隧道(沟)内同时敷设动力和控制电缆,应将两类电缆各占隧道(沟)的一侧;必须同侧敷设时,动力电缆应在电缆桥架上层,控制电缆在桥架下层。

隧道(沟)内应尽可能采用自然通风措施以利散热,当隧道电缆热损失超过 150～200 W/m 时,应考虑设置机械通风。

(3)电缆竖井。竖井是电缆敷设的垂直通道,多用砖与混凝土砌筑而成。为满足大量电缆垂直敷设的要求,在发电厂的主控室、高层建筑的层间均应建造竖井。竖井在地面或每层的楼板处,往往设有封闭式防火门,底部和隧道(沟)相连。发电厂竖井为方便与隧道(沟)相连,多靠墙或柱子建造。高层建筑竖井通常位于电梯井两侧和楼梯走道附近,由每层配电小间连接形成。火焰在竖井内蔓延非常快,因此每层楼板都应隔开,电缆在楼板及墙上的贯穿孔洞,必须用防火材料封堵。

动力与控制电缆在同一竖井敷设时,两类电缆应占据竖井的对侧,并分别用防火隔板遮盖。

(4)电缆排管。为防止机械损伤并有效防火,可将电缆敷设在排管中,但是这样做散热差,易于使电缆发热,且排管孔眼电缆的占积率不得大于 66%。排管敷设在高于地下水位1 m 处时,材料可采用石棉水泥管或混凝土管;在潮湿地区,为防止电缆铅层受到化学腐蚀,可用 PVC 塑料管。为避免电缆着火延燃,地下全部用排管敷设,地上部分用阻燃电缆架空设置、地上、地下由竖井相通。

(5)电缆穿管。电缆在出入建、构筑物及贯穿楼板和墙壁的位置,与铁路、公路交叉处及从电缆沟(或地下)0.25 m 处至引出地面的 2 m 处等都应穿管保护,保护管可选用水煤气管。对腐蚀性场所可采用 PVC 塑料管,管径应大于电缆外径的 1.5 倍,保护管的弯曲半径需不小于所穿电缆的最小允许弯曲半径。

(6)壕沟(直埋)。壕沟就是将电缆直接埋在地下,可防火但容易受机械损伤及化学腐蚀和电腐蚀,敷设电缆不多时可以选用这种方法。施工时埋深不得小于 0.7 m,电缆和建筑物基础的距离应不小于 0.6 m;电缆引出地面部分应采取机械保护,与各种管线、铁路、公路的接近交叉距离需符合规定。

### (五)防止电缆着火延燃的措施

目前,防止电缆着火延燃的主要方法包括以下几种。

#### 1. 阻止延燃

通常用涂覆防火涂料或缠绕阻燃包带的方法来阻止电缆延燃。用膨胀型防火涂料对电缆进行阻燃处理,阻止着火电缆延燃。其机理是涂覆于电缆表面的防火涂料,在受到火星或是火种作用时,很难引燃;受到高温或明火作用时,涂层则吸收热能,其中部分物质因受热分解而高速率地产生不燃气体,如 CO 和水蒸气,使涂层薄膜发泡并慢慢鼓起,形成致密的碳化泡沫。此泡沫具有排除氧气和对电缆基材的隔热作用,进而阻止了热量的传递,防止火焰直接烧到电缆,推迟了电缆的着火时间,在一定的条件下还可以将火阻熄。在应用中可根据需要用防火涂料对电缆实施全涂、局部涂覆、局部长距离大面积涂覆。

(1)对电缆实施全涂,沿电缆全线涂刷膨胀型防火涂料。

(2)对电缆实施局部涂覆。为了增大隔火距离,防止窜燃,对阻火墙一侧或两侧的电缆段,可以根据其数量及型号的不同,分别涂 0.5~1.5 m 长距离的涂料。电缆明敷设时,电缆接头两侧各 2~3 m 区段以及沿该接头电缆并行敷设的其他电缆同一长度内,涂刷厚度不小于 1 mm 的防火涂料,为确保质量,应当分 3~4 次涂刷,每次间隔 4 h。

(3)对电缆实施局部长距离大面积涂覆。对邻近易着火部位的锅炉本体、煤粉防爆门、汽轮机机头及热、油路管道等处,架空敷设于难燃槽盒的电缆(主要是热控电缆)可以采用长距离大面积涂覆,对成束控制和热控电缆,可以只涂电缆束的外层。涂覆厚度可根据不同场所、不同环境、电缆数量及其重要性,作适当增减,通常以 1.0 mm 左右为宜,最少 0.7 mm,多则 1.2 mm。涂覆比为 1~2 kg/m$^2$。在需要阻燃处理的电缆段,如电缆头部位可用阻燃包带缠绕。

无论是哪一种涂覆,在施工中,涂料品种、涂刷位置、长度、面积与施工设计要求相符。且涂层光滑、完整、无结皮、龟裂现象。

#### 2. 防火分隔

对电缆设置防火分隔就是设置防火墙、阻火段及阻火夹层等,将着火电缆控制在一定电缆区段,以缩小电缆着火范围。通常在电缆隧道(沟)、电缆井、电缆桥架的下列部位均应做防火分隔(不同厂房或车间交界处、进入室内处,不同电压配电装置交界处,不同机组及主变压器的缆道连接处,隧道与主控、集中控制室、网络控制室连接处)。长距离隧道每隔 100 m 处,电缆隧道和重要回路的电缆沟中的适当部位应当设防火墙。对长距离的电缆竖井可以用阻火夹层分隔,对高层建筑竖井可以用每层的楼板分隔。中间电缆头处可设阻火段,达到阻燃目的。

两组或多组电缆交叉敷设时,在将电缆理顺的同时,交叉处的电缆应用防火包分层间隔堆砌实施分隔,以阻止火焰传播。沿多层桥架敷设的电缆,宜用耐火隔板分隔,邻近外部火源的桥架宜将电缆敷设于耐火槽盒中或用防火包保护。

防火隔板或槽盒的规格和安装符合设计要求,安装平整、美观、无裂缝、无破损;槽盒或隔板上的电缆平整、无扭结、无绝缘破损;槽盒电缆接地良好,接地点位置、间距及接地电阻符合设计要求。

### 3. 防火封堵

将电缆隧道(沟)、竖井、电缆夹层等电缆构筑物中电缆引致电气柜、箱、表盘或控制屏、控制台的开口部位,电缆贯穿墙壁、楼板和盘柜的孔洞,必须采用耐火材料严密封堵。包括公用电缆主隧道或电缆沟内引接的分支处、桥架电缆穿墙处与竖井接口处等。决不能用木板等易燃物品乘托或封堵,防止火焰从孔洞向非火灾区蔓延。

封堵常用的材料有有机和无机防火堵料、防火包(防火枕)与防火网3种。

防火包和防火网主要应用在既防火又通风的部位。电缆正常运行时可保持良好的通风条件,火灾时在火灾热的作用下,因其膨胀作用可将孔洞堵死,阻止火灾蔓延。因封堵会使电缆的散热能力降低,影响电缆的载流量,这是一个不影响电缆载流量的有效措施。

堵体表面应当光滑、平整,无裂缝、气孔。堵体与电缆及构筑物周边接触良好、无缝隙。防火包无论在电缆交叉点封堵码放,还是在电缆桥架靠近热源或泄压口进行分层错缝码放、竖井码放,都应该码放整齐、美观,每层接缝确已错开,与封堵口轮廓严密接触,码堆牢靠、稳定;防火包无破损和漏粉。

## 八、家用电器防火措施

### (一) 电热毯

(1)不使用无检验合格证的粗制滥造、没有安全措施的产品。避免因质量不合格,比如电热线太细、绝缘性能低、接头连接不良或褥用布料不阻燃,而形成触电火灾伤亡事故。

(2)第一次使用前需仔细阅读说明书,注意电热毯的使用电压。不得将220 V照明灯用电源电压,误接到电热褥的36 V或24 V的安全电压上。并且在初次(或因为长期搁置再次)使用时,连续通电1 h后,监视观察无异常现象,确定安全时再用。

(3)使用时宜上、下各铺一层毛毯或棉褥平铺在床板上,不得固定一个位置来回折叠。用直线型电热线制成的电热毯,禁止在席梦思床或钢丝床上使用,因为电热线受拉搓揉容易断裂,引发火灾。

(4)通电后使用中不能远离放松监视,发现不热或其他异常现象,应迅速断电检修。对无温控的普通电热毯,当温度达到取暖温度时,应切断电源。

(5)使用中临时遇到停电,要断开电源,防止来电长期通,电温度升高着火。

(6)注意电热毯受潮使用,湿水受潮时应晾干再用。污脏清洗时不能用手搓揉,防折断电热线。

### (二) 空调器

(1)窗式空调器的安装支架、隔板、遮阳罩需采用非燃材料。安装时要内高外低,向外稍微倾斜,防止雨水进入内部部件,受潮短路。

(2)窗帘布要和空调器保持一定距离,更不能遮盖在空调器的电源插座上。为防止空调器着火引燃窗帘布形成蔓延,窗帘布应选用阻燃性织物。

(3)空调器在使用中禁止短时连续通断电源,停电或停机要拔下插头,并将开关置于"停"的位置。用电热型空调器制热,关机时必须切断电源。需冷却的应坚持冷却2 min。

(4)空调器要保持清洁,定期清洗空气过滤器。要向风扇电动机定期添加润滑油,发现有异常气味、声音或冒烟应立刻停机检查。

（三）电视机

（1）电视机应放置在有良好通风散热位置的地方,禁止放置在柜橱内,后盖距墙要保持10 cm 以上的间距距离。更不得靠近火炉或暖气管,收看电视时间应控制在 4~5 h 内,防止机内温度过高。电视机周围要保持干燥,禁止放在雨水容易飞溅的窗户处,如果发现受潮应开机自热驱潮。

（2）电源电压的波动范围不得超过额定电压(220 V)的±5%,即最高 230 V,最低 209 V的技术要求。收看完电视后需关掉电视本机电源开关,同时拔掉供电电源插头。

（3）为避免电视机故障爆炸着火,收看中若遇到以上情况应立即关掉电源,停止收看并进行处理。

（四）电饭煲

（1）在厨房内应放在基座下没有可燃材料的专用地方,周围也不能有易燃、可燃物品,更不能靠近液化气瓶或天然气管道。

（2）应使用厨房内的专用插座及专用耐热电线,而且要连接牢固,用后关闭电源,拔下插头。不得私拉电线或与其他电器合用电源。

（3）保持电饭煲的完好状态并按规定使用。

（五）电冰箱

冰箱冷凝器和墙保持一定距离,后面要干燥通风,禁止塞放可燃物,电源线也不要与冷凝器和压缩机接触。冰箱内不应存放化学危险品,若要存放,容器必须密封,严防泄漏,以免内置温控开关因火花点燃而爆炸;控制开关失灵检修,断电后至少要过 5 min 方可重新启动。

（六）洗衣机

（1）洗衣前应接好接地线,接通电源电动机不转时,应立即断电检查,排除故障,若是定时器或选择开关接触不良应停止使用。使用中应经常检查电源线的绝缘,看有没有老化裂纹或破损的地方,以及漏水等可能使电动机、电线受潮漏电。

（2）洗涤衣服前,要确定钥匙、小刀、硬币和其他金属物从衣袋中拿出;放入的洗涤衣服重量不能超过洗衣机的额定容量;更不能为了去除油污,将汽油倒入洗衣机内。

（七）吸尘器

（1）吸尘器功率较大应用专用插座,不宜与其他电器一同使用,要避免线路过负荷;使用时间也不要过长,手摸桶身外壳烫手时须停止使用,防止电动机被烧坏、着火;不能用水洗涤吸尘器主体部件,也不能吸烟缸和废纸篓内的杂物,防止电动机、线路受潮或铁丝、玻璃碎片损坏电器绝缘漏电;使用完毕断开电源,拔下插头。

（2）在地面上洒落有香蕉水、汽油等可燃气体或是房间内有液化气、天然气易燃气体泄漏时,不可使用吸尘器从事吸尘工作,防止发生爆炸事故。

（八）电风扇

电风扇的电源电压应符合产品说明书的要求,使用前要检查电源线路,看其是否存在破损漏电可能。放置位置应防晒、受潮,固定要牢靠,不能靠近窗帘等可燃物。发现异常现象应切断电源,查明原因。

### (九) 家用电热电器

值得关注的是即使停止使用拔掉电源还有余热存在,这一点常常给人以错觉,把刚断电不用的电热器具放在可燃物上,或将可燃物放置在电热器具上引发了火灾。

1. 电熨斗

(1) 使用前应检查插头是否完好,导线有无折断,绝缘损坏线芯裸露现象。

(2) 使用中应适宜控制熨烫温度。对普通型应根据衣物纤维种类及经验调节通电时间,对调温型调温旋钮位置要与熨烫衣物纤维名称相对应,防止温度过高熨坏衣物,碳化着火。在使用中有麻电感觉或恒温器失灵,应及时停用修复。

(3) 电熨斗熨烫衣物完后,要拔下插头,禁止放在可燃物上,避免余热着火。

2. 电吹风

电吹风是给电热丝通电,使其产生热能将空气加热,然后用电动机把已加热的空气吹至要烘干的头部。功率通常为 300~1 000 W。如果部件受潮会产生漏电,应用不当还会引发火灾。因此,电吹风在通电使用时,不能随手将其放在木台板、桌凳、沙发、床垫等可燃物上。用完断电拔下插头。

3. 电炉与电取暖器

电炉与电取暖器都是电加热器具,正常通电使用时温度很高,因此,必须与可燃物保持一定距离,防止热辐射引燃可燃物,更不能用于烘干衣服或把衣服等可燃物放置覆盖其上。使用结束拔去电源后,因为余热散去需要一段时间,所以不能错误地将可燃物放在其上,或将其搁置在木板等可燃物上,避免余热引起火灾。

# 第五章 消防远程监控系统工程建设与监控

## 第一节 网络视音频监控

网络视音频监控就是通过有线、无线 IP 网络、电力网络把视频信息以数字化的形式来进行传输。只要是网络可以到达的地方就一定可以实现视频监控和记录,并且这种监控还可以与很多其他类型的系统进行结合。

### 一、网络视音频监控的发展历史

我国网络视频音频监控的发展大致经历三个阶段,早期由安防产品演化而来的闭路视频监控系统是我国第一代模拟视频监控系统,也可以称为闭路监视系统。

到了九十年代中期,一种基于 PC 机插卡式的视频监控系统的出现,尽管初步实现了数字化,但囿于图像质量、稳定性以及远程传输监控等技术方面的不足,使这种第二代视频监控系统仍仅作为安防产品应用户某些特定行业的日常监控。

直至 20 世纪 90 年代末,随着计算机、网络、通信技术的日趋成熟,各种实用型视频技术的不断完善,以嵌入式技术为依托,以网络、通信技术为平台,以智能图像分析为特色的数字化网络视频监控系统才从根本上使视频监控从幕后走向广前台,成为当今视频监控最先进的技术代表,用领着视频监控未来的发展方向。

### 二、网络视音频的组成部分

网络视频监控系统总体上分为前端接入、媒体交换以及用户访问三个层次,具体由前端编码单元、中心业务平台、网络录像单元、客户端单元以及解码单元组成。

#### (一)前端编码单元

前端编码单元位于前端接入层,它通过数据通信网络接入中心业务平台,用于实现监控点视音频信息和报警信息的采集、编码、传输以及外围设备(如摄像机、云台、矩阵等)的控制。前端编码单元具体设备包括视频服务器、网络摄像机、DVR 等。

#### (二)中心业务平台

中心业务平台位于媒体交换层,是整个网络视频监控系统的核心,逻辑上需要实现用户接入认证、系统设备管理、业务功能控制以及媒体分发转发等功能。在分级应用环境下,中心业务平台需要支持多级级联功能,中心业务平台在实现上可以基于"服务器+平台软件"方式,也可以基于嵌入式硬件方式。

### (三)网络录像单元

网络录像单元位于媒体交换层,用于实现网络媒体数据的数字化录像、存储、检索、回放以及管理功能。网络录像单元可以通过中心业务平台外接存储设备的方式来实现,也可以通过"服务器+录像软件+存储设备"的方式来实现 c 网络录像单元需支持分布式部署。

### (四)客户端单元

客户端推元是远程图像集中监控和维护管理的应用平台,是基于 PC 的监控客户端业务软件,可采用 B/S 或 C/S 架构,主要实现用户登录、图像浏览、录像回放、辅助设备控制、码流控制等业务功能。

### (五)解码单元

解码单元即视频解码器,主要负责在客户端单元的控制与管理下,实现前端监控信号解码输出,输出后的模拟视频信号可直接送至监视器、电视机等图像显示设备。

## 三、网络视音频监控的传输方式

在一般的监控系统中传输技术主要有六种基本传输方式,各种方式都有不同的特点及实用性然而面对高清应用的超大数据量带宽以及实时性的要求,目前只有两种传输方式在高清传输中得到认可,一种是采用光纤专线传输:这是解决长距离高清视频监控高速传输系统的最佳解决方式,原因是光纤传输优点很多衰减小、频带宽、不受电磁波干扰、保密性好,缺点是长距离高成本;第二种是网络传输:但随着网络技术的飞速发展,及视频监控系统的特殊要求和经济性考虑,网络传输也已成为长距离音视频传输的不二选择和最经济型选择。

高清视频在网络传输中,主要限制来自带宽,加强带宽建设是解决传输高清和网络带宽问题的必然途径。以 100 M 以太网为例,在确保流畅的前提下,实际上同时只能承载 5 路左右的高清图像。如果同一视频源有多个用户访问,占用的带宽会更大。随着目前网络传输技术的迅猛发展,局域网也逐渐朝 1 000 M 甚至 10 000 M 方向发展。同时,如果采用光网传播,甚至可以使带宽达到数 G(1 G≈1 024 M)以上。解决这些问题,高清监控才能得到淋漓尽致的发挥。

## 四、网络视音频监控的优势

与传统的视频监控相比,网络视频监控更便于计算机进行视频信息的压缩、储存、分析、显示以及报警等自动化处理,从而实现无人值守;通过网络平台实现远距离监控,即使是数千公里外也能达到亲临现场的效果;利用先进的软件系统不仅在几分钟内便可完成传统视频监控中大量的数据分析,提高了监控效率,且能获得更为逼真、清晰的数字化图像质量与更为便捷、实用的监控管理和维护。总之,网络视频监控是一项集计算机、网络、通信以及视频编解码等多项高新技术的整合产品。

通常模拟摄像机后面需要连很多的线,分别传输视频、音频信节模拟信号在后端的处理和管理也存在诸多弊端,在数字化管理平台中,模拟信号需要首先被转化成数字信号存储、归档、查询,到调阅查询时,又往往需要被还原成模拟信号面临实时查询、跨部门实时信息共享等复杂需求时,模拟视频监控数据处理的低效之弊更是暴露无遗。

网络视音频监控主要的优势如下。

### (一)远程监控效率更高

如果需要实现跨地域远程监控,就应该首选网络视频监控系统当然,某些硬盘录像机也具有网络传输的功能,但硬盘录像机是着重于本地录像,远程传输的效率远不及网络摄像机、网络视频服务器,软件功能也不大完善。而网络摄像机、网络视频服务器,是专为实现远程监控而设计,网络传输效率非常高,而且其客户端软件也比录像机的软件要专业、好用得多。

### (二)远程监控成本更低

网络视音频系统可以利用原有局域网,无须另布视频线,传统监控系统的实施是要专门铺设视频线、音频线、控制线的。而大型企事业单位,通常占地面积很大,铺设这些线路费时、费力、费钱,而网络监控系统则无须专门布线,可以利用企业原有的局域网来传输视频、音频以及控制信号,安装方便很多。可多人同时监控,无须上监控中心。而传统监控系统需要专门设置一个监控中心,单位的管理者如果要查看监控画面或查看录像资料,必须跑去监控中心如果安装网络视频监控系统,则管理者可在自己的办公室,用自己的电脑监控实时画面或查看录像资料而且多位管理者均可各自监控,互不影响。

### (三)多路图像集中管理

在传统的监控系统中,每台硬盘录像机最多只能管理 32 路图像,而网络视频监控则大大跨越这个限制,一台电脑主机可以管理上千路图像,充分发挥出集中管理的优势,使得各种大范围的、专业化的远程监控工作成为可能。

### (四)分布式架构,易安装、易扩展

传统监控系统采用的是集中式架构,将所有视频线、音频线、控制线拉到监控中心,如要增加摄像机则需再布线。如果想搬迁监控中心,则工程浩大。而网络视频监控系统是采用分布式架构,各个网络摄像机、视频服务器分布在单位中的不同地方,而监控录像主机也可设在单位内的任何地方,接上网线即可。要增加摄像机、转移监控主机,可以随意进行,完全没有制约。

### (五)多重功能集于一体

网络化视音频监控系统集合了监听、广播、报警、远程控制等,网络视频监控产品不仅只传输图像,还集合了多项功能,而这些信号全部通过网络传输,无须另外布线它的具体功能如下。

(1)监听。监控中心可以监听多个前端设备的声音。

(2)广播。监控中心可选择对多个前端设备进行喊话。

(3)对讲。监控中心可与任何一个前端设备进行双向语音对讲。

(4)报警网络摄像机、视频服务器均有报警输入端口,在中心管理软件中可以对前端的设备进行布撤防管理,报警时可以联动相应的视频窗口弹出、录像、电子地图闪动,甚至还可以联动摄像机转到相应的角度,

(5)远程控制网络摄像机、网络视频服务器均有报警输出端口,监控中心可以控制输出端口输出信号,可用于控制电器的通断。

### 五、网络化视音频监控系统的发展方向

目前,网络化视音频监控在监控系统中发挥着重要作用。但随着互联网的高速发展,以及各行各业越来越高的要求,网络化视音频监控系统势必会有全新的发展。目前,我们可以从以下几个方面来探索网络化视音频监控系统的发展。

#### (一)开放兼容性

原来受制于安防监控的发展历程及行业背景,网络视频监控行业没有统一的标准。从2012 年 6 月 1 日正式发布实施《安全防范视频监控联网系统信息传输、交换、控制技术要求》,各网络摄像机厂家进行平安城市建设有了共同的标准,GB/T 是指推荐国家标准,并不强制所有产品都遵循。但平安城市项目是有利润的项目,在平安城市大力发展的时代,不参与竞标,会失去大量商机。因此,符合《公共安全视频临控联网系统信息传输、交换、控制技术要求》(GB/T 28181—2022)协议,构建开放式的视频管理平台,在该平台上实现不同厂家不同应用系统的互联万通,最终实现统一管理、统一调度将是整个行业未来发展的方向。

#### (二)智能人性化

用户可以通过在场景中预设报警规则,一旦目标在场景中出现了违反预定义行为规则的情形,系统会自动发出报警,监控工作站自动弹出报警信息并发出提示音,用户可以通过点击报警信息,实现报警的视频场景重构并采取相关措施。即所监控的视频图像,经过前端智能网络摄像机的分析识别后,可只将有异常的图像传输到后端去记录与显示,因而可大大减轻网络的负担。VCA 技术对传统的视频监控技术是一个颠覆性的创新,改变了多年来人们应用视频监控系统的习惯。智能化高清网络摄像机,其人性化的设计,得到广大消费者认同。

#### (三)高清化

高清网络摄像机相比于模拟摄像机、普通网络摄像机具有高清晰度、百万像素级的传感器,可以获得更多的视频信息;逐行扫描技术可以让画面更清晰、自然流畅、减少丢帧;减少、增加监控点方便,机器软件升级方便。一个高清摄像机可以代替多个普通摄像机对相同范围场景的监控,节省线缆、安装及维护成本。

#### (四)走入寻常百姓家

监控在人们的观念中只用于重要部门,例如银行、政府等。随着视频监控系统技术的不断发展,功能不断完善,以及人们安防观念的转变,网络视频监控的应用范围已远远超出了传统的专业"安防监控"的范畴,在企业运营、工厂安全生产、交通道路管理、学校监考等领域不断得到扩展应用并发挥越来越大的作用。

而未来的视频监控系统,将会在民用住宅等场所得到越来越多的应用,系统的架构方式将会如同民用"互联网接入"的方式,由专门的运营公司提供设备和服务,而用户仅仅需要提供"月租金"而已,从而实现家庭远程视频监控。

#### (五)无线化

无线网络视频监控综合成本低,只需一次性投资,无须挖沟埋管,特别适合室外距离较远及已装修好的场合。维护费用低,无线监控维护由网络提供商维护,前端设备是即插即用、免维护系统。可以广泛应用于范围广、分布散的安全监控、交通监控、工业监控、家庭监

控等众多领域。

网络化视音频监控系统对远程监控工作起到相当大的作用,它通过网络化手段,将用户所需要的图片、声音、视频完美地呈现出来。相信随着科技的不断发展和网络化的持续进步。网络化视音频系统会在将来给监控系统带来更完美的体验。

# 第二节　楼宇可视对讲监控系统

楼宇可视对讲监控系统又称可视对讲,可视楼宇对讲系统是指安装在住宅小区、单元楼、写字楼等建筑或建筑群,用图像和声音来识别来访客人,控制门锁及遇到紧急情况向管理中心发送求助、求援信号,管理中心亦可向住户发市信息的设备集成,主要有门口机(住户门口机)、室内机、管理员机等组成。

## 一、楼宇可视对讲监控系统的功能

楼宇可视对讲监控系统有如下功能。

(1)一键呼叫:住户可一键呼叫管理中心,便于及时解决问题,使社区服务更加便捷。

(2)可视对讲:门口机与室内机及住户与住户之间可相互呼叫、双工可视对讲。

(3)留影留言:当来客访问但家里无人接听时,访客可直接留影留言,方便查询。

(4)监视功能:住户室内机可监视单元门口机的周围实况。

(5)开锁功能:门口机支持支持密码开锁和IC卡开锁,也可呼叫住户给予开锁。

(6)信息发布:监控中心可向住户发布社区通知、电子公告、广告宣传等信息。

(7)安防报警:住户室内机可外接报警设备,实现居家安防报警。

(8)电梯联动:住户室内机支持与电梯联动。

(9)防拆报警:单元或小区门口机遭到人为非法强拆时,可及时向监控中心报警,以最大限度保护住户安全。

## 二、楼宇可视对讲监控系统的组成部分

楼宇可视对讲监控系统主要由三部分组成,即门口主机、室内分机和管理中心机,三个部分功能各不相同,却又相辅相成,一起带动楼宇可视对讲监控系统的运行,

### (一)门口主机

截至2014年,无论是采用可视室内机或对讲室内分机,用户大都要求采用可视门口主机,以便用户选用门口主机是楼宇对讲系统的关键设备,因此,外观、功能、稳定性是厂家竞争的要点。门口主机材料有铝合金挤出型材、压铸或不锈钢外壳冲压成型三大类,从效果上讲,铝合金挤出型材占有优势。门口主机显示界面有液晶及数码管两种,液晶显示成本高一些,但显示内容更丰富,特别是接收短消息不可缺少的组成部分。门口主机除呼叫住户的基本功能外还需具备呼叫管理中心的功能,红外辅助光源、夜间辅助键盘背光等是门口主机必须具备的功能。IC卡技术及读头成本降低使得感应卡门禁技术被应用在门口主机上以实现刷卡开锁功能,另外为使用方便,许多产品还提供回铃音提示,键音提示、呼叫提示以及各种语音提示等功能,使得门口主机性能日趋完善。

## （二）室内分机

室内分机主要有对讲及可视对讲两大类产品，基本功能为对讲（可视对讲）、开锁。随着产品的不断丰富，许多产品还具备监控、安防报警及设撤防、户户通、信息接收、远程电话报警、留影留言提取、家电控制等功能。可视对讲分机有彩色液晶及黑白 CRT 显示器两大类。截至 2014 年，许多技术被应用到室内分机上，如无线接收技术、视频字符登加技术等，无线接技术用于室内机接收报警探头的信号，适用于难以布线的场合。但是，无线报警方式存在重大漏洞，如同频率的发射源连续发射会造成主机无法接收控头发送的报警信号。视频字符登加技术用于接收管理中心发布的短消息。

## （三）管理中心机

管理中心机一般具有呼叫、报警接收的基本功能，是小 M 联网系统的基本设备，使用电脑作为管理中心机极大地扩展了楼宇对讲系统的功能，很多厂家不惜余力在管理机软件上下功夫使其集成如三去、巡更等系统配合系统硬件，用电脑来连接的管理中心，可以实现信息发布、小区信息查询、物业服务、呼叫及报警记录查询功能、设撤防纪录查询功能等。

## 三、智能楼宇可视对讲系统的原理与设计

近年来，楼宇可视对讲系统作为楼宇智能化的一部分已成为住宅建设的一个有机组成，在住宅小区的安全防范中起到积极的作用而被用户认同。但由于住户缺乏详细的资料及厂商的技术支持，使得部分系统运行达不到预期的效果，甚至不能正常使用，给工程商、开发商带来负面影响。为了充分发挥楼宇可视对讲监控系统的功能，系统在设计时，应充分遵循其设计原理。

可视对讲系统是一套现代化的小康住宅服务措施，提供访客与住户之间双向可视通话，达到图像、语音双重识别从而增加安全可靠性，同时节省大量的时间，提高了工作效率。更重要的是，一旦住家内所安装的门磁开头、红外报警探测器、烟雾探险测器、瓦斯报警器等设备连接到可视对讲系统的保全型室内机上以后，可视对讲系统就升级为一个安全技术防范网络，它可以与住宅小区物业管理中心或小区警卫有线或无线通信，从而起到防盗、防灾、防煤气泄漏等安全保护作用，为业主的生命财产安全提供最大程度的保障。同时，还可提高住宅的整体管理和服务水平，创造安全社区居住环境，因此逐步成为小康住宅不可缺少的配套设备。

智能楼宇可视对讲系统的方案设计如下。

为保证工程安装规范、简洁、扩展方便、简单，楼宇可视对讲系统大多采用开放式的总线结构；全弹性编解码方式，用户分机终端隔离，保证了系统能长期稳定可靠运行；用户分机接线板和机体分离的简易安装方式，方便了工程安装，避免在安装中的外观损伤或丢机。

## （一）单幢普通对讲系统

该系统适合高层、多层建筑只要求对讲及电控开锁不需要联网的情况。由门口主机、用户分机、不间断电源、电控锁组成。采用总线结构，主干线为三芯线，经层间分配器转接到用户为两芯无极性线连接。总线至用户分机采用层间分配器，对总线起到隔离保护作用，使任何分机故障或分机线路短路均不影响系统的正常工作，极大地提高系统的可靠性和稳定性，用户分机必须编码、分机通用互换方便售后服务，该系统还有直呼式、数码式可供选择。

### (二)联网报警智能系统

联网型报警智能系统由管理中心、小区入口主机、梯口主机、用户分机、层间分配器及用户分机附带各类报警器组成该系统采用总线结构,主干线为四芯线,加一根视频线,梯口主机经层间分配器到用户分机均为四芯线外加一根视频线。此楼宇联网系统均可设置多个小区人口主机,并由四芯线(可视系统的另加一根视频线)采用总线式环形结构与各幢梯口转换器相连。

该系统根据配置具有可视对讲、图像监视、紧急报警、自动报警、保安巡逻打卡、IC 卡门禁等多种功能,可通过计算机对小区进行智能化的综合管理,每幢楼设置一个梯口主机(行多个出入口时,可以扩展多个副梯口机),梯口主机配有四位大型 LED 显示器,平时持机显示该梯口栋号、单元号。访客呼叫住户时则回示住户房号,每次对住户的访问管理中心均有记录。

可视生机采用低照度高清晰度摄像机,夜间具备红外线补偿,使住户在夜间也能清晰看清访客的图像。

在小区中每个主机还可起到巡更打卡功能。每个主机还可选择配接触式卡或免接触式 IC 卡,住户可用 IC 卡来开启电控门锁,带有免接触式 IC 卡功能的梯口主机,平时单元机可存储上千条 IC 卡使用信息,需要时通过管理中心"一卡通"管理模块读取信息。

用户分机都可配接红外防盗探测器、烟感探头、火警探测器、紧急按钮、门铃。用户分机盗警的拆防与布防有三种方式:分机附配遥控器、梯口主机配带的 IC 卡、密码。遥控器也可作为紧急求助的紧急按钮,无论在室内的任何地方,用户均可得到及时的求助,紧急求助时不会打断系统中原有的通话。

管理中心能接受处理住户报警等信息及管理呼叫、保安巡逻打卡、单元电控门异常、开启报警、各级别 IC 卡门禁系统,能记录最近 32 项信息,接驳物业管理计算机,通过物业管理软件对各种信息实时记录,查询、打印。同时可视系统中,管理中心能编程在空闲时实现对小区各梯口进行轮回监视,原则上已涵盖了小区监控系统的部分功能。

总之,用户在选择楼宇可视对讲系统时,首先应确定自己的功能需求,再来选择具体的系统,在自己所需系统确定之后,接着就应查找生产该产品的生产厂家,用户应对生产厂商有详细了解,如其是否具备技防生产许可证,是否通过了公安部门或国家有关单位的检测,生产商的质保体系是否完整,售后服务体系是否完善,是否有技术的支持,以及是否有成功应用的示范工程等。尤其是联网报警型智能小区的系统工程,更应该慎重选择生产商确定以后,用户还应对厂商的系统进行横向对比,垂点转向系统工程安装方面的考虑,如布线、安装、调试等等。值得一提的是:用户分机是否隔离应作为选择的一个重要因素。

## 四、楼宇可视对讲系统的发展

从目前的发展趋势看,楼宇可视与非可视对讲系统工程设计与安装调试是一门既有理论又有实践技术的综合性学科,并且是一个技术复杂、规模庞大的系统,它是工程理论与工艺技术相结合的产物。

设计是工程的成败之本,是一项十分重要并充满挑战性能的工作,随着全球计算机技术、现代通信技术的迅速发展,人们对信息的需求也越来越强烈,社会的进步在进入光彩夺目的 21 世纪以来,导致具有楼宇管理自动化、通信自动化、办公室自动化等诸多功能的智能建筑在全球范围内蓬勃掀起。

从 20 世纪 80 年代以来,随着经济活动的中心城市化,都市中的住宅与高层建筑如雨后春笋地耸立起来,为确保住宅和大楼内生活、工作的舒适、安全和楼内外的信息处理,智能楼宇可视对讲系统因此而诞生了。

通过楼宇可视对讲系统,门口安装的摄像机为住户显示外来访客的图像,为住户是否让来访客人进入做出判断。住户遥控防盗门的开关及向保安管理中心进行紧急报警是一种安全防范系统,能阻止不法分子非法进入,达到防盗的目的。因为这种系统采用的是密码开锁或刷卡锁,使住户能方便地利用自己家的密码或卡片开锁,保证了密码开锁或刷卡锁的保密性能与唯一件(密码能按住户的要求随时改变——从而保证了密码不被他人发现)。

这种智能楼宇可视对讲系统还集成了家庭安全防范系统,当有一个探测器发出报警信号时,它通过智能楼宇可视时讲系统传输线路传递到管理中心,同时发出报警信号——声光信号,并在管理中心的主机上显示几号楼、几号单元、几号住户出现安全事故。因管理中心的主机与电脑联网,所以实现了与安防中心联网的功能由此,安防监控中心可及时掌握和控制所管辖区域内的安全状况。

随着社会的发展,人类的进步,安全、舒适和先进的居住环境已成为现代化住宅小区(或智能化住宅小区)的基础,而智能楼宇可视对讲系统是营造这一基础的一个重要组成部分,这个系统将楼宇的人口、住户及小区物业管理部门三方面的通讯集成在同一网络中,组成防止住宅受非法侵入的重要防线,有效地保护;住户的人身安全和财产安全。

## 五、楼宇可视对讲系统工作原理

智能楼宇可视对讲系统是应用了单片机编程技术,双工对讲技术、CCD 摄像及视频显示技术而设计的一种访客识别电控信息管理的智能系统。住户楼门平时总是处于闭锁状态,避免非本楼人员在未经允许的情况下进入楼内。本楼内的住户可以用钥匙或密码开门自由出入。当有客人来访时,客人需在楼门外的对讲主机键盘按被访问的住户房号,同主人进行双向通话或可视通话,通过对话或图像确认来访者的身份后,如住户主人允许来访者进入,就用对讲分机上的开锁按钮键打开大楼入口门上的电控门锁,来访客人便可进入楼内,来访客人进入后,楼门自动闭锁。住宅小区物业管理部门通过小区对讲管理主机、对小区内各住宅楼宇时讲系统的工作情况进行监视。若住宅楼人口门被非法打开,对讲系统出现故障,小区对讲管理主机就会发出报警信号和显示出报警的内容及地点。

小区楼宇对讲系统的主要设备是对讲管理主机、楼宇大门入口主机、用户分机、电控门锁、多(单)路保护器、电源等相关设备。对讲管理主机设置在住宅小区物业管理部门的安全保卫值班室内,门口主机设置安装在各住户大门内附近的墙壁上或台上,系统可按用户要求进行不同的配置,如在同一幢大楼中可视与非可视系统可同时共用等。

系统的主要类别有如下几种。

(一) 单户型

单户型具备可视与非可视对讲、遥控开锁、主动监控,使住宅内的电话(与市话连接)、电视与单元型可视对讲主机组成单元系统等功能。

## (二)单元型

单元型可视与非可视对讲系统主机分直按式和拨号式。

直按式容量较小,分为15、18、21、27等户型类别,主要适应于十层以下的住宅。它的主要特点是:一按就应,操作简便。而拨号式对讲系统的设计容量就大得多了,多为256户型类别,主要适应于十层以上的高层建筑。它的特点是:操作方式与拨号电话一样,界面豪华。

这两种系统都采用总线方式布线,它的解码类别分为楼层解码和室内机解码两种方式这种室内机常规与单户型的室内机兼容,均能实现可视与非可视对讲,遥控开锁等诸多功能、并能挂接管理中心。

## (三)小区联网型

采用区域集中化管理(多功能)。它不仅具备可视与非可视对讲、遥控开锁等多种功能,并能接收住宅小区内各种技防探测器的报警信息与紧急援助,主动呼叫辖区内任何一个住户或群呼所有住户实施广播功能。功能扩展联网型系统实现了三表(水、电、煤)抄送、IC卡门禁系统与其他系统组成的小区物业管理系统。

上述三种方式是从简单到复杂、从分散到整体逐步发展而成的。小区联网型系统是现代化住宅小区管理的一种标志,是实现可视与非可视楼宇对讲系统的最高级形式。

如果能够采取有效措施,楼宇可视对讲系统能够完美的实现系统技术性能。

如若是单元型可视与非可视对讲系统,常规采用如下措施可大大提高系统的性能。

(1)应用人体红外检测技术。人来自动上电,可以有效地节约能源、延长寿命、增加可靠性。

(2)系统配置夜视功能:当外部光照降低到一定程度时(也可调节起控点,以适应不同的工作环境),系统自动启动红外辅助光源照明(人眼无法见),帮助摄像机拾取清晰图像,同时启动键盘操作照明系统的设置——常规是以LED或白光灯以及荧光方式点亮键盘,方便夜间操作。

(3)低功耗待机功能,待机时CCD对讲电路系统均处于休眠状态,电路系统功耗小于20 mA,大大延长了系统的工作寿命。

(4)双工对讲功能:语音清晰洪亮连贯,如若应用专用电路,双工对讲系统电路在工作时,声像串扰小、不自激、不失真。

(5)全面提高了可视与非可视对讲系统的技术特性:由于采用了总线式布线,信号线的使用大大减少,全方位提高了标准化模式的施工,有效地降低了工作量另一方面,分户线上的隔离和保护装置,在总线未被破坏的状况下,即使系统中行一用户分机出了故障,也不会影响整个系统的正常使用。

(6)醒目的全新技术:采用最新的数码语音技术,完美地提示语音应用帮助。系统应用操作问候,真优美的人性化产品,可按需要随时更换语音的内容。

(7)全方位系统升级扩展功能。可与管理中心实施连接,组成小区区域联防系统;能方便地设置火灾、匪警、紧急求救等自动报警功能等。

楼宇可视对讲系统目前广泛应用于智能家居行业,通过可视对讲系统,对建筑物的安保工作行了极大的提高。同样的道理,楼宇可视对讲系统可以应用在消防行业,通过可视对讲系统,对建筑物的安保情况,用户可以实时了解,从而更好地做好消防预防工作。

# 第三节　电力系统数字视频监控

当前,电力体制改革的不断到位,电力市场机制的日趋成熟,经济发展载体的不断创新,各省电力公司逐步把企业的经营理念、管理理念与科技创新的理念进行有机融合,在经营方法,经营手段上进行创新随着电力组网规模的迅速扩大,变电站的数量增多,各大电力集团公司对集中管理的要求越来越高。传统的监控防盗、安全管理,需要电力公司支出庞大的人力、物力。不仅耗费了很大的资源,而且无法做到中心管理,不能第一时间下达警讯,所以对电力系统的远程监控、统一管理也就成了必行之势。

网络技术飞速发展,使得网络搭建愈显方便,网络使用成本也大大降低,一种新的技术——网络视频监控也就孕育而生。它是一种对音视频数据进行编码处理并完成网络传输的高端技术。不仅保持了传统安防系统实时监看的特点,而且其丰富的网络功能使中心管理更加方便高效。

由网络视频服务器和中心控制平台组成的远程监控系统,网络视频服务器具有体积小、维护成本低、方便架设等优点,正弥补了电力系统网点多、网点分散、本地监控成本高的缺陷。其和中心控制平台的网络交互技术,使得分散的网点可以在中心统一监看、数据采集、控制、管理,提高电网安保的工作效率。对已实现的电力系统四遥(遥测、遥信、遥控、遥调)补充了一个新概念——遥视,使各变电站和附属设施真正做到无人值守。重组经营流程,充分适应电力市场机制的要求。通过计算机网络技术、信息技术、电子商务技术、创新经营方法和手段提高企业的经营水平和市场竞争能力。电力遥视监摔系统作为实施无人值守和远程智能控制,提供了先进的管理手段。

## 一、电力系统数字视频监控系统组成

随着电力系统自动化建设和改造不断发展完善,电网企业大多已经实现了对远程变电站/电网发电机组的遥测、遥信、遥控、遥调,即"四遥功能"。当前,各企业为了提高劳动生产率,增加经济效益,开始对电力生产实现无人值守模式或者远程遥控操作,网络视频监控系统——"五遥"作为对"四遥"的进一步补充和完善,越来越广泛地被电力用户应用到电力综合生产管理调度之中。

电力视频监控系统采用嵌入式和模块化的设计思路。

所谓嵌入式是指:核心采集设备摒弃传统的 PC 类工控设备,首选性能稳定、功能强大的嵌入式视频服务器产品,该类设备功耗低、免维护,尤其适合在无人值守的环境中使用。

模块化是指系统核心硬件采用标准模块设备,不管维护还是今后系统升级,均无需对原有系统做任何调整,仅需要增加类似的标准设备即可,实施简单方便;更为重要的是该系统的智能控制系统也遵循模块化的设计思路,系统重新设计,定义了不同的功能子模块(如遥视、安保、消防、环境和动力),结构清晰明确,稳定性高,利于用户日益增加的功能扩充。

组网结构可分为三个部分:前端设备、通信网络和中心调度设备。

### (一)前端设备

前段设备包括视频服务器、数据采集器、摄像机,报警设备、温湿度传感器、电量传感器、消防系统、灯光控制器等。

（1）视频服务器。视频服务器在变电站或者电厂内部安装视频服务器，图像既可通过E1也可通过局域网两种方式接入供电局的 MIS 网中。

（2）数据采集器。具有网络功能的数据采集器，可将模拟数据通过 WEB 方式于远程用户实时交互。

（3）摄像机在配电室、电容器室等地安装变焦摄像机，可以清楚地看见设备情况、人员情况。

（4）报警设备。在主控室、配电室、变电站大门、变电站周界等地安装红外报警器、门磁开关等装置，监控周边人员进出。

（5）温湿度传感器。在设备间和通讯机房和安装温湿度传感器。

（6）电量传感器。在 UPS、蓄电池等设备，安装电压、也流传感器采集动力信息。

（7）消防系统。安装烟雾探测器，结合消防系统对大楼内的火警及时联动报警和录像。

（8）灯光控制器。远程控制变电站内灯光开关，

（二）通信网络

利用电力系统的光纤通信网络，系统提供以太网接口，全部设备通过 TCP/IP 协议交换视频和数据信息，做到完全数字化和网络化。

（三）调度中心

在电力监控系统的调度中心，安装一台专用视频监控服务器来运行系统服务器程序，管理员可针对不同人员的控制级别设置相应的控制权限和登陆范围。主控台上，调度人员可运行电力客户端，通过 WEB 方式多画面监控到全厂区内的监控图像；在公司领导、各科室、公司领导及有关科室可以利用已有的计算机，通过 IE 浏览器直接访问电厂内 WEB 服务器实现对全电力系统的综合监控。同时，在监控中心还可设立等离子或者是电视墙，将前端图像都设置到大屏幕的电视墙中观看。

## 二、电力系统视频监控系统特点

电力视频监控系统采用高清晰的嵌入式视频服务器，图像清晰度和实时性方面都具有明显提高；同时，软件结构设计上，我们在监控行业内率先引入专业化软件的设计思想，以SERVICE 的系统结构构架视频核心管理系统，通过科学的模块化设计方式，做到多模块的中心管理与协同调用，实现网络视频、安全消防、数据采集、智能联动控制等全方位的应用。同时，作为客户端，IE 浏览器的客户界面更加友好，整体效果清新明快，操作更为人性化，便于各级领导和生产管理部门人员使用。系统率先采用 SERVICE 架构，稳定性更高。

为适应电力用户对系统连续运行的高稳定性要求，电力视频监控系统从软件结构上采用 SERVICE 的系统架构，系统基于 WINDOWS 系统开发。同时，主程序可对其他系统功能模块的实时监测功能，自动诊断，自动维护，系统稳定性更高。

变电站作为电网"大动脉"的枢纽，在国家电网中的地位举足轻重，让其安全稳如磐石、固若金汤，是所有电力企业的不懈追求。变电站的运行管理主要遵循安全、高效的原则。综合监控系统可以完全响应变电运行管理的原则，保障变电站的安全运行。

### 三、电力系统视频监控系统架构

根据变电站综合监控系统的硬件组成,同时结合变电站综合监控应用的实际需求与特点,我们将整个变电站综合监控监控系统分为4个系统层次,即前端设备层、传输网络层、系统控制层与系统应用层,同时层与层之间采用标准的TCP/IP协议进行通讯,不受网络平台的限制。

#### (一)视频监控子系统

电力视频监控前端一般采用模拟摄像机+网络视频编码器(采用H.264压缩标准)和网络摄像机,将数字化的视频信号通过网络传输到后端的监控电脑,并采用专用的视频监控平台与存储方案,其不仅保证了视频信号和控制信号的准确传输,更为重要的是在设计该系统时我们充分分析了用户的需求,从实际出发,为用户解决了众多的实际问题。

#### (二)安全防范子系统

由广大多数变电站都建在郊外或者比较偏僻的地方,变电站内的设备和线材都比较昂贵,所以有一些不法分子在利益的驱使下,破坏变电站的设施,盗取相关器材变卖同时,变电站也是高压场区的所在,如果对相关区域未做严密防范,还会导致一些无知者误入其中,发生一些人员伤亡的事故,该安全防范子系统的各种探测器将与视频监控系统中的视频设备连接在发生触发报警的情况下,直接和视频设备联动,将报警信息上传至综合监控平台,同时促发其他声光报警设备。

#### (三)综合监管平台

综合监管平台用于实现对前端所有网络视频监控设备(包括网络视频服务器、网络摄像机)的集中监视、存储、数据转发、管理和控制。该管理软件可最大同时管理1 000个前端网络监控设备;可对任意设备进行设置和控制,远程升级等功能;支持自定义点评画面单屏显示,以及双向语音对讲、电子地图、日志检索、报警控制、远程检索回放等功能功能强大、界面友好、操作简便,方便用户实现大型远程网络监控系统的组网应用。

## 第四节 智能建筑数字视频监控

过去,中国的视频监控应用主要集中在政府部门和金融、公安、交通、电力等特殊部门及行业。其中,政府部门和金融行业占据了主要的市场份额。然而,随着、社会信息化的进步,越来越多的行业和领域加大了对视频监控的需求。近两年,视频监控开始从金融、交通等少数领域向多领域延伸,由传统的安防监控向管理监控和生产经营监控发展。此外,视频监控仅用于企业,也的情况也逐那被打破,公众家庭也成为视频监控应用的新市场,在公众家庭市场,视频监控主要是应用于住宅的安全防范和财产的监控,分析认为,随着个人用户对家庭安全的重视度日益增长,采用视频监控系统来保障住宅安全的意识明显加强,将在未来几年成为新兴市场

### 一、智能建筑数字视频监控的优势

视频监控系统是智能小区中不可缺少的部分,主要采集小区的重要出入口、每个单元

门口、停车场出入口以及各种公共场所等重点区域的视频监控图像,使小区内的值班人员能够实时监控到整个小区的现场情况;并能够时每路视频图像进行控制,实时记录、回放检索录像文件,管理中心可通过网络实现远程监控与控制。

据前瞻产业研究院发布的《2014—2018年中国视频监控设备行业市场需求预测与投资战略规划分析报告》数据显示,我国建筑智能化行业市场在2005年首次突破200亿元之后,也以每年20%以上的增长态势发展2013年,我国智能建筑市场规模达到1 108亿元,同比增长28.7%。

由于数字视频监控符合当前信息社会中数字化、网络化和智能化的发展趋势,所以数字无线视频监控正在逐步取代模拟监控,广泛应用于各行各业。

数字监控拥有五大优势,将逐步取代模拟监控。

(一)便于计算机处理

由于对视频图像进行了数字化,所以可以充分利用计算机的快速处理能力,对其进行压缩、分析、存储和显示。通过视频分析,可以及时发现异常情况并进行联动报警,从而实现无人值守。

(二)适合远距离传输

数字信息抗干扰能力强,不易受传输线路信号衰减的影响,而它能够进行加密传输,因而可以在数千公里之外实时监控现场。特别是在现场环境恶劣或不便于直接深入现场的情况下,数字视频监控能达到亲临现场的效果即使现场遭到破坏,也照样能在远处得到现场的真实记录。

(三)便于查找

在传统的模拟监控系统中,当出现问题时需要花大量时间观看录像带才能找到现场记录;而在数字视频监控系统中,利用计算机建立的索引,在几分钟内就能找到相应的现场记录。

(四)提高了图像的质量与监控效率

利用计算机可以对不清晰的图像进行去噪、锐化等处理,通过调整图像大小,借助显示器的高分辨率,可以观看到清晰的高质量图像。此外,可以在一台显示器上同时观看16路甚至32路视频图像。

(五)系统易于管理和维护

数字视频监控系统主要由电子设备组成,集成度高,无线视频传输可利用有线或无线信道,这样、整个系统是模块化结构,体积小,易于安装、使用和维护。

## 二、智能建筑数字视频监控的发展方向

智能建筑数字视频监控系统不仅符合信息产业的未来发展趋势,而且代表了监控行业的未来发展方向,蕴藏着巨大的商机和经济效益,成为目前信息产业中颇受关注的数字化产品特别是近年来,随着技术的进步和社会经济的不断发展,客观上对监控系统的准确性、有效性和方便性提出了更高要求、具体地讲,主要体现在以下两个方面。

(1)需要实施视频监控的范围更加广阔,由传统的安防监控向管理监控和生产经营监控发展,而且对同一套系统的凝盖面和实施距离也提出了更高的要求,通俗地说就是要达到点多面广。

（2）要求监控系统与管理信息系统、网络系统结合，实现对大量视频数据的压缩存储、传输和自动处理，从而达到资源共享，为各级管理人员和决策者提供方便、快捷、有效的服务。

智能建筑领域是视频监控设备应用较大的另一个领域，究其原因，主要有两个方面：其一，旧系统的升级换代，以前的一些建筑大多使用模拟录像机，已经不能满足要求，数字硬盘录像机取代原有的模拟录像机已经成为不可改变的趋势；其二，随着整个城市乃至全国对安防监控重视程度的增加，智能化商业大楼在此方面的需求快速增长。因此，随着智能建筑不断发展，用于建筑行业的视频监控系统市场容量将不断增加，发展前景广阔。

### 三、智能建筑数字视频监控的主要功能

智能建筑系统集成指以搭建建筑主体内的建筑智能化管理系统为目的，利用综合布线技术、楼宇自控技术、通信技术、网络互联技术、多媒体应用技术、安全防范技术等将相关设备、软件进行集成设计、安装调试、界面定制开发和应用支持。智能建筑系统集成实施的子系统的包括综合布线、楼宇自控、电话交换机、机房工程、监控系统、防盗报警、公共广播、有线电视、门禁系统、楼宇对讲、一卡通、停车管理、消防系统、多媒体显示系统、远程会议系统。海信网络科技公司在智能建筑领域有 10 余年的工程经验，业务涉及商场、酒店、写字楼、住宅小区、学校、体育场馆、医院等多个领域。

智能建筑数字视频监控的主要功能如下。

#### （一）楼宇自控系统

楼宇自控、系统采用集散控制系统，管理者在中央控制室内就可实现对整座大楼内机电设备的监控和相应的各种现代化管理。楼宇自控系统中央管理服务器作为大楼的机电设备运行信息的交汇与处理中心，对汇集的各类信息进行分析、归类、处理和判断，采用最优化的控制手段，对各设备进行分布式监控和管理，使各户系统和设备始终在有条不紊、协调一致的高效、有序的状态下运行。

（1）系统作用：分散控制，集中管理，节能，降耗的作用。

（2）监控范围：对空调系统、新风机组、制冷机组、冷却塔、风机盘管、照明回路、变配电、给排水、电梯等系统进行信号采集和监测、控制，实现设备管理系统自动化。

（3）达到效果：有效节省电能、大量节省人力、延长设备使用寿命、有效加强管理、保障设备与人身的安全。总体来讲，一座大楼中的各种设备（如冷水机组、空调机组、电梯等）大多是高能耗设备，通过楼宇自控系统对各设备进行集中管理，协调整个系统的运行，在满足被控环境参数要求的前提下，还能够实现节约能源、节约运行费用。

#### （二）综合布线系统

综合布线系统为计算机系统、电话系统及其他子系统提供高速和高宽带的传输平台，能够适应现代和未来技术的发展。综合布线系统具备运行的高度依靠性，对于特别重要的部分，采用冗余技术来保证线路的万无一失。能适应各种计算机网络体系结构的需要，设备变迁时有高度的灵活性、管理的方便性。产品的通用性满足各种网络产品及通信设备的要求。综合布线系统中除去固定于建筑物内的水平线缆外，其所有的接插件都是积木式的标准件，系统的扩充升级容易。

## （三）计算机网络系统

在智能建筑中,通信自动化、办公自动化和管理自动化都将是非常重要的组成部分。无论是高速传输处理语音、文字、图像、数据、还是便捷处理日常事务及管理决策,都离不开高件能计算机网络系统的支持,在我们的解决方案中通过应用"智能"数据网络为客户提供不同级别通信服务,能够满足各种应用所需的带宽和服务质量,即使效率达到了最大,又简化了网络的管理,"千兆交换作主干,百兆交换到桌面"成为网络基础设施的基本构架,在此基础上结合光纤到桌面和无线网络方式,组成现代化的计算机网络系统。

## （四）安全防范系统

安全防范系统包括闭路电视监控系统、防盗报警系统、门禁系统、巡更系统、周界防范系统等,采用多种方式构成智能建筑多方位、立体化的综合保安防护体系,保证大楼内设备、人员的安全。它能够在第一时间内做出相应判断和动作,并以视觉、听觉或其他感受方式告知管理与保安人员事故现场所发生的各种情况,使之对安全事故现场有效地做出快速反应,并将所发生事件的全过程以视频记录的方式进行备份记录,为处理事故现场提供了确实可靠的法规依据。

## （五）公共广播系统

公共广播系统具有背景音乐广播、公共事务广播、火灾事故广播功能。背景音乐的主要作用是掩盖噪声,并创造一种轻松和谐的听觉环境,由于扬声器分散均匀放置,无明显声源方向件,且音量适宜,不影响人群正常交谈,是优化环境的重要手段之一。公共事务广播系统可以起到宣传、播放通知、找人等作用。公共广播的火灾事故广播功能作为火灾报警及联动系统在紧急状态下用以指挥、疏散人群的广播设施,在建筑弱电的设计中有举足轻重的作用。

## （六）卫星及有线电视系统

卫星电视接收和有线电视系统可以接收卫星转播和城市有线电视接口,另外系统还可以播送自办的电视节目。系统分为前端、传输系统及用户端。前端由卫星接收天线、工星接收机、调制器、解调器混合器等组成,传输系统由分支分配器、放大器及传输电缆组成,用户端由用户终端盒及电视接收机组成。系统可以对收费节目源进行加扰、解扰以控制节目的收看,系统还可以使用计算机控制的智能分配系统管理用户的收费。

## （七）会议系统

会议系统是通过中央控制器对各种会议设备及会议环境进行集中控制的一种现代会议模式。它是集计算机、通讯、自动控制、多媒体、图像、音响等技术于一体的会务自动化管理系统。系统将会议报到、发言、表决、摄像、音响、显示、网络接入等各自独立的广系统才机地连接成一体,由中央控制计算机根据会议议程协调各子系统工作为各种大型的国际会议、学术报告会及远程会议等提供最准确、即时的信息和服务。

程控交换机是利用现代计算机技术,完成控制、接续等工作的电话交换机。其中通话接续部分是利用交换机中的数字交换网络,采用 PGM 方式实现数字交换的,控制部分是通过软件由计算机来实现的。数字程控交换机应用范围包括以下内容:

（1）语音通信:国际、国内及本地话音通信,并能通过本设备可以实现多功能服务,提高通信能力和服务质量;

（2）传真通信：通过数字程控交换机，可连接各类传真机，大大提高文本传真的质量；

（3）综合业务数字网通信：通过数字程控交换机实现综合业务数字网通信业务；

（4）语音邮箱服务：通过交换机内语音邮箱，自动存储用户话音，交换机用户可授权提取语音信箱里的内容，提高大楼通信自动化的水准。

## （八）一卡通系统

通过一卡通系统可以实现对相关人员的考勤管理、门禁管理、内部电子消费管理、停车管理等业务的综合管理，形成完整的一卡通用解决方案。结合各建筑的特点，一卡通系统可以实现身份管理、门禁管理、考勤管理、停车场管理、消费管理等功能。

## （九）电子信息显示系统

现代社会已进入信息时代，信息传播占有越来越重要的地位，同时人们对于视觉媒体的要求也越来越高，要求传播媒体传播信息直观、迅速、生动、醒目电子信息显示系统的作用是一方面可以播放大楼事务介绍、实事新闻、通知等，会起到良好的宣传效果；另一方面可以配合音视频设备播放电视、LD、VCD、DVD、录像等，起到装饰环境、烘托气氛的作用。另外，还可以充分利用大楼的社会地位和影响，承接各种广告业务。通过电子信息显示系统播放多媒体广告，起到为客户创收的作用

## （十）中央集成管理平台

中央集成管理是将建筑物内的若干个既相对独立又相互关联的系统组成具有一定规模大系统的过程。这个大系统不是各个子系统的简单堆积，而是把现在的分离设备、功能、信息组合到一个相互关联的、统一的、协调的系统之中，从而能够把先进的高技术成果巧妙灵活地运用到现有的智能建筑系统中，以充分发挥其更大的作用和潜力。中央集成管理系统工程分成综合信息系统集成（IBMS）实时楼宇自动化和监控专业子系统集成（BMS）两个层次。

智能建筑数字视频监控是现代化智能家居工作的核心系统，通过智能建筑的数字视频监控，可以有效地防盗、防侵入，安全保卫工作有了极大的保障，随着人民生活水平的不断提高，人们对安全保障的需求就越强烈。相信在不久的将来，智能建筑视频监控系统会广泛应用在我们的日常生活中。

# 第六章　城市消防物联网研究

## 第一节　城市消防物联网的基本定义和系统构架

城市各类资源高度聚集,复杂程度高,因此在应对突发灾害时,易造成大规模人员财物损失。作为城市安全保障的重要力量之一。消防工作的成效是关系到城市能否快速发展的关键。城市消防物联网是一种先进的城市安全运行与管理理念,是物联网理念与技术在消防领域的实际应用与具体体现,应该首先明确其定义、构架原则、技术构架和系统构架等方面内容。

### 一、城市消防物联网的定义

城市消防物联网是通过物联网信息传感与通信等技术,将社会化消防监督管理和公安机关消防机构灭火救援涉及的各类要素所需的消防信息链接起来,构建高感度的消防基础环境,实现实时、动态、互动、融合的消防信息采集、传递和处理,能全面促进与提高政府及相关机构实施社会消防监督与管理水平,显著增强公安机关消防机构灭火救援的指挥、调度、决策和处置能力。

其中,社会化消防监督管理涉及的要素主要包括生产企业、消防安全重点单位、公共场所、公共消防设施、各类重大危险源等;公安机关消防机构灭火救援涉及的要素主要包括消防人员、消防装备、受灾对象、灾害现场、战勤保障物资、社会应急救援与保障力量等各类信息。

### 二、城市消防物联网的构建原则

城市消防物联网的构建应遵循必要性、可行性、可操作性、经济性、开放性五项基本原则。

#### (一)必要性原则

城市消防物联网是一项庞大、复杂的系统工程,涉及的基础感知对象十分复杂。因此在设计建设时,需要循序渐进、先重后全,优先选择消防现实工作中有必要实施感知的对象为关键点,逐步进行建设。

#### (二)可行性原则

城市消防物联网涉及的很多技术还存在一定的应用障碍,因此建设消防物联网是受技术局限性影响的。所以在现实中,需要选择具有切实可行的技术手段,实现感知。

#### (三)可操作性原则

城市消防物联网的建设是提供高效的日常防火监督管理手段、高效的现场调度处置、高效的资源管理为目标的。因此在消防设计建设中要遵循在消防实际工作中要便于操作使用的原则,降低对人工的要求。

### (四)经济性原则

城市消防物联网的建设与发展,重要的一环是考虑成本和运行费用,既要最大限度地覆盖到城市消防工作的方方面面,又要实现成本经济合理、可接受。

### (五)开放性原则

城市消防物联网的建设还需要考虑随着物联网技术的发展与消防工作的拓展,在建立统一标准的基础上,不断调整其结构和内涵,形成开放和兼容的体系,最大限度地适应新时期的社会发展。

## 三、城市消防物联网的技术构架

城市消防物联网体系总体技术构架自下而上主要包括感知层、网络层、处理层和应用层等四个层面,以及用以保证城市消防物联网良性运转和发展的运维管理和标准管理两个部分。感知层对应于人体结构的皮肤和五官,主要用于城市消防物联网基础信息的获取(如消火栓压力信息、人员位置信息等);网络层对应于人体结构的神经系统,主要为广域的信息传递和应用提供了良好的信道,将感知层获取的大量基础信息,通过各种形式的数据传输网络(4G、5G网络,光纤宽带网络等),传送到城市消防物联网数据中心;处理层对应于人体结构的大脑,主要将城市消防物联网输送来的海量数据,通过数据中心的信息交换与挖掘,实现数据处理和共享,并以服务形式提供给城市消防物联网的各种应用;应用层对应于人体的各种行为、参与不同社会角色,包含针对城市消防物联网不同应用对象、功能开发的各类专用平台(系统),通过数据中心的信息与交换平台提供的各类接口,获取城市消防物联网运行的信息,并通过各类终端设备向下响应各用户或节点,实现城市消防物联网运行可感、可知、可控,从而为新时期消防的可持续发展提供支撑。城市消防物联网的技术架构见图6-1。

### (一)网络层

即传输网络,用于传输信息。网络层的主要任务是将感知到的数据通过移动通信网、互联网、企业内部网、各类专网和小型局域网等网络进行安全可靠的传递。网络层是把感知层采集到的数据传输到数据中心的一个过程,它的另一个过程则是从数据中心传输到终端的智能化控制设备。网络层涉及的关键技术是适应各种现场环境,构建稳定、无缝的数据传输网络通信,如IPv6、分时长期演进(Time Division Long Term Evolution,TD-LTE)和分频长期演讲(Frequency Division Duplexing Long Term Evolution,FDD-LTE)、全球微波互联接入(Worldwide Interoperability for Microwave Access,WiMAX)等。

### (二)感知层

即传感器层,用于采集信息。作为城市消防物联网的各类基础类信息来源,其主要实现感知功能,包括识别各类消防装备和采集相关状态信息。具体功能是对对象状态、位置、数量、行为、环境状况和物质属性等动态或静态的信息进行大规模、分布式的获取及状况辨识。感知层涉及的关键技术主要包括传感器技术、射频识别技术和无线定位技术等。

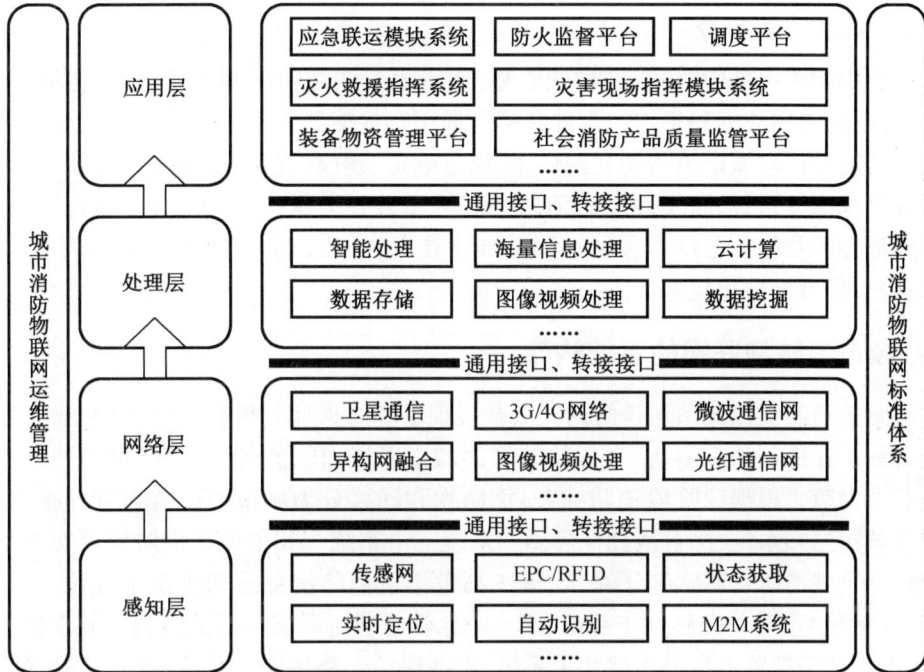

图 6-1　城市消防物联网标准体系

（三）处理层

即信息处理,用于支持信息传输和处理。处理层主要包括大数据中心和消防物联网应用相关的统一数据支撑平台。其依托基础硬件设施和软件服务,通过对传输汇集的各类消防信息数据的分析、整合、存储、重造、管理,实现共性应用数据的功能构造。处理层涉及的关键技术包括云计算技术、大数据技术以及对非结构化数据和半结构化数据智能处理的技术等。

（四）应用层

即信息处理平台,用于为用户提供特定的服务。应用层通过与消防需求结合实现消防智能化辅助决策及广泛的公共信息共享与互通等功能,利用经过分析处理的感知数据为用户提供丰富的应用体验。根据具体用途和不同的对象,其应用类型可以划分为查询型、扫描型、监控型和控制型以及更高类型的辅助决策型等。应用层涉及的关键技术包括面向服务的体系架构(Service-Oriented Architecture,SOA)和中间件技术,重点包括各种物联网计算系统的感知信息处理、交互与优化软件与算法、物联网计算系统体系结构与软件平台研发等。

（五）运维管理部分

即运行和维护管理措施,用于保证城市消防物联网高效运转和健康发展的运行、维护、管理、控制、安全等保证措施。具体功能是对城市消防物联网中的系统、终端、传感器等软硬件性能、状态进行监测和控制的过程,通过高度的监测、控制与管理,达到消防物联网可靠、安全和高效的运行目的。运维管理部分涉及的关键技术包括状态侦测技术、安全监测技术、数据访问控制策略等。

（六）标准管理部分

即体系内相关标准的统一、结构化管理,用于规范消防物联网体系架构,协调各层次、各系统、各厂商之间数据和工作流程的共享和通用。促使消防物联网的良性工作和有序发展。具体功能是针对城市消防物联网体系,通过确定、建模、优化、决策等的系统分析,建立标准系统及标准体系,从而实现城市消防物联网体系分主体、分层次、分顺序地协同工作。标准管理部分涉及的关键技术包括编码标准化技术、自动识别标准化技术、网络传输标准化技术、服务管理标准化技术等。

## 四、城市消防物联网的系统构架

城市感知消防支撑体系从消防的灭火救援现场和防火监督检查两个方面,运用先进的技术装备和工作机制的多层次、全方位的解决城市发展面临的各种问题,可为城市消防安全提供有力保障。根据现阶段消防业务,消防物联网可分为城市消防监督管理感知系统、灭火应急救援感知系统、综合战勤保障感知系统三个系统。其中城市消防监督安全管理感知系统包括公共消防资源感知子系统、火灾高危单位消防信息感知子系统、消防安全重点薄弱场所(区域)消防信息感知子系统;灭火应急救援感知系统包括消防力量调度指挥感知子系统、灾害现场处置力量分布感知子系统、灾害现场态势感知子系统;综合战勤保障感知系统包括消防车辆装备感知子系统、消防装备器材感知子系统、灭火药剂动态感知子系统、其他战勤保障物资感知子系统。未来随着消防工作的开展、上级部门对消防职能的调整和充实,还可继续对消防物联网体系进行进一步的拓展。城市消防物联网组成见图6-2。

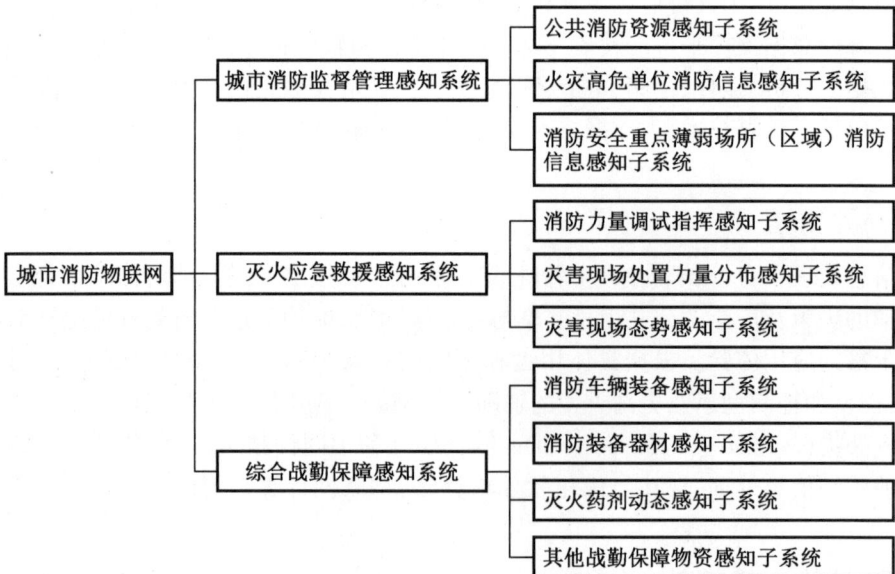

图6-2 感知消防物联网组成

（一）消防监督管理感知系统

(1)建立公共消防资源感知子系统,基于城市地理信息数据库(卫星图、航拍图、三维图),获取城市消防水源、消防力量、道路交通等公共消防资源,以及环境气象、医疗、电力、燃气等社会应急联动资源的定位、状态等实时数字化信息。

(2)建立火灾高危单位消防信息感知子系统,获取人员密集场所、易燃易爆单位、高层建筑、地下公共建筑等场所的建筑内部结构和消防设施的相关实时状态信息。

(3)建立消防安全重点薄弱场所(区域)消防信息感知子系统,获取城乡接合部、城市老街区、住宿与生产储存经营合用场所(俗称"三合一"场所)、"城中村""棚户区"等消防安全薄弱环节场所(区域)的位置、火情等信息。

为公安消防机构实现远程、实时、动态、高效的日常防火监督管理提供手段,同时也为灭火应急救援提供辅助信息支撑。

### (二)灭火应急救援感知系统

(1)建立消防力量调度指挥感知子系统,实时动态获取已经调度的首批出动和增援消防力量(车辆、人员、装备器材、灭火药剂)的出警队站、出动响应、行进轨迹等信息(包括相关的名称、数量、位置、时间、距离等),以及调度指挥的指令信息、战勤保障力量的出动信息、可供调度消防力量与社会应急联动资源信息等。

(2)建立灾害现场处置力量分布感知子系统,实时动态获取灾害现场的消防车辆、消防指挥员、战斗员(含内攻人员)、关键和特种灭火救援装备器材、灭火剂、消防水源(含市政消火栓)等的数量、位置、状态信息。

(3)建立灾害现场态势感知子系统,针对高层/超高层、地下建筑工程、大空间建筑、城市综合体、大型石化装置等的重特大火场现场处置需求,动态获取现场着火区域、烟气扩散、强热辐射等火灾发展情况信息,有毒有害易燃易爆气(液)体的种类、浓度、扩散区域等的化学灾害事故泄漏与扩散态势信息,现场受灾人员的数量位置信息,以及现场的气象环境、地理环境、现场视频等信息。

为灭火应急救援的快速响应、科学调派、现场指挥、高效处置等提供科学手段和技术支撑。

### (三)综合战勤保障感知系统

(1)建立消防车辆装备感知子系统,实时动态获取各类消防车辆的分布、出动和待命状态,维修和可用状态及车载消防系统(水泵、车载炮、举高车工作斗、排烟照明)运行状态等信息。

(2)建立消防装备器材感知子系统,实时动态获取车载、库存消防装备器材(含集装箱模块)的位置、数量、品种、规格、可用状态等信息。

(3)建立灭火药剂动态感知子系统,实时动态获取车载、库存、社会单位储备的水、泡沫液、干粉等灭火药剂的数量、分布等信息及灾害现场的可用灭火剂总量统计信息。

(4)建立其他战勤保障物资感知子系统,实时动态获取大型工程机械、供电、供气、供油、排水、医疗等其他战勤保障物资的数量、分布、调度等信息。

为消防装备器材的优化配置、日常管理、资源调配、实时调度等提供技术支撑手段。

# 第二节　城市消防物联网的组成系统

随着城市现代化程度的加快,不同种类灾害发生的概率及损失也在升高。这是由城市生产集中、人口集中、建筑集中、财富集中的特点所造成的。为改善城市消防安全环境,保卫城市经济建设成果,实现人民安居乐业,为了应对未来城市的发展,迎接经济发展带来的各种挑战,全面发挥公安机关消防机构优势,保障城市公共安全,进行城市消防感知系统建设具有十分关键的作用。通过城市消防感知系统对城市消防综合资源的整合利用,从而为最终实现城市安全的目标迈进一步。

城市感知消防支撑体系是消防信息化的基础,是一个复杂的系统工程,涉及消防的方方面面,它既涉及消防的灭火救援现场和防火监督检查,也涉及消防物资和消防人员的调度等方面。其目标是最终实现全社会消防安全责任体系、公共消防基础设施保障体系、消防应急救援体系和宣传教育体系更加完善,消防工作与经济社会发展相匹配、相适应,城市防御火灾等灾害事故的综合实力有效增强,人民群众的消防安全感、满意度进一步提升。

## 一、消防监督管理感知系统

我国的消防工作贯彻"预防为主、防消结合"的方针,火灾预防是消防工作的重点,也是基础。构建合理的城市监督管理感知系统是提高城市消防整体水平的一项重要基础性工作,也是从源头上预防火灾事故和降低火灾危害的有效措施。

城市监督管理感知系统主要对消防基础设施进行感知,并结合公安消防日常防火监督工作的需求进行建设。城市监督管理感知系统由公共消防资源感知子系统、火灾高危单位消防信息感知子系统和消防安全重点薄弱场所(区域)消防信息感知子系统组成,实现远程、实时、动态、高效的日常防火监督管理提供手段,同时也为灭火应急救援提供辅助信息支撑。

### (一)公共消防资源感知子系统

公共消防资源是城市安全重要的基础设施和城市公用事业,关系到城市经济社会的可持续发展、公共安全、社会稳定和人们的生活质量。公共消防资源主要由消防供水、消防道路、消防站点和消防通信组成。公共消防资源是消防工作的重要基础,直接影响着灭火救援行动的展开。

#### 1.消防供水

水作为主要的灭火剂,在火灾扑救中,具有无法替代的作用。良好的消防供水为消防救援的及时开展提供了有力的保障。消防供水是指市政消火栓(消防水鹤)、天然水源取水设施、消防蓄水池和消防供水管网等消防供水设施。完备的消防供水设施的建设为保卫经济建设和人民群众生命财产安全发挥了重要作用。

(1)市政消火栓现状。市政消火栓对于城市消防安全起到了重要的作用,是市政消防给水管网上的取水灭火设施,其主要作用是为消防车提供水源,保证火场消防供水,在一定意义上说是城市的保护神,也是城市文明程度的重要标志之一。

虽然随着城市建设的推进,市政消火栓的建设日趋完善,但是目前的城市市政消火栓建设还存在着一些问题和差距。主要表现在以下这些方面。

①城市市政消火栓存在"旧账未清,又添新账"的现象。随着城市规模的不断扩大,新建道路不断出现,但是新建道路的建设过程中,政府有关部门却没有统一规划建设市政消火栓,市政消火栓建设资金不能及时到位,使得新的欠账出现。

②消火栓布置安装不规范《建筑防火设计规范》对于室外消火栓安装有着明确的规定:

a. 室外消火栓应沿道路设置,道路宽度超过 60 m 时,宜在道路两边设置消火栓,并宜靠近十字路口。

b. 消火栓距路边不应超过 2 m,距房屋外墙不宜小于 5 m。

c. 室外消火栓的间距不应超过 120 m。

d. 室外消火栓的保护半径不应超过 150 m 等。

除此之外,国家对室外消火栓的安装编制了通用图集,但是一部分市政消火栓在建设过程中却没有按照规定施工,有的出水口方向错误,有的安装在绿化带内,有的埋置深度过低等,严重影响了市政消火栓的正常使用。

③城市市政建设与管理脱节一些城市在市政消火栓建设完成以后,却不能做好维护保养管理工作,不能确保市政消火栓的完好率,造成"有栓不能用"的现象,严重影响了灭火救援工作。主要表现在:

a. 一些城市在道路维修和绿化过程中未按照规范规定调整或重新安装消火栓,使原有市政消火栓被埋压、圈占。

b. 部分市政消火栓在使用中,由于偷盗、破坏、车辆碰撞等原因造成损坏或组件不全,缺少安全帽、出水口盖的现象普遍存在。

c. 违章使用市政消火栓。市政消火栓是专门用于消防队扑救火灾使用,然而个别单位和个人却未经批准擅自使用市政消火栓,而且在使用过程中不正确使用造成部分消火栓损坏。

d. 水压不足或无水。部分部位的市政消火栓的压力达不到 0.1 MPa,一些供水单位为了防止盗水、减少维护费用等原因将一部分市政消火栓的供水阀门关闭无法正常供水。

④跨区域救援的消防战斗员不能及时展开救火作业由于城市的不断发展.火灾的规模也越来越大,跨区域的火灾救援工作也越来越多,但是跨区域增援的消防战斗员对救援区域并不熟悉,不利于消防救援工作的及时进行。

(2)天然水源取水设施现状。天然水源是由地理条件自然形成的可供消防用水的水源,如江河、海洋、湖泊、池塘、沟溪等。当发生火灾事故时,可以为消防车取水提供便利,为扑救火灾提供必备的条件。天然水源取水设施虽然简单但却十分重要,特别是在城市消防供水管网为枝状时,天然水源成为消防给水的一项必备的补充。天然水源具有其他消防供水设施不可比拟的优势,因此我国许多邻近河流、湖泊的城市在消防规划中都将天然水源作为一种抗御火灾的重要设施加以规划和利用。在消防供水不足或者用水高峰季节时,天然水源是消防供水最为可靠、也是最后的一道防线。

通常的天然水源取水点都要修建通向城市道路的消防车通道以及取水平台,就像一个码头,供消防车驶入取水。但是,市政施工中又忽视自然河流、自然水塘、湖泊等取水点的建设,致使发生火灾时消防车停放不便、消防机动泵摆放不便,要舍近求远,使良好的自然资源不能得到很好的利用。更有很多城市未开展天然取水码头工程建设。天然水源取水设施存在以下问题。

①建设初期易忽视。建设一个取水码头费用较高,因其利用度低,政府往往忽视建设。同时水位有涨有落,考虑到防洪码头必须建得足够高,又不能太高,否则影响消防车吸水能力。由于目前我国的法规、标准对消防取水码头的建设没有具体的要求,造成许多已建成的消防取水码头的实用性很差,在火灾之中不能很好地发挥作用或根本不能发挥作用。

②消防天然取水点可同时停靠消防车数量不明确。在进行取水点建设时,虽然标志了"消防取水点"禁止停车和堆物,但没有规定"禁区"具体是多大的范围,同时也没有按照取水点实际的周边情况,确定可同时容纳取水的消防车数量,若在紧急情况下,极易造成拥堵,从而影响取水的效率。

③天然取水点水位情况不明确。天然水源多数具有明显的枯水和丰水期,对于水库、水塘、河流、湖泊等天然水源在不同季节不同时间,有着不同的蓄水量的计算方式及方法,而盲目地依靠静态的取水点的信息,进行取水作业,会面临无水可取的窘境。

(3)消防蓄水池现状。凡储存消防用水的水池均称为消防水池。消防水池的位置和蓄水量信息对消防作战时尤为重要。消防水池内的消防用水一经取用之后,要尽快补水,以供在短时间内可能发生第二次火灾使用(如在火灾危险性较大的高层工业建筑和重要的工厂企业单位,有可能在较短时间内发生第二次火灾),或检修后补充。一般情况下,补水时间不宜超过48 h。在消防水池的周围应设消防车道,以便消防车从水池内取水灭火,消防车道应能通向被保护的建筑。

消防蓄水池设施存在以下问题:

①消防水池蓄水量不足。某石油化工企业占地面积25亩(约16 665 m²),共有容量2 000多吨的油罐4个,分别位于3个区域,总的石油量近万吨,消防设施相对比较完善,消防意识相对比较强。但是该企业的消防池内水深不足半米,而该水池设计深度至少有2 m,这属于严重违规,一旦发生火灾,仅存的水量太少,无法救火,即使供到了消防栓上,也不能达到应有的压力,那到时候只能是"望罐莫及"。而城市部分小区的楼层楼顶的消防蓄水池从未蓄水,一旦发生火情,消防栓无水灭火,后果将不堪设想。

②消防水池位置需要进一步明确。为缓解火灾时消防用水的不足,许多建筑、工程也设置了消防水池。但根据建筑结构的不同,设置的消防水池位置也不尽相同,这就给公安机关消防机构用水带来一定的困扰。

(4)消防供水管网现状。消防供水管网是室外给水系统的一个重要组成部分。在有消防给水系统的城市,大多数都是消防与生活、生产用水系统合并,只有在合并不经济或技术上不可能时,才采用独立的消防给水系统。

①生产生活管网与消防管网不独立。供水管道一般是基于生产生活用水考虑建设的,早期的供水管网没有考虑消防用水的要求,消防和生产生活用水是合并使用的。消防供水管网面临以下问题:部分管网铺设较早,供水管道口径较小,目前已经不适合继续使用;部分管网虽然铺设了较大的管道,但经多年使用,管道内壁积垢生锈,管道口径逐年减小,压力降低,而且早期规划供水管网枝状多,未形成环状管网,满足不了灭火所需的水量和压力要求;部分管网年久失修或在道路建设、房产建造等情况中被人为破坏,造成自来水的大量流失;部分管网未分段控制,一处破裂,影响整个市政消防供水;部分管网由自来水厂和加压站单电源控制,很容易出现停电即停水的现象,消防供水缺乏延续性、安全性;部分管网在生产生活用水高峰时,管道水量少、压力低,严重影响市政消火栓灭火的水量和水压要求。

②市政管道压力不足。部分消火栓的最低压力低于规定的 0.18 MPa 的要求。2006 年 7 月 13 日,宁波江东星火塑胶厂发生火灾,该厂位置在城郊接合部,早期规划的消防供水管径小、压力小。两辆消防车停靠该管线进行消火栓补水,补水时间长,其他还有七八辆消防车很难在这条消防供水管线上补水,造成消防供水不足,使前面主战车的水压压力偏小,喷射的水柱很难直接打到火点,在消防队到达后的一段时间内火势得不到进一步控制,致使火势向四周蔓延扩大,造成现场围观老百姓不良影响。

消防水源是否充足直接影响着灭火救援行动的展开。目前,消防部门还没有对全部的消防水源进行统一动态管理,无法实时了解天然湖泊、人工水池的状态和消火栓的压力,只能依靠派人员定期实地检查的方式,对属地的消防水源进行检查记录。因此需要建立一种高效、便捷、可以实时掌握消防水源状态信息的采集感知手段,实现消防辖区内水源数据的精确记录。

(5)感知实现方案。借助物联网技术、传感网络技术对消防水源进行统一动态的管理,建立消防水源管理平台与数据库。

①天然取水点。

a. 水源位置感知。建立基于卫星定位技术、地理信息系统(Geographic Information System,GIS)技术的地理位置采集系统,将采集到的数据通过无线网络汇总到统一的监测管理平台,实现消防天然水源位置的管理。

b. 水位感知。在重要部位安装具有通信功能的液位传感器,定期传送消防水源水量数据。

c. 可停靠车辆数感知。预先根据天然水源的规模、容量、周边环境等因素,制定可容纳消防车停靠数量的方案,并进行数据平台上信息的标定。现场树立警告牌,划定禁停区,安装基于视频监控报警功能的监控系统,实时监管占用情况。

②消防水池。

a. 位置感知。通过卫星定位技术、GIS 技术的地理位置的标定,并汇总到水源管理平台,实现消防水池位置的显示及记录。

b. 水量感知。通过在消防水池关键点建立无线液位传感系统,实现消防水池水量的实时感知。

③市政消火栓。

a. 位置感知。通过卫星定位技术、GIS 技术的地理位置的标定,并汇总到水源管理平台,实现市政消火栓位置的显示及记录。

b. 水压感知。利用感知网络技术、无线通信技术、芯片制造技术、天然能源及节能技术,建立消防栓实时压力传感系统,通过数据的定期汇总,增强对市政消火栓状态的感知能力。

④市政供水管网。

a. 泵站位置感知。建立统一、规范的数据格式,获取水务部门相关实时数据。

b. 压力感知。在主要的关键点建立基于传感网络技术的压力监测系统,在压力发生变化时,实时发送数据至消防水源管理平台。

c. 流量感知。通过在管网泵站建立具有通信功能的流量感知系统,将流量信息实时传输到感知平台。

同时可以使用固移结合的方式,使用移动式手持机与固定建设的方式,灵活采集数据。

并建立统一的水源数据库及管理平台,用以实现水源数据的实时存储及可视化的界面显示。

(6)预期目标。通过物联网技术,将精确掌握消防水源的位置、压力、流量等关键数据,实时传递到信息中心,实现消防水源的智能化管理,为灭火救援行动的展开提供可靠的水源信息数据,增强消防信息掌控能力,使现场消防队伍能够快速制定有针对性的供水方案,同时有助于完善维护保养档案资料,提高维护保养效率。

2.消防道路

道路从词义上讲就是供各种无轨车辆和行人通行的基础设施。按其使用特点分为城市道路、公路、厂矿道路、林区道路及乡村道路等,与消防相关的道路信息主要是指消防车道的基础数据、被占用情况以及公共道路的拥堵情况等。

(1)消防车道现状。《建筑设计防火规范》及相关消防设计规范对消防车通道给出了明确的要求,对消防车道的宽度、净空高度、承压能力等做出了规定,但是在现实生活中消防车道被占用的情况比比皆是。

随着人们生活水平改善、活动范围增大、出行模式改变、道路交通设施的兴建,城市汽车饱有率不断上升。为缓解中心城区停车难的问题,许多城区、社区、居民小区不得不将消防车通道作为居民停车场。此外,由于规划缺位、管理失控、无序发展,在生活生产经营过程中,一些城乡接合部、城市老街区占用消防车道设置集市、货场,"城中村""棚户区"、连片村寨内的道路甚至无法满足消防车通行要求,这些问题给人民群众的生命和财产安全带来的潜在威胁无法估量。

(2)公共道路现状。面对火灾特别是重大火灾,必须与火情抢时间。但从消防队到火灾事发现场毕竟有一定距离,一旦道路拥堵,对出警速度的影响非常大,将会耽误灭火最佳时机。

消防站的布点是按接警后 5 min 内到达火场设计的。实际上,由于道路拥堵,现在的实际情况一般要 15~20 min 才能到达。火灾从起火到猛烈阶段,是 15 min 的时间。消防车如果 5 min 赶到火场,一支水枪就能扑灭;如果是 15 min 后,经过轰燃,就形成了全方位立体燃烧火势,很难扑灭。根据全国发生的各类重特大火灾事故具体情况看,当地公安消防队基本都是在火灾达到猛烈燃烧阶段才赶到着火现场,除一小部分是由于报警时间过晚,大部分原因则是行车路线拥堵,导致消防车辆行车速度缓慢,最终使小火酿成大灾。

如何在接到火警后,根据道路实时状况,及时确定最佳行车路线?城市主干道应急车道专车专用,确保畅通,将对及时有效扑灭火灾,减少火灾损失起到至关重要的作用。目前市局已经将全市 3.7 万多个道路监控视频共享给消防局使用,消防局可以查看、调用市局的道路监控图像,在灭火救援指挥调度和现场作战中发挥了重大作用。

道路拥堵是消防出警不畅的首要原因,尤其是上下班高峰期,拥堵情况之严重更是让消防车"寸步难行",消防车通道必须保持畅通无阻。公共道路的畅通情况、消防车道的空间允许能力和承载能力直接影响了消防处置是否能及时展开,对消防通道和公共车道的感知在整个感知消防系统中是不可或缺的一部分。

(3)感知实现方案。

①消防车道。

a.通过与停靠能力感知。建立消防车道信息数据库,对本市居民小区和单位所有消防车道通过能力(高度、宽度、回车场地大小)和停靠能力(消防车登高场地、架空部分的承重)

进行预先采集、分析,并将数据预先录入,在出警时指挥员可将相关信息告知前方参战车辆,科学引导车辆进入和停靠。

b.占用感知。现场树立警告牌,划定禁停区,重点部位安装基于视频监控报警功能的监控系统,实时监管占用情况。

②公共道路拥堵感知。接入上海智能交通系统拥堵信息,形成公共道路信息共享机制,实现消防指挥中心对公共道路拥堵的信息感知,并通过智能道路技术和道路视频分析技术的充分应用,制定消防车辆出动实时路线。

(4)预期目标。通过道路感知系统,实时获取消防车道、公共道路的道路信息,通过视频分析判断等技术,保证居民小区等处的消防通道畅通,实现日常占道预警,优化车辆出警线路,避让拥堵路段。为消防车辆快速到达现场提供可靠保障,进而提高消防救援处置的效率。

3.消防站点

消防站是消防队员工作(执勤备战)的场所,它是保护城市消防安全的公共消防设施,建设和布局符合《城市消防站建设标准》。

(1)消防站点现状。以上海为例,目前上海市市消防局建成了基于H.264视频编码技术体制的远程视频监控系统,该系统已覆盖120个基层中队。系统主要功能包括:

在中队的通信室、车库、门卫、操场安装视频监控点,并在本地保存30天录像资料。局监控中心可通过公安网实时监看任意中队的视频图像,并可调阅录像。

监控软件实现通过中队接警装置向视频服务器发送触发信号,一旦某中队火警出动能及时在监控屏幕上跳出该中队的图像信息,并具有自动录像功能。

分级监控,局监控中心可以对所有中队进行监控和管理。各支队(监控分中心)只能监控和管理所辖中队。

近年来,上海市消防局每逢重要节日、重大保卫任务前夕均利用该系统组织全局范围的战备视频抽查,全方位考察部队战备训练灭火救援工作情况,大大促进了基层部队正规化建设。

同时消防站配备了电子围栏系统,由电子围栏主机和前端探测围栏组成。电子围栏主机是产生和接收高压脉冲信号,并在前端探测围栏处于触网、短路、断路状态时能产生报警信号,并把入侵信号发送到安全报警中心;前端探测围栏由杆及金属导线等构件组成的有形周界。通过控制键盘或控制软件,可实现多级联网。发生异常情况时,主动发送到信息中心监控设备上,以保证管理人员能及时了解报警区域的情况,快速地做出处理。

(2)感知实现方案。

①位置感知。利用卫星定位技术,完善基于GIS图形技术的消防站点显示平台,详细记录显示城市所有消防站地理匹配的布局分布及功能。

②通信室、车库、训练场感知。利用消防远程视频监控系统及电子围栏,实时监控人员在岗情况、车辆在库情况、人员训练情况,为消防站感知系统提供翔实的视频数据。

(3)预期目标。通过消防站点的感知,可以实现对消防站点位置、功能的详细数据获取,使公共消防站布点规划更趋合理。促使队伍管理的手段更加多样,管理更加高效实时。

4.消防通信

消防通信,是指利用有线、无线、计算机以及简易通信方法,以传送符号、信号、文字、图像、声音等形式表述消防信息的一种专用通信方式。消防通信服务对象对内是公安机关消防机构及与消防灭火救援工作直接相关的部门与单位;对外是受理社会公众的火灾报警和其他灾害事故报警。

消防通信是消防工作中一项必不可少的重要组成部分,有着不可替代的作用。"十一五"期间,上海消防建设完成了计算机、有线、无线、卫星等基础通信网络,为消防灭火救援调度指挥打下了坚实的基础。

(1)火警受理系统现状。以上海为例,火警受理系统包括火警受理信息系统、火警调度机、火警数字录音录时装置等软硬件。随着公安"三台合一"系统的建设,现在的火警受理系统是集中接警、统一指挥、信息共享的模式,使公安机关消防机构更加快速接警、准确接警、快速反应、明确各方面的职责,为整个消防工作提供有力支持。

(2)计算机通信网络现状。以上海为例,目前,上海市消防局网络系统主要由 3 张网络组成:公安网(办公网)、部局指挥调度网和市局应急联动网,其中公安网与部局指挥调度网逻辑隔离,公安网、部局指挥调度网与市局应急联动网物理隔离。

(3)有线通信网现状。以上海为例,目前,上海消防局机关电话交换机设备采用程控交换机。该交换机与公网和公安语音专网分别互联互通,局机关与公安单位使用内部分机进行通话,与各支队、115 个中队通过公共交换电话网络(Public Switched Telephone Network,PSTN)实现语音通信。

(4)无线通信网现状。以上海为例,上海消防局充分利用 4G 网络技术和安全接入技术,建设了移动接入平台,通过 4G 网络加密通道,实现了消防业务应用向移动终端延伸和拓展,为灭火救援和消防监督执法移动终端应用提供了网络支撑,同时也是对 350M 无线常规通信系统三级通信网进行了补充和完善。通过补充完善配备转信台、固定台、车载台、手持台,上海市消防局完成了 4G 图像管理平台建设。各支队通信指挥车配置安装的 3G 车载终端和云台摄像机,已在灭火救援和执勤备战工作中发挥了作用。

公安机关消防机构是一支与火灾及其他各种灾害事故做斗争的军事化、专业化队伍。因此它的任务性质和行动特点,决定了对消防通信的要求,即迅速、准确、不间断。

上海市消防无线通信网采用自建的 350M 无线常规通信系统(以下简称 350M 常规系统)和市公安局 800M 无线集群系统(以下简称 800M 集群系统)同时并存、同步运行、互补互备的方式,组成三级网组网模式。

消防一级网(城市消防辖区覆盖网)主要负责市消防指挥中心与消防支队、现场指挥员之间的通信联络,现主要采用 800M 集群系统,350M 常规系统作为备用。

消防二级网(火场指挥网)适用于保障火场及其他灾害事故现场范围内各级消防指挥人员之间的通信联络。采用 800M 集群系统和 350M 常规系统混合使用的工作模式。

消防三级网(灭火救援战斗网)适用于火场及其他灾害事故现场各参战消防中队内部,指挥员、战斗班班长、水枪手、消防战斗车辆驾驶员以及特勤抢险班战斗员之间的通信联络。采用 350M 常规系统,多采用同频单工的方式。

同时,对于无线通信盲区和地铁、隧道、地下室等地下空间,采用无线中转台、组建临时网络,以保证现场联络畅通。

目前,800M 集群系统用于城市覆盖网和火场指挥网。350M 常规系统用于 800M 集群系统城市覆盖网的备份及灭火救援战斗网。

(5)卫星通信网现状。以上海为例,上海消防局卫星通信系统于 2010 年 4 月建成并投入使用。目前,局卫星通信系统主要包括卫星地面站一台、动中通卫星车一辆、静中通卫星车一辆、全自动便携式卫星站一套和背负式卫星站一套。卫星通信网使用托管式网管系统,能分别使用部局或局自行租用的卫星链路。

局卫星通信系统可实现四种功能。

①在任意时间、任意地点建立灾害现场与部局指挥中心或局指挥中心的综合业务数据的互联互通。

②实现在同一时段内有两个灾害救援现场或演练现场,每个现场有一路视频、一路语音传输至部局指挥中心或市局指挥中心。

③实现在特大灾害救援现场,构建由部局移动指挥中心、灾害地总队和上海消防局指挥中心组成的卫星通信指挥网。

④能与地面有线通信网络和无线通信网络相结合,互为补充、支持,实现天地一体的通信网络。

(6)感知实现方案。工作状态感知。针对消防通信系统的工作状态建立有效判断机制,分析归类影响通信系统正常工作的关键因素,从而建立自动识别系统工作状态的方法。

无线基站感知。可以使用带通信功能的无线基站水浸、断电传感器,通过无线、有线通信传输网络,并建立基于状态信息的智能警示系统,实现对无线基站工作状态的感知。

(7)预期目标。通过通信感知系统,快速掌握消防火警受理系统、计算机通信网络、有线通信网、无线通信网、卫星通信网的工作信息,及时判断工作状态。同时保证消防无线基站的可用状态,具有可靠的通信能力。

## (二)火灾高危单位消防信息感知子系统

火灾高危单位是指消防安全重点单位中,容易造成群死群伤火灾危害的人员密集场所、易燃易爆单位,以及高层建筑、地下公共建筑等,这类单位是消防部门监管的消防安全重点单位中的重中之重。

### 1. 人员密集场所

《中华人民共和国消防法》第七十三条:"(四)人员密集场所,是指公众聚集场所,医院的门诊楼、病房楼,学校的教学楼、图书馆、食堂和集体宿舍,养老院,福利院,托儿所,幼儿园,公共图书馆的阅览室,公共展览馆、博物馆的展示厅,劳动密集型企业的生产加工车间和员工集体宿舍,旅游、宗教活动场所等"。

(1)人员密集场所消防现状

由于人员密集性场所人员密度较大,一旦发生火灾极易导致人员群死群伤或造成重大经济损失,所以一直是消防的重点监管对象。

人员密集场所主要存在的火灾隐患如下。

①部分人员密集场所消防设计存在先天隐患。部分设置在其他建筑内的人员密集场所,由于建筑本身使用性质的局限,不能设置此类场所,或此类场所本身未按消防技术规范进行设计,不能通过消防行政许可,就已营业或投入使用。

②装修采用易燃可燃材料。由于装修风格多样、施工周期短、装修成本低等原因,在场所内甚至是疏散通道内大量采用木材、塑料、纤维织品等可燃易燃材料进行装修,直接导致火灾荷载大幅度增加。

③消防设施先天不足,安全出口、疏散通道设置不符合要求。由于投资成本不足,以及平面部局和装修需要,部分场所未按设计要求安装消防设施,配备灭火器材;有的场所会在

安全出口处采用侧拉门、卷帘门、旋转门等,即使采用了平开门,门也不是朝向疏散方向开启;有的占用疏散通道内搭建仓库、办公用房,造成疏散宽度不够,或堵塞、封闭疏散通道和安全出口,有的场所为了防盗和声光效果,将室外门窗用铁栅栏等封死.阻碍了火灾中人员逃生和灭火救援的通道。

④消防安全管理制度未落实,消防安全管理不到位。各类人员密集场所用火、用电、防火检查、控制室值班、员工培训、消防设施维修保养、火灾隐患整改、灭火和应急疏散演练以及消防安全操作规程等必须建立消防安全管理制度。有的虽然建立了一些内部管理制度,但不符合本单位或公共场所安全管理的实际,制度内容不具体、不全面,有的规定内容与现行消防法律法规规定不相一致,缺乏可操作性。

⑤建筑消防设施器材不能保持完好有效。部分场所未落实消防安全责任,不能定期组织对建筑消防设施进行维护保养,甚至不进行维护保养,致使建筑消防设施不能保持完好有效,火灾事故中不能发挥应有的作用。

⑥公众消防安全意识淡薄,缺乏必要的自救和逃生知识。在我国,由于没有系统的消防安全教育体制,大多数国民的消防安全意识比较差。人员密集场所中,特别是公众聚焦场所,公众普遍缺少防火常识,不知道如何正确报火警,未掌握初期火灾扑救和火场自救逃生的技能,一旦发生火灾极易造成群死群伤事故。

(2)感知实现方案。建立统一的人员密集场所管理平台与数据库,实时显示该类场所各种消防设施的状态信息,并进行统一的监管。

①单位主出入口与消防车道感知。建立基于视频判断技术的人员密集场所视频处理联动平台,采用视频结构化等处理技术,实时监测单位主出入口与消防车道的通畅程度,发现阻塞现象立即在平台上显示报警,并联动企业与相关管理部门实施排除。

②室外消火栓感知。通过建立基于传感网技术的带有无线通信功能的室外消火栓压力探测装置,实时进行消防栓工作状态监测,并将数据汇总至人员密集场所管理数据库。

③室内消火栓系统感知。通过视频监控报警系统,实时监控室内消火栓系统是否被遮挡、圈占、埋压。

④自动灭火系统感知。建立自动灭火系统信号接入机制以及接入信息标准,通过有线网络的信号同步,获取自动灭火系统的可用状态、工作状态、作业区域等信息,传送至城市消防远程监控系统。

⑤火灾自动报警系统感知。通过通信协议转换技术,在单位消防控制室自动报警系统上安装接入模块,建立消防设施状态信息监测系统.获取探测火灾报警器的工作状态等信息,传送至城市消防远程监控系统。

⑥消防控制室感知。可以建立具有消防控制室值班远程查岗功能的视频监控系统,通过视频的云计算技术,在消防控制室无人在岗时,自动发出告警信号,通过网络传输,传送至城市消防远程监控系统。

⑦防烟排烟系统感知。可以建立防排烟系统的接入机制以及接入信息标准,同步获取工作状态、作业区域信息,传送至城市消防远程监控系统。

⑧电力线路及电气装置感知。通过使用电力线路电压电流实时监测技术及装置,实时探测电线是否过流过压,发生异常时主动发出报警信息,并传送至城市消防远程监控系统。

⑨应急照明系统感知。通过消防应急照明接入机制以及接入信息标准,使平台及时接受报警信息,有效判断工作状态,并传送至城市消防远程监控系统。

⑩疏散标志感知。可以建立消防疏散指示系统接入机制以及接入信息标准,通过加装工作电路反路告警装置,有效判断工作状态,并传送至城市消防远程监控系统。

⑪与防火卷帘感知。建立基于视频判断技术的防火门、卷帘启闭探知装置,在非正常状态下,通过有线或无线网络,自动发送警报信号至城市消防远程监控系统。

⑫灭火器及疏散通道感知。可以使用针对室内灭火器、疏散通道的视频判断技术与装置,通过比对预设值,发现是否异常,并有效关联巡检系统,安排人员快速检查。

⑬应急广播、消防电源及配电感知。可以通过建立针对消防广播、消防电源及配电的电源信号分析系统,通过电源开关量信号的智能识别,快速判断正常工作状态,同时将状态信号传送至城市消防远程监控系统。

(3)预期目标。

快速获取人员密集场所消防设施的有效状态及消防从业人员在岗情况等信息,切实有效地发现、整改火灾隐患,极大程度上优化人员密集场所的消防安全环境,有效改善人员密集场所的消防安全状况,并形成长效机制,杜绝重特大火灾事故的发生,从而减少人民群众生命财产损失,为加强人员密集场所的消防安全监督工作建立完善的操作平台。

2. 高层建筑

(1)高层建筑现状。高层建筑主要是建筑高度大于 27 m 的住宅建筑和建筑高度大于24 m 的非单层厂房、仓库和其他民用建筑。

高层建筑火灾具有以下特点:

①火势蔓延快。高层建筑的楼梯间、电梯井、管道井、风道、电缆井等竖向井道多,一旦防火分隔未正确处理,发生火灾时极易造成烟囱效应,成为火势迅速蔓延的新途径。尤其是高级宾馆、综合楼和图书馆、办公楼等高层建筑,一般室内可燃物较多,一旦起火,燃烧猛烈,蔓延迅速。据测定,在火灾初期阶段,因空气对流,在水平方向烟气扩散速度为0.3 m/s,在火灾燃烧猛烈阶段,各管井烟气扩散速度则可达 3~4 m/s。假如高度为 100 m的高层建筑发生火灾,在无阻挡的情况下,半分钟左右,烟气就能顺竖向管井扩散到顶层,其扩散速度是水平方向的 10 倍以上。

②疏散困难。高层建筑的特点:一是层数多,垂直距离长,部分建筑水平空间大,疏散到室外安全区域的距离长;二是人员众多、分散,许多人对建筑内安全疏散路线不熟悉;三是发生火灾时由于建筑内部防火分隔不严,导致火势和烟雾快速蔓延,增加了疏散的难度。

③扑救难度大。高层建筑建筑体量庞大,结构复杂,各区域使用功能多样,在发生初期火灾时应依靠自身的室内消防设施自救,但由于目前我国经济条件、管理水平所限,建筑内部的消防设施的配备率和完好率还不高,因此,扑救高层建筑火灾往往遇到较大困难。

(2)感知实现方案

建立高层建筑消防信息管理平台与数据库,实时显示该类场所各种消防设施的状态信息,并进行统一的监管。在人员密集场所各类感知内容的基础上,还需要结合高层建筑的特点进一步开展下列内容。

①避难层与避难间感知。建立基于视频判断技术的视频监控系统,并建立高层建筑疏散避难处理联动机制,有效管理高层建筑设立的避难层和避难间的启用状态。

②消防电梯感知。使用固定的视频探测技术及结构化技术实时监控电梯的启闭状态,快速掌握消防电梯是否停用。

③消防登高面感知。通过对消防登高面的固定视频探测技术,对消防登高面进行实时

监控,确保不被占用。

④回车场地感知。通过固定的视频探测技术,对回车场地进行实时监控,保障消防环形通道畅通,不被占用。

⑤楼顶停机坪感知。通过固定的视频探测技术,实时监测灯光指示系统可用情况,场地占用情况。

(3)预期目标。有效掌握高层建筑关键消防设施的使用状态和消防从业人员在岗情况等信息,提高发生火灾后高层人员逃生概率,减少生命财产损失,建立完善的消防安保联动机制,落实消防安全管理措施,解决疏散出口封闭、疏散楼梯堵塞、高层避难场所占用等问题.避免发生火灾时消防通道阻塞,高喷车、云梯车等灭火救援车辆无法靠近的窘境,减少高层建筑火灾带来的损失。

3. 地下公共建筑

(1)地下公共建筑现状。

地下公共建筑,一般出口较少、密闭性好、透风条件差,火灾中可燃物产生大量的烟雾,将从起火部位以 1 m/s 的速度向四外对流扩散,直到布满整个空间,呈现聚积不散的状态。因此,一旦发生火灾,后果不堪设想。地下建筑的火灾特性如下。

①不完全燃烧产物和有毒气体含量多,烟气难以排出。地下建筑因其密封性好,火灾后大量物质的燃烧速度与燃烧的充分性受到影响,造成燃烧速度慢、阴燃时间长、产生的浓烟和大量有毒气体难以排出,给灾害现场人员疏散造成困难,给火灾扑救带来困难。

②部分场所人员流量大、内部结构复杂、进出通道少,导向标志不易发现,安全疏散困难。多数地下商城、娱乐场所内部结构复杂,有的互相贯通,特别是环形地下商城,方向性模糊程度更为严重。场所内的安全疏散指示标志大多设在顶棚,不易于辨别。

③储存物品种类杂、可燃物数量多,火灾负荷大,给防火灭火工作造成极大的困难。有的地下商品批发市场,平均火灾荷载密度为 $100\sim300$ kg/m$^2$,如发生火灾在得不到充足空气的情况下,燃烧时间将会持续 $6\sim18$ h,是地面同样荷载燃烧时间的 3 倍。

④内部纵深大、层数多,灭火战斗困难,火场人员难找。凡大型地下商城、汽车库,其建筑都有较大的长度,火灾中战斗人员如从一点向内进攻,受高温、浓烟和光照度的影响很难进行内部搜救,在有限时间内,及时对被困人员展开救助。

⑤有些地下空间特别是人防工程,在使用中存在功能改变、结构调整,消防的设施设备未能及时依据现行法律法规进行改造,导致场所内部一旦发生火灾,无法及时发现和初期扑救。

(2)感知实现方案。建立地下建设消防管理平台与数据库,实时显示该类场所人员与环境信息,并进行统一的监管。在人员密集场所各类感知内容的基础上,还需要结合地下建筑的特点进一步开展以下工作。

①视频监控信息感知。建立安防视频监控接入机制以及接入信息标准,接入地下建筑固定安防视频系统,采集地下建筑内人员与环境信息。便于发生火灾时,公安机关消防机构现场救援时搜救受困人员。

②可燃和有毒气体探测信息感知。建立可燃和有毒气体探测系统接入机制以及接入信息标准,固定安装可燃和有毒气体探测装置,获取地下建筑火灾或其他灾害时的可燃、有毒气体信息。

(3)预期目标。有效掌握地下建筑内人员及环境状况,为消防设施和消防通道日常监督检查提供技术支撑。同时提高发生灾害时公安机关消防机构处置地下建筑时快速寻找受困人员效率,降低恶劣环境对消防一线官兵造成的人身危害,有效提高地下空间安全水平。

4.易燃易爆单位

(1)易燃易爆单位现状。易燃易爆场所火灾,燃烧猛烈,蔓延迅速,并伴有爆炸发生,化学物品性质各异,反应强烈,能产生大量的有毒、有害产物,具有较强的破坏性和腐蚀性,火场情况瞬息多变,十分复杂,对周围的建筑物、设施破坏严重,易造成较多的人员伤亡。易燃易爆场所火灾特点有:

①燃烧速度快,突发性强,容易发生爆炸。

②爆炸危险性大,容易出现大面积燃烧。

③易扩大事故,易出现多次复燃和爆炸。

④火势变化大,温度高,灭火、救人难度大.扑救时间长。

(2)感知实现方案。建立易燃易爆单位统一管理平台,用以分析易燃易爆单位安全保障水平,细化社会消防力量,同时便于消防现场作战时的力量调集。

①专职消防站位置感知。建立基于卫星定位技术的专职消防站点地理位置采集系统,并通过 GIS 图形技术在管理平台显示,使消防指挥中心直接掌握易燃易爆单位可供调用的专职消防队位置。

②可燃气体探测系统感知。建立易燃易爆单位基于环境监测的可燃气体探测系统接入机制以及接入信息标准,将现场探测的环境状况,传输到统一管理平台,使消防队伍直接掌握现场信息。

③气象感知。建立现场气象系统接入机制以及接入信息标准,共享采集现场风速风向、温度湿度数据,使公安机关消防机构快速掌握现场气象条件。

④重点区域高空瞭望感知。建立重点区域视频图像接入机制以及接入信息标准,获取重点区域视频信息。

(3)预期目标。有效掌握易燃易爆单位的各种关键因素,达到日常有效检查易燃易爆单位消防安全制度落实情况,避免内部日常检查的形式化,督促整改缺少安全机构或落实相关职能部门的中小型易燃易爆企业,监督企业火灾隐患整改,规范消防设施的建设,切实加强易燃易爆场所的消防安全工作,有效防止易燃易爆场所火灾爆炸事故,并为灾时公安机关消防机构的科学处置提供可靠的信息支撑。

### (三)消防安全重点薄弱场所(区域)消防信息感知子系统

消防安全重点薄弱场所(区域)是指城乡接合部、城市老街区、住宿与生产储存经营合用场所(俗称"三合一"场所)"城中村""棚户区"等的统称。这些场所是城市发展进程中必然产物。这些场所的存在往往伴随着各种消防隐患,成为消防部门需要重点监管的对象。

1.城乡接合部消防安全管理现状

城乡接合部是指兼具城市和乡村的土地利用性质的城市与乡村地区的过渡地带。随着城市化过程,城市不断向外围扩展,使得毗邻乡村地区的土地利用从农业转变为工业、商业、居住区以及其他职能,并相应兴建了城市服务设施,从而形成包括郊区的城乡交错带。城乡接合部消防安全管理弱项主要如下。

(1)行政区划不清,导致管理矛盾,成为管理空白。城乡接合部由于土地批租、房地产开发而导致土地管理分割,城乡单位犬牙交错,"地两府"及"一地多主"的现象比较普遍,带来较突出的跨区的管理矛盾。

(2)外来人口聚集,素质良莠不齐,带来社会问题。在城乡部由于其优越的区位、廉价的租屋,加上管理较薄弱,使大量外来人口在此集聚,虽然给这一过渡带的经济发展增添活力,但同时带来消防、环卫、治安等许多社会问题。

(3)随着城市的发展,交错地区逐渐外扩,范围广,消防监管难度大。

城乡接合部消防安全环境的特点是消防车通道狭窄、转弯半径小;防火间距小,冬季取暖可燃材料堆垛密集;可燃易燃棚户区多,给消防规划、消防监督和管理以及火灾扑救带来更加严重的困难。小范围的自发小群体和居住、暂居地点,易发生重特大群死群伤恶性火灾事故,当地消防部门力不从心,给社会、经济造成重大影响。

因此需要通过技术手段有效监控城乡接合部,极早发展城乡接合部消防隐患,减少城乡接合部面临的消防安全威胁;不留死角,以确保城乡接合部消防环境的发展变化与市区的发展相一致、相协调。

2. 城市老街区、"城中村"、棚户区消防安全管理现状

(1)城市老街区消防安全管理现状。城市老街区是城市历史变迁的见证,随着城市的发展,越来越多的老街区消失了,保留下来的老街区为了自身发展也逐渐改造成为集"休闲、旅游、购物"为一体的繁华街市。城市老街区消防安全管理的弱项主要如下。

①建筑物密集,消防通道狭窄。

②商业街发展迅速,人员密集。

③建筑物内部多为木结构,易燃。

(2)城中村。所谓"城中村",是指在城市高速发展的进程中·由于农村土地全部被征用,农村集体成员由农民身份转变为居民身份后,仍居住在由原村改造而演变成的居民区,或是指在农村村落城市化进程中,由于农村土地大部分被征用,滞后于时代发展步伐、游离于现代城市管理之外的农民仍在原村居住而形成的村落。

根据《2013—2017年中国城中村改造建设深度调研与投资战略规划分析报告》数据显示,全国各大中城市的城中村规模还依然十分巨大。

"城中村"是城市的一块"夹缝地",这一区域消防安全管理的弱项主要如下。

①人口杂乱,"城中村"由村民、市民和流动人口混合构成。人员整体消防意思淡漠。

②城市规划滞后,违法违章建筑相当集中,"一线天""握手楼""贴面楼"较为常见。房屋密度一旦发生火灾不易救援。

③基础设施不完善,各种管线杂乱无章,街巷狭窄、拥挤,存在严重消防隐患。

3. 住宿与生产储存经营合用场所、小商品市场现状

住宿与生产储存经营合用场所、小商品市场具有人员流动量大、货物多、可燃物多、火灾荷载大等特点,这一场所的消防安全管理弱项主要如下。

(1)此类场所存在严重的消防安全隐患,安全出口不满足消防安全要求,疏散通道不畅,严重影响人员疏散逃生和灭火救援。

(2)现场人员消防安全意识淡薄,火灾发生后不能及时报警,延误了灭火救援的时机,且逃生意识淡薄。

4.消防安全重点薄弱场所(区域)感知系统总体感知实现方案

重点区域感知。通过建立适用于城乡接合部的视频监控系统,获取重点区域的消防车通道、消防水源和火灾情况等图像信息。有效监控消防车通道畅通性、消防水源可用性以及火灾的早期预警等信息。

## 二、灭火应急救援感知系统

随着城市化、工业化进程的加快,大型人为灾害、自然灾害的处置对公安机关消防机构灭火应急救援工作提出了更新、更高的要求。因此研究基于物联网技术的灭火救援感知系统,建立灾害现场救援人员分布感知、一线战斗员火场综合信息智能感知、火灾现场实时信息采集与指挥、火场进攻路线智能管理等系统的构架,能够实现火灾现场受困人员、灾害现场、救援现场周边等相关信息的实时感知,进而实现火灾扑救、应急救援指挥的智能化管理,提高灭火救援能力。

### (一)消防力量调度指挥感知子系统

消防力量调度指挥是在灭火救援战斗行动中,对消防力量进行指挥、组织、安排、调配的过程,是灭火救援行动的基础、前提和重要组成部分。调度指挥又是一项周密而严谨的工作,需要针对不同等级的火情、不同的救援对象、不同的受警方式、不同的消防队现状来制定和调整调度指挥方案。同时随着灾情的发展,不断调整调度指挥方案,规范调度指挥程序,完善消防调度指挥体系,确保灭火救援力量调度准确及时规范。

1.车辆调度感知

(1)消防车辆调度现状。随着卫星定位技术在消防通信调度指挥系统建设中得到普遍重视和发展,消防车辆调动可利用卫星定位技术实现车辆的动态管理,在指挥中心的电子地图上显示出行车路线和消防车辆位置信息。指挥中心的调度员根据情况,通过无线通信设备,及时对参战车辆进行调度指挥和行车路线矫正。

合理的调度需要多重信息资源的支撑,才能够形成科学的调度方案。灭火救援过程中,车辆停靠的位置直接影响灭火救援行动的展开,车辆的类型、随车的装备、车辆的车况都是指挥调度的重要因素,但目前消防车辆与指挥中心信息交互渠道少,很难做出有效的信息反馈,从而影响科学有效的调度。

因此,需要进一步加强指挥中心与消防车辆之间的信息交互,实现消防指挥中心对消防车辆的快速、准确、科学的跟踪、调度、指挥和实时的车辆动态管理。利用高科技全面实时掌握消防车辆实时位置,精确了解车辆的分布状况,提高消防车辆抢险救援的效率,进一步降低火灾损失,保障人民财产安全。

(2)感知实现方案。基于统一的消防力量调度平台,建立车辆现场采集终端与指挥中心通信信道,通过综合分析判别,分析匹配最合适的可调度的车辆位置,同时进行面向大量终端的数据快速处理和压力均衡处理,满足城市大范围内同时对多车辆实时监测信息的并发处理需求。

①出入库情况感知。建设基于物联网的消防车辆、消防车库等相关对象的数字化采集传输终端,在车库出入口位置安装数据采集装置,在车顶位置安装射频识别(Radio Frequency Identification,RFID)芯片,形成信号的读取采集交互,通过网络汇总到车辆调度平台。

②位置及运动轨迹感知。通过建立集卫星定位系统、GIS以及无线通信技术于一体的软、硬件综合采集和显示系统,自动采集车辆所处的位置信息,定期记录回传,自动、准确记录和重放行车轨迹及出警与灭火的全过程。

③指令接受反馈感知。建立消防车与指挥中心指令反馈机制,通过引入信号手段,形成调度指挥双向信息交互。

④工作状态感知。通过消防车辆总线系统或在重点部位设置传感器对消防车辆发动机、水泵水(泡沫)箱、电瓶等的关键参数进行采集。并配备可查看该类型的显示终端,实现消防车辆工作的准确显示。

(3)预期目标。通过消防车辆感知调度系统的建设,弥补现有系统在车辆动态、车辆部件工况、指令交互等方面的不足,进一步提升指挥调度的科学性。

2.人员调度感知

(1)人员调度感知现状。作为消防灾害处置工作的主体,消防现场人员的充裕程度、分布位置以及配备的合理程度对及时、有效地开展救援工作起着举足轻重的作用,是消防处置成功的重要条件之一。因此要求指挥人员能够在出现灾害事件时,第一时间安排相应人员进行处理,并根据事态发展,快速调整,协同处理。

然而在救援处置现场,指挥中心或现场指挥部很难快速确定灾害现场各战斗力量所处位置,难以全面掌握各级指挥员到场情况,从而无法科学组织调动人员和快速科学地决策。时常发生调度中心通过无线对讲机或公共通信设备与灾害现场人员无法联系,调度不畅。现场救援人员也无法快速找到现场指挥部,从而影响指令的接收,造成救援效率的下降。在灾情严重或指挥中心无法做出决策需要相关领导、专家参与救援处置决策时,无法在决策过程中多角度多方面查看现场实况,为决策提供技术支持。

在实施灭火救援过程中,消防员分布位置、进攻路线的选择,供水线路、分水阵地的设置,水枪(炮)阵地的位置是成功扑救火灾的关键因素之一。为实现救援的迅速、安全和实现灭火攻防最大效能,现场指挥员不但需要以知识为基础的定性分析,更需要以数据为基础的定量分析,从灾害救援全局视角出发,根据灾害随时间的发展和变化,动态地调整阵地的设置,从而充分把握火场的主要方面、发挥灭火剂的效能和技战术措施。然而把数据和知识有机转化为现场正确布置信息,其过程相当复杂,人工处理的能力十分有限。

因此迅速获取灾害现场各个层面救援人员的地理位置非常必要。从指引现场救援人员向最近现场指挥部获取指挥命令;综合分析灾害现场特点,从全局整体视角,合理布置救援现场指挥部位置,两个方面展开科学的人员调度模式。

(2)感知实现方案。通过大量位置信息、工况信息、图像信息等数据的采集,建立具有随现场决策动态调整、动态反馈的调度管理模块,并建立相应的现场人员调度的策略模型。

①指战员位置感知。在消防指战员个人装具上嵌入基于RFID技术和地理图形匹配技术的实时定位模块,在现场架设多点射频读取模块,读取定位模块信号,通过定位算法,结合现场GIS图形,实时反映出现场指战员位置。

②分水阵地及水枪(炮)阵地感知。运用数据的动态采集传输技术,在水枪(炮)、分水器、水带上安装的感应芯片,可以将水枪(炮)、分水器、水带的压力、位置、所属单位等信息上传到指挥中心或现场指挥部,使前方指挥员随时掌握战斗力量分布。

③各级指战员出警情况感知。在消防个人装具上配备数据采集模块,在消防车辆上安装相应的信息读取和发送模块,获取上车指战员身份信息。并将采集的信息实时上传至指

挥中心。

④灭火救援专家感知。配发一体化的灭火指挥调度终端,通过视频传输技术,使灭火救援专家直观掌握消防出警状态、救援现场多角度情况。

(3)预期目标。通过融合消防指战员出动情况、位置信息的统一调度系统,能够快速掌握参战力量构成和数量,为现场指挥提供坚实基础。同时全方位展示消防处置过程的显示系统,可即时引导专家等各方人员,根据现场实况反馈,做出正确的指导意见,为领导决策提供有力支撑。

3.装备器材物资调度感知

(1)装备器材物资调度现状。在紧急突发救援事故发生后能否将必要的装备器材物资快速地运达救援现场,关系到应急救援的效果甚至是成败。因此,消防部门逐步建立相应装备器材的储备、调拨、配送网络,保障处理各类事故现场所需的重点设备器材及物资的有效调度。

根据有关规定和标准,消防部门制定了相应装备、器材、物资的配备标准,并在平时做好物资的保管工作,保证装备处于良好的使用状态,确保一旦发生灾害事故能立即投入使用。但是在救援处置过程中,不同物资所起到的作用也是不同的。就现场救援处置而言,装备物资的时间效用价值也是不同的。而目前消防部门并未针对这一时间特性,展开有条理、有步骤的调度规划。从而易造成现场缺乏有针对性的装备器材物资,造成救援的延缓。

由于火灾、危险品泄漏等救援现场,事故会在短时间内产生较大的变化,灾害规模发展迅速,救援处置紧迫性强,对调度装备器材物资时间性要求高。传统的调度方式已经不能满足科学处置的需要,因此需要从物资调度伊始,对出入库情况、位置及运动轨迹、工作状态等信息进行实时获取,实时跟踪,确保急需的消防装备器材能够尽快地运抵现场。

因此,装备器材物资的调度需要满足消防特定需求,以追求时间效益最大化和灾害损失最小化为目标,通过快速准确的调集救援灾害现场所需的装备器材物资,保障公安机关消防机构处置的成功。

(2)感知实现方案。面向灭火救援指挥调度的需要,建立区域危险源数据库,根据装备器材物资分类方法和感知途径,基于现有调度指挥平台,建立相关物资的管理调度子系统。

①出入库情况、位置及运动轨迹感知。以科学合理的调拨、运输理论和技术保障手段,通过基于感知网络技术的出入库管理手段和管理规范,结合车辆调度感知系统相关技术,利用固定、移动感知终端实时采集装备器材物资调度线路,提高物资输送效率。

②工作状态感知。一是建立调度−反馈的双向交互模型,建立基于物资地理位置的时间换算图形化平台;二是在市级层面上,整合装备物资数据库,记录不同区域存储点所存储物资的种类、数量、状态、分布特点等基础数据,形成统一调度和分配模式;三是对各种装备出勤、训练、备勤、维修、报废等状态进行实时录入和动态感知,并进行后台实时统计管理。

(3)预期目标。克服消防物资调度单向管理的不足,有效满足物资调度快速、准确的要求,充分利用车辆、装备、人员等相关资源,实现消防物资调度现代化和自动化,从而提高消防现场的快速反应能力、科学决策能力和作战能力,充分满足公安机关消防机构抢险救援和联合作战的需要,最大可能地减少火灾造成的直接和间接损失。

4.社会应急力量及物资调度感知

(1)社会应急力量及物资调度感知现状。任何重大自然灾害或突发性公共事件,其所需物资的数量和种类往往是惊人的,所涉及的应急物资种类繁多,如医药、医疗器械、食品、被装、帐篷、燃料、饮用水、交通工具等,同时需要不同救援队伍相互配合共同处置。所以在处理应急救援事件上,社会应急力量及物资的供给和调用起着非常关键的作用。

而目前各应急物资生产企业、运输和储备单位很难进行信息共享和数据交换,不能在各个环节进行监测调度。在突发事件发生时,很难及时提供急需的物资来应对突发事件。如在吉林松花江水污染事件中,就出现了因找不到活性炭而无法及时进行污水处理的情况。社会救援处置器材调度不明,社会保障物资调度情况不清,严重影响了救援处置的成功率。

因此建立一个以应急救援为主体的互联互通、信息共享、统一的社会应急力量与物资管理调度平台,一方面可以快速查找可供调用的社会应急物资,最快最优地找到所需物资的存储点,一方面整合消防专业队伍和社会救援队伍力量,加强功能组合,从而保证应急救援的顺利展开。

(2)预知实现方案。建立统一的社会应急器材装备信息和社会应急救援物资生产、储备情况信息数据库,实现基础数据的资源共享。

①社会灭火药剂调度感知。建立消防部门与生产厂家的快速直接沟通平台,利用分散在不同地区和不同部门的应急物资储备量实时跟踪监测技术,及时掌握应急物资存量情况,便于在应急条件下的装备物资动员和筹措。

②处置器材与保障物资调度感知。建立社会应急资源信息共享的调度管理体制,建立由政府专门部门统筹的社会应急资源信息管理平台,统一负责相关物资的调度管理。

③社会应急力量出动感知。建立应急部门之间联动信息接入标准,建立大消防环境下力量调度整合平台,实现联合作战、联合调度的运作模式,有效整合社会资源,共同发挥应急救援的作用,从而达到社会资源共享化。

(3)预期目标。完善社会应急力量和物资信息共享机制,提升城市应对各类灾害事故和突发公共事件能力,提高接处警调度指挥科学辅助决策水平的重要前提,实现各警种和社会力量联合作战、快速反应。克服针对上海市应急联动中心条块纵横、各自为政、重复建设、重复开发、标准不一、无法共享等问题,建立科学有效的管理体制。

## (二)灾害现场处置力量分布感知子系统

灾害救援的成功关键在于科学的决策手段,准确、可靠、全面的现场处置力量分布信息是提供科学决策的重要前提。灾害现场力量分布感知是实现以达到对有限力量的最优分配为目标的现场救援力量部署情况的统计,通过获取对灾害救援效率具有影响因素的车辆、人员、装备等信息,定性及定量分析,最大限度地发挥现场各处置力量功能,使消防指挥决策具有更强的科学性、适用性和实用性。

1.消防车辆分布感知

(1)感知实现方案。

①灾害现场车辆分布感知。通过建设基于卫星定位技术的消防车辆定位系统,建立灾害现场数量分布实时采集数据库。

②车辆投入战斗状态感知。根据现场指挥部或指挥中心作战力量安排,感知是否进入态势标绘指定外围集结、取水、供水、出水作业位置。

③现场车辆工作状态感知。通过消防车辆总线系统或在重点部位设置传感器对消防车辆发动机、水泵、举高臂、水箱、泡沫箱等的关键工作状态参数进行采集。并配备可查看

上述信息的显示终端,实现消防车辆工作的准确显示。

(2)预期目标。

使现场指挥部及指挥中心直观了解现场车辆数量,车辆的停靠位置、战斗状态和工作状态,有效提高参战车辆之间协同作战能力和救援现场整体工作效率。

2. 消防人员分布感知

(1)消防人员分布感知现状。

目前消防队员普遍缺乏消防员个人安全救援指示设备,仅配备了无线对讲机和呼救器。在充满不确定性的大型灾害事故现场,内政人员的生命体征信息、位置信息和呼救信息,无法有效传输到后方指挥平台,使指挥员难以实时了解攻坚组人员相关信息。当火场发生突变危及官兵生命安全时,也无法及时采取增援救助措施,对人员安全保护产生重大影响,致使救援人员易产生畏难心理,从而影响现场指挥决策的实施。另外,缺乏足够的现场人员位置信息,指挥员无法根据灾害发生情况和发展趋势,及时做出合理的指挥决策,随时将战斗员进行协同调配构成最佳战斗体系。也无法快速寻找现场灭火专家,获得专业、有效的现场指导,从而降低了指挥效率。

因此需要根据现场人员分布态势和救援需求,使指挥员主动获取消防现场所有相关指挥员、战斗员、攻坚组人员的位置与生命参数信息,快速寻找到现场灭火专家。进而根据消防人员信息,动态调整救援处置方案,科学准确地进行现场指挥。

(2)感知实现方案。

①人员位置感知。通过以磁场模型为基础的应急救援人员追踪定位技术,建立救援人员运动分类数据模型,通过应急环境中定位信号的连续传输通道技术,以及携带性及小型化设计,建立可用于复杂建筑物内、外的应急救援人员三维追踪定位系统,实现应急救援人员室内外实时追踪定位,为现场救援人员的科学调度和生命安全提供可靠的技术保障。

②生命体征感知。通过生命体征监测指标选取及测试技术,建立应急救援人员现场信息无线传感网络系统硬件和软件,通过生命体征监测指标评判技术,建立应急救援人员现场信息处理"体域网",实现突发事件现场环境、生命体征和个人装备工况等信息实时反馈,为突发事件现场指挥人员的科学决策和应急救援人员的安全保障提供技术手段。

③室外人员定位。基于地磁定位技术、卫星导航定位技术、射频识别定位技术,在消防人员的防护装备或随身器材上嵌入相关定位模块,实时获取消防人员的位置、分布、数量等信息,通过无线网络实时传输到现场指挥部和指挥中心。

(3)预期目标。

解决复杂环境下(特别是高层、地下、大空间建筑等)灭火救援攻坚队员的实时追踪定位难题,为现场指挥调度提供精确的人员分布信息,使现场的人员指挥调度更具科学性,并在消防员遇险、遇难等紧急情况下缩短搜救时间,实施快速救助,最大程度上保护参战人员生命安全,为科学制定战斗编成、合理调配现场人力资源提供技术支撑。

3. 灾害现场器材装备感知

(1)灾害现场器材装备现状。灾害现场器材装备感知对象主要包含所有消防现场使用的、重要或特殊的器材和装备,主要包括消防员个人防护装备,灭火装备,抢险救援装备,防化侦检、输转、洗消装备等。现场指挥需要根据灾害现场力量分布的实际情况,迅速搜集掌握现场所有消防装备需求,确定详细的行动方案,并根据现场需求变化应对指挥。现场指挥员要通过各种手段,有效掌握参战官兵灭火救援装备位置与工作状态、接收部分重要装备的探测数据和环境监测数据等。通过对这些数据的深入分析,正确部署和调整力量,根据战斗进程和现场情况变化,因势利导。同时为上级指挥员和参战单位的决策行动提供依据,并为以后总结战评作为依据。

因此消防指挥需要实时掌控所有到场装备器材的信息,并对其实现动态的管理和科学的调度。

(2)感知实现方案。各类消防装备感知。根据灾害现场实际需求采用各种消防装备定位和识别技术,并制定现阶段技术可行的典型设计,在不影响装备结构和性能的同时,扩展数字化感知装备升级,并进行装备传感装置、系统和基于救援现场通信局域网的区域组网建设,通过基于传感网技术的系统和数据管理平台,对设备状态各有效参数的监测及数据挖掘,实现状态监测评价、故障诊断及状态分析预测,并为指挥力量决策提供必要的依据。

(3)预期目标。快速、广泛地掌握灾害现场各类主要器材装备的数量、位置、可用状态等信息,为现场指挥员的科学调度指挥提供数据支撑。

4. 灾害现场集聚点感知

(1)灾害现场集聚点现状。灾害现场集聚点感知对象是现场临时设置人员、装备、信息的集散点,是现场指挥调度的主要内容,包括现场指挥部、医疗点、保障物资供应点、器材装备取用点、洗消点、火场集结点、到场车辆外围集聚点等。

由于灾害现场指挥涉及面广、专业性强,贯穿于从救援力量到场至灭火和抢险救援战斗撤离的全过程。灾害现场对各种救援人员、装备、信息的正确组织、指挥和调用,直接关系到灾害事故抢险救援的成败。而灾害现场一般较为复杂,现场指挥人员较难实现实时获取辅助装备力量所处的位置信息及使用情况,因此无法迅速、科学、妥善地协调各方面人员工作,实现灾害现场整体管理。

因此消防指挥不但需要掌控消防内部处置力量,又要兼顾协调好其他辅助力量。通过对灾害现场全局性把握,利用快速定位和标绘技术,实现现场各任务点的一体化管理。

(2)感知实现方案。现场指挥部、医疗点、物资供应点、器材装备取用点、洗消点、火场集结点、车辆外围集聚点位置感知。基于 GIS 系统,结合手持式卫星定位终端,将各任务点和作业点的地理坐标实时采集并上传,供现场指挥部准确掌握。

(3)预期目标。实时掌控现场指挥部、医疗点、物资供应点、器材装备取用点、洗消点、火场集结点、车辆外围集聚点等位置信息,便于现场指挥人员科学调配各方力量,协调行动,组织各种参战力量协调一致的行动,保证作战行动顺利进行。

## (三)灾害现场态势感知子系统

在灾害发生现场环境中,各种突发情况瞬息万变,需要公安机关消防机构实时追踪并掌握灾害现场各方面情况。灾害态势是对能够引起灾害态势发生变化的关键要素进行获取、处理、显示,同时预测未来的发展趋势。为了实现对灾害现场的态势感知,需要公安机关消防机构随时间发展,不断掌握火灾信息、受灾人员信息、环境信息等关键因素,对灾害发展保持预测和感知能力。现场多方面联合感知是消防灾害现场态势感知的实现基础。可以说开展救援的前导是获得准确的信息,现场态势信息的感知对灭火救援的成功尤为重要。

1. 火灾现场信息感知

(1)感知实现方案。通过着火建筑消防、安防系统信息的接入和移动装置的现场采集,建立火灾现场信息感知系统,构建火灾现场多信息联合感知技术的信息汇集与处理平台,制定相关方法、规范与标准。

①着火区域感知。建立自动报警信号、视频监控信号统一接入标准,布设具有移动的火场图像侦察装置,如无人机、高空气球、消防员单兵图像侦察装置、测距仪等手段,对火灾情况和着火区域进行快速侦察和测量,动态实时掌握火场整体概况和发展程度。

②烟气扩散情况感知。通过固定或移动的视频采集装置和气体侦检装置,动态立体探测火灾现场烟气蔓延方向、速度、范围等扩散情况。通过建筑消防设施(火灾自动报警系统、防烟排烟系统等)的信息接入,动态掌握建筑内部火灾烟气产生、扩散以及送风排烟情况。

③火场温度情况感知。通过手持式红外热像仪、点温计、温度计、远距离激光测温仪、单兵红外视像仪等手段,从外围到内部对火场重点部位或区域的温度情况进行实时采集,并同步传输至现场指挥部或指挥中心。

④建筑或装置变形感知。通过激光位移测量仪、噪声测量设备、视频监测设备,对着火建筑和装置的异常位移、器叫、摆动频率和幅度进行实时监控和预测报警。

⑤有毒有害易燃易爆气体感知。通过现场空中、地面的移动气体侦检装置(便携式气体侦检仪、侦察机器人等)采集或灾害现场固定设置的气体探测报警系统信息接入,对现场不同部位和区域的有毒有害易燃易爆气体的种类、浓度进行实时探测和传输,为指挥员快速判断扩散范围、扩散趋势,确定警戒疏散范围、防护措施和处置手段等提供决策支持。

⑥核与放射性物质感知。通过固定或移动的核辐射侦检仪对核与放射性物质的种类、辐射强度进行实时探测和信息传输,为现场指挥员快速判断扩散范围、扩散趋势,确定警戒疏散范围、防护措施和处置手段等提供决策支持。通过个人剂量仪,对处置人员受辐射的累积剂量进行监控、预警和报警,确保处置人员安全。

⑦爆炸品感知。通过固体/液体爆炸物探测仪、X射线探测仪、听音器等手段,对可疑爆炸物品进行侦检探测,为现场处置人员快速确定和排除提供技术支撑。

(3)预期目标。实时掌握灾害现场的整体概况、蔓延趋势、扩散范围、危害程度等信息,并实时传输至现场指挥部或指挥中心,借助辅助决策系统,整合分析通过各种手段获取的信息、数据,为现场指挥员快速研判灾害规模、防护措施、处置手段、疏散方案、警戒范围等提供可靠的技术支持。

2.受灾人员位置信息感知

(1)受灾人员信息统计现状。灾害现场受灾人员是指遇难人员和脱困人员的总称。而目前在大型或受灾人员被困众多的救援现场,被救援出来的人员和遇难人员的数据实时统计比较困难。一是对火场救出人员少统计、重复统计的现象时有发生,难以确定施救出的受灾人员准确数量;二是在有毒有害灾害现场,由于很难统计施救出的受灾人员的位置,无法为后期的医疗救护提供科学的依据;三是缺乏受灾人员分布、数量统计,无法对快速判定火灾原因提供有效帮助。

因此在发生危机事件后,及时确定受灾人员的数量、位置,可为妥善进行应急善后处理打下良好基础。

(2)感知实现方案。受灾人员感知。通过物联网技术、视频采集技术和定位技术的集成,建立受灾人员被救地点位置采集装置,记录消防员救助受困人员、搬运遇难人员的详细场景信息。通过具有唯一性、可携带的识别标志,使受灾人员动向明确,有记录可查。

(3)预期目标。实时对受灾人员数量、位置信息进行感知和传输,为受灾人员的统计、后续的医疗救护、火灾原因的快速判定等提供有效支撑。

3.环境信息感知

(1)感知实现方案。建立具有高可靠性、耐高温、耐浸水、抗强电磁干扰的适合灾害现场应用环境的微功耗数据采集系统,实现不同灾害现场场景、气象信息、地理信息等的监测和综合采集。

①现场场景感知。利用空中、地面的视频采集设备对现场的场景及物理环境进行多角度、立体化地实时获取。为灾害现场的场景录入和态势标绘提供支持。

②气象信息感知。通过气象仪、温度计、风速计等仪器设备采集或从气象部门获取,包括对温度、湿度、风速、风向、气压、降水(雪)量、能见度等气象信息进行实时监控和测量。

③地理环境信息感知。通过水质分析仪、三维激光扫描仪、气体探测仪、温度计、流速仪、高度计等仪器设备,对灾害现场的海拔、水质、水流速度、水温、氧气浓度、事故现场周边物理环境等基础地理环境信息进行实时监控和测量。

(2)预期目标。实时对灾害对象、周边环境的场景、气象、地理环境等信息进行感知和传输,为灾情判定、趋势预判、处置对策等提供辅助决策支持。

### 三、综合战勤保障感知系统

面对新形势、新任务、新要求,公安机关消防机构需要努力打造与灭火救援作战任务相适应的综合消防战勤保障感知体系。综合战勤保障感知作为城市消防物联网中的一个分支体系,是实施重特大火灾扑救、参与处置恶性灾害事故时现场作战指挥决策的重要数据基础保障。通过技术手段整合人力、物资、装备和社会可利用资源信息,实现资源的利用最大化。

#### (一)消防车辆装备感知子系统

消防车是装备有各种消防器材的各种类型机动车辆的总称,属于移动式灭火救援消防装备。作为消防队伍的主要装备和人员、装备赶赴现场的主要载体,消防车在现代灭火战斗与抢险救援中发挥着重要的作用。其能否正常工作对消防处置工作的顺利展开有着至关重要的影响。消防车辆装备感知系统主要获取消防车辆的分布、状态和性能参数。

1.消防车辆分布感知

目前消防车辆入库统计系统对各类车辆位置的记录是通过手工位置的设置实现的,默认为中队所在的位置,无法实时反映消防车辆的实际位置。在发生火灾的情况下,统计人员无法明确消防车辆在该时间节点上真实的位置及可用状态。

因此进一步提高公安机关消防机构的科学作战能力,对消防车辆战勤管理提出了更高的要求。紧密结合消防灭火救援作战任务,动态管理、动态统计、实时显示是未来消防车辆管控的发展方向。

建设统一的消防车辆感知系统,接入多个现有系统,运用多种技术实现对消防车辆的多参数动态管理。

位置感知。运用物联网技术、卫星定位技术等室外定位技术建立车辆进出库数据采集平台,对消防车辆的进出库和行驶情况等方面进行监控。

实时动态掌握所有消防车辆的实时位置,为科学的指挥调度、动态管理提供支撑。

2. 消防车辆可用状态感知

消防各种战斗车辆作为应急救援的重要组成部分,其配备的车载消防装备是能否及时进行救援的关键因素。目前,我国消防车按用途可分为灭火类、举高类、专勤类、战勤保障类四类。消防车辆配置了各种消防器材与装备,如水枪、水泵、云台、照明等,可以提供针对不同救援现场的各种复杂的功能。因此在日常车辆养护过程中,不但需要保证车辆的行驶性能,同时还需要确保车在各类车载器材与装备的功能完好。

消防车辆及车载器材、装备的检测与故障排查主要仍然依靠人工清点及监测的方式进行。该手段主观因素较强,对检查人员能力依赖性较高,易受表面现象的影响,易忽略局部细小环节,从而无法保证车辆状态的真实性与可靠性。与此同时,大量新型消防车载装备和系统的使用,对车载装备的监测与维修提出了新的要求,尤其是进口消防车辆、大型举高车等特种车辆的保养、检测缺乏针对性的理论指导和有效的检测手段。另外,车辆在库保养监测的数据通过人工录入的方式进行汇总,易造成信息脱节,信息滞后的现象。

因此,研究完善车载指挥信息装备检测与维修技术方法,补充新的针对车载器材与装备特点的监测手段,实时对公安机关消防机构消防车辆及车载装备进行监测及汇总是保证新型装备尽快形成战斗力的基础。

其感知实现方案为工作状态感知。通过消防车辆总线系统或在重点部位设置传感器对消防车辆轮胎气压、车载水箱余量、照明系统、燃油系统等的关键参数进行采集。并配备可查看该类型的显示终端,实现消防车辆工况状态的准确显示。

实时动态掌握所有消防车辆正常运转的关键参数,为科学的指挥调度、动态管理提供支持。

3. 消防车辆性能感知

简单直观反映消防车辆的作战能力的主要方式是消防车辆性能参数。通过消防车辆性能参数可以了解整车性能,包括车辆最大爬坡度、最高车速、最小转弯半径、最小离地高度、满载总质量、乘员数等。同时也可以了解车载装备性能,包括水泵额定流量、水箱储量、额定射程、装备的设备种类及数量等。这些参数为消防指挥作战时,能否快速到达灾害现场、能否提供救援活动,以及救援力量的汇集时间、作战可持续时间提供了基础的数值参考依据,同时为下一步救援的科学展开提供了有效数据支撑。

消防车辆性能参数主要依靠两个方面来实现。第一是车辆使用手册。车辆使用手册是消防车辆提供商用以为公安机关消防机构提供服务的重要说明文件,清楚地描述了车辆及车载装备的各种性能,以及正确的操作及养护方法,是充分发挥车辆的作用、避免不必要的错误操作、减少汽车故障、延长车辆的使用寿命的重要依据。第二是车辆铭牌。简单地描述了车辆的总体情况信息。现实工作中,车辆使用手册往往采用纸质材质,在消防作业环境充满水、火、污物的条件下,极易受到污损,往往在紧急时刻,无法提供有效的指导意见,从而耽误了宝贵的救援时间。而铭牌记录的数据过于简单,无法提供有效帮助。同时在初始培训时受众面较窄,且消防人员流动性强,对消防员快速掌握车辆性能的能力造成影响。

因此,需要通过微型数据处理的技术手段,将车辆功能性能参数电子化,并与车辆融合,保证在任何情况下都能够快速地读取有效的信息。

(1)感知实现方案。性能参数感知。一是通过物联网技术、二维码技术能在现场快速读取所属车辆性能参数。二是将车辆相关装备性能参数预先录入到管理系统,便于指挥中心查阅。三是通过动态化、可视化的消防车参数表述形式,便于相关技术人员系统地学习、训练。

(2)预期目标。电子化的消防车辆性能参数感知方式形式多样、直观生动、更新及时、互动性强,有效提升指挥中心的科学调度能力和相关人员的技术操作水平。

### (二)消防装备器材感知子系统

#### 1.消防装备器材状态感知系统

消防装备器材是消防员进行灭火扑救、灾难救援与个人防护的主要手段,是决定公安机关消防机构战斗力的重要因素。先进装备和特种装备的辅助下,公安机关消防机构灭火救援作战能力明显提高,攻坚克难水平实力明显增强。事实证明,良好的器材装备是公安机关消防机构有效履行职能、实施灭火作战和抢险救援的重要基础,是确保部队"拉得出、打得赢"的重要保障。

针对消防主要器材装备,建立基于物联网的数字化标签,在车库、器材库出入口位置安装数据采集装置,形成信号的读取采集交互。通过网络汇总到信息中心。通过有效、可靠的技术手段将分散在各支队、中队的消防器材与装备有序地集成到统一的管理平台中,建立有效的管理机制。

通过使用消防装备器材状态感知系统,实现对公安机关消防机构主要的器材与装备工作状态的感知。利用固移结合的感知终端,通过有线/无线网络的信息传输,全面采集公安机关消防机构主要装备器材实时的功能状态信息。

工作状态感知。一是在装备器材管理平台中,预先录入主要装备的关键参数(出厂日期、使用寿命、标定周期等),建立有关器材工作状态数学模型。二是在关键器材装备加装信息传感模块(如空呼器压力表上加装压力信息传感模块),实时采集信息,实现动态的工作状态监控。

实时动态掌握主要装备器材正常工作的关键参数,为科学的指挥调度、动态管理提供支持。

#### 2.消防装备性能感知系统

针对主要器材装备性能的感知,通过基于RFID或二维码技术、解析服务技术,设立有效的信息更新方式,确保最新的使用说明书信息能及时更新。通过可视化技术、数字化技术,对所有消防涉及的装备器材,尤其是高精尖类装备器材,进行逐一的动态、直观的参数性能介绍及操作规程演示,克服传统说明书形式的文字界面表述模式,更有效地对操作人员进行快速培训。

电子化的主要器材装备性能参数感知方式形式多样、直观生动、更新及时、互动性强。能有效提升指挥中心的科学调度能力和相关人员的技术操作水平。

### (三)灭火药剂动态感知子系统

灭火药剂是指能够有效地破坏燃烧条件、终止燃烧的物质。按其状态特征分为液体灭火药剂、固体灭火药剂和气体灭火药剂三大类。以使用及存储形式来分,分为车载灭火药剂和桶装灭火药剂。各类灭火药剂是消防扑救火灾的最重要的手段。

#### 1.车载灭火药剂感知系统

车载灭火剂感知。一是通过消防车辆总线系统或在车载水箱、泡沫箱、干粉罐设置传感器对车载灭火剂的余量参数进行采集。并配备可查看该类型的显示终端,实现消防车载灭火剂状态的准确显示。二是以消防车辆喷射药剂的压力、管径计算的流量数据为基础，建立动态互动显示平台，经过预先的设计换算公式及数据模型计算正确的药剂使用的剩余使用时间、补充耗时时间等数据。三是运用基于物联网技术，记录生产、流转等关键信息，增强消防车载药剂的管理。

生成动态的消防车载药剂使用数据库，动态掌握消防车辆可以进行的战斗时间和后勤补充时间。建立在数字化基础上的车载药剂感知系统，实现消防药剂的综合管理，减少人员主观参与造成的误差，为消防作战成功提供有力保障。

### 2.桶装灭火药剂感知系统

消防药剂在生产流通领域时，往往采用桶装形式进行保存。桶装灭火药剂具有存储数量大、药剂存储时间长的优势。是目前灭火药剂生产厂商的主要库存保管方式。桶装消防药剂集中处置时往往采用堆放形式，在运输或使用时，通过起重机械起吊，并由大型载重汽车进行运输与分配。由于社会灭火药剂的存储比较分散，库存桶装药剂更新通过人工方式，更新较慢，统计时间较长，不利于突发事件下消防调度与管理。

桶装灭火药剂感知。运用物联网、RFID 技术，构建各类库存桶装灭火剂的动态管理系统，实时掌握存放点和库存量，克服灭火剂更新统计耗时长、更新慢的问题。生成动态的桶装药剂储备数据库，建立数字化的桶装药剂感知系统，实现药剂的综合管理。

# 第三节 城市消防物联网支撑技术的现状与发展

城市消防物联网体系涉及城市安全各个方面，具有全面应用范围广、需要布置感知节点数量和密度大、业务处理流程复杂的特点。无论是政府相关机构、公安机关消防机构内部或是消防行业间，面向城市消防的物联网在全面感知、可靠传输、智能处理等方面都十分复杂。为了应对新时期消防工作形势的需要，就要实现各类信息之间的互联、互通与互操作，消防物联网体系涉及的相应传感、网络、处理、应用技术应能融合现有的消防数字化信息系统，并采用统一规范的标准进行数据交换、存储，并实现资源共享，即消防物联网体系及所使用的技术应具有兼容性、开放性、层次性及可扩展性等特点。

城市消防物联网涉及的支撑技术非常广泛，包括网络架构技术、硬件和器件技术、标志技术、通信技术、网络技术、信息处理技术、安全技术、能量存储技术等多个领域。

## 一、以物联网技术为基础的智慧消防建设

智慧消防现阶段主要面向城市服务，因此，将智慧消防和智慧城市的建设结合起来，进行统一规划和设计。其中，智慧城市的建设应包含智慧消防体系的建立。同时，智慧城市也会为智慧消防的发展提供一定的信息资源和相应的基础设施，使得上述两者间互相影响、互相促进。所以，智慧消防的建设包括以下几个方面。

### （一）自动化预警系统

建立智慧消防系统时，需要统一每个智能设备的通信协议，并将其连接到运营管理平台，这是一项系统集成工程。此平台需要进行自动化预警设置，主要包括自动化报警体系和实时监控体系。前者是以智能化和网络化的相关设备为基础，进行环境数据的实时监测

并对其数据进行相关分析,监测重点主要趋向于水系统和用电区。而传感器的相关数据则是利用网络把采集到的数据上传到自动化报警体系中,当监测的数据超过正常范围后,就会及时提醒相关工作人员,以便及时展开救援工作和采取措施解决相应的问题。而后者主要的作用是辅助前者,当巡查人员进行巡视时,可通过实时监测系统检查具有安全隐患的区域,从而杜绝安全事故的发生。

### (二) 灭火救援指挥体系的智能化

发生火灾时,消防人员等应对火灾情况进行实时分析,根据具体情况制定科学、合理的灭火方案。在当前阶段的灭火工作中,相应的工作人员需要利用物联网的数字化工具进行快速、高效地分析,例如分析地理信息,进行移动指挥、无线电通信和对火灾进行在线监视等,将这些工具与消防工作紧密结合起来,能够更好地辅助相关工作人员开展救援工作,为其提供精准服务。

### (三) 消防精细化管理和系统化训练

消防指战员在日常的消防训练中,可以利用信息化手段和信息管理平台辅助其开展消防演练,同时,也需要消防员熟悉各项数字化设备并能熟练掌握和进行操作,利用平台提供的模拟体系及时整理出模拟预案,这个过程中,可以不断模拟锻炼消防员的综合素质、作战能力和针对紧急情况下的应急处理能力。

## 二、物联网技术在消防监督检查中的应用

### (一) 加强消防器材设施的维护保养检测工作

要做好物联网技术和消防监督检查工作的衔接,就应该做好消防器材设施的管理工作,但目前仍然面临着许多消防器材设施老旧的问题,所以,消防安全管理工作人员必须做好对自身硬件设施的更新换代和维护保养检测工作。消防防火硬件设备是物联网科技发展的重要前提,只有具备良好的消防器材设施,才可以更好地利用物联网科技实现防灭火功能,保障物联网技术在消防工作和监督检查管理工作中的应用效果,从而更好地进行消防监督检查管理工作。同时,消防监督检查单位必须要求各大型建筑和公共场所对老旧的消防设备进行更新,以便为消防监督检查单位建立一个全新的物联网服务终端。在消防工作检查单位,迅速建立物联网监控管理中心,以保证其与所有消防业务接口的协调管理工作,对各个现场实施更有效的监控。

### (二) 加强消防隐患排除,实现更远程的监督工作

物联网科技具有时效性、智能化,能够使消防监督检查管理工作变得更为快捷、智能。因此,物联网科技消防监督检查管理工作也可以突破时间、空间的局限。我们运用物联网技术手段建立了远程监控中心,通过物联网的监测中心,可以有效、全面的监督检查各种消防问题和隐患,以此来保证消防安全监督机构监察工作的顺利开展。远程监测中心的主要目的是有效发现并控制自动灭火器材设施出现的问题,提升各种自动灭火器材设施的运转效能,及时消除各类火灾隐患。因此,物联网科技不但丰富并补充了各类自动控制系统,及时监测当前火灾问题的信号源;还可以保证消防器材设施管理工作的科学化、合理化,提升自动灭火设施管理的现代化水平,能够从源头上预防自动灭火设施问题的出现。

（三）构建消防安全监督监查与应急管理机制

利用物联网技术能够有效防范火灾,实现对重大消防安全事件的大数据采集与分析。运用物联网信息技术对相关数据的汇总分析,并科学合理地提出相应处理对策,可以提升灭火管理工作的效能,对于消防安全监督监查工作也有着重要意义。

## 三、物联网技术在消防工作中的应用研究

在消防工作中,通过物联网技术的应用可以降低火灾事故的发生,有效提升消防器材设施的运行效能,从而减少人员伤亡和经济损失。通过研究发现,物联网技术在消防体系中的运用主要表现在以下方面。

### （一）在防火中的应用

当前,高层建筑中都配备了自动报警系统、自动喷水灭火系统、消防栓系统等各类防、灭火器材设施,但因整个高层中灭火设施器材的数量不足,以及高层建筑的管理人员对消防工作的关注程度不足等因素,往往导致高层建筑的消防管理工作形同虚设,在火灾事故出现时往往无法充分发挥这些灭火设施器材的作用。但是,如果将物联网技术运用到消防设备中,就会改善这种情况。例如,在消防器材设施中植入芯片,当探测感应器观察到压力和温度高于正常数据范围时,就会提前发出报警。城市消防安全管理中的消防安全预警装置也是通过最先进的物联网信息完成的,具体来说,以物联网信息为基础的城市防火安全工作监测体系,通过无线电波传输模块对整个建筑的所有消防管理工作情况实施监测并传递有效信号,消防监督检查人员能够利用根植在建筑内部的芯片设备所反馈的信号,预测建筑内部的防火安全管理状况。

### （二）在灭火中的应用

相比于一般普通建筑,高层建筑的防火工作越来越艰巨,在消防安全管理工作领域,利用物联网技术能够实现对整个城市资源和人员的动态监测,将监控信号传输到管理平台,并通过网络发出报警调动命令。在物联网信息技术的控制下,城市消防器材设施将会处于一种即时的、动态的监视态势下,而自动化程度最高的城市消防系统将支持消防工作人员对其实施远程管理,城市消防安全管理工作远程监测体系是通过物联网信息对整个城市中的所有建筑情况实施有效的消防安全监测。在火灾出现时,消防人员可以利用消防器材设施中的监视摄像头迅速找到火势出现的具体位置,从而远程操控自动喷水灭火系统、室内消火栓,并调节角度喷水扑救。这些高智能的消防设施,将会在消防队员到达火灾事故现场前,担当起扑救的重担。在火灾事故出现时,消防救援人员到场后相关单位工作人员把供水情况、出水量大小等信号都提前注入智能芯片中,这些智能芯片就会给消防救援人员提供及时精确的供水分布情况等具体信号,从而使消防救援人员可以及时精确的了解火灾事故发生区域的消防设备分布,从而快速和科学的调整灭火车辆、部署灭火救援力量。

### （三）在消防装备上的应用

随着物联网技术的发展,制造消防装备的厂商还可以在消防器材装备的生产加工中植入智能芯片,芯片中通常包含有该装备的生产日期、使用年限、应用范围以及使用方式等。同时,制造厂商通过在消防产品器材中植入智能芯片,还能够帮助消防工作人员辨别消防装备的真伪程度。在消防工作人员需要检测这些消防装备时,只需使用移动终端设备对智

能芯片进行扫描,就可以实现检测,简化了工作流程。

## 四、目前城市消防物联网关键技术研发重点

针对城市发展需求和消防自身发展需求,根据科技问题导向、科技需求导向、科研项目导向的总体思路,按照高起点高标准顶层设计、产学研用协同创新研究、可持续性深化提升研究的原则,注重解决科技问题,注重形成关键技术,注重支撑工程建设管理,集思广益、集聚智慧、集中力量,立足当前、谋划长远、统筹兼顾、突出重点,编制城市消防物联网典型对象感知技术与装备研究及应用示范的建议总体方案和分阶段实施方案,急用先研、分步推进,组织开展持续深入提升研究,努力形成技术体系可推广应用。

以提高城市消防安全为目标,从城市消防监督管理、灭火应急救援、综合战勤保障三大消防业务领域的实际科技需求出发,分三个阶段选取九类典型对象和一个共享平台开展研究并进行示范应用,形成城市消防监督管理感知体系、灭火应急救援感知体系、综合战勤保障体系的基础平台,从消防"防火、灭火、战备"三方面全面提升城市消防感知、处置能力。

运用物联网、云计算、大数据等技术,实现对消防九个典型对象(火灾高危单位、灭火器、社会单位建筑消防设施、城市消防水源、特种场所的特定人群、消防指战员、消防站应急救援装备、消防车辆装备、消防员个人防护装备)的感知,构建消防物联网感知信息数据共性访问平台,为建设全面、立体、实用的城市消防物联网提供技术支撑,进而全面促进与提高政府及相关机构实施社会化消防监督与管理水平,显著增强公安机关消防机构灭火救援的指挥、调度、决策和处置能力。

### (一)面向火灾高危单位的图像探测报警系统

1. 研究目标

以提高城市火灾高危单位(人员密集场所、易燃易爆单位、高层建筑、地下公共建筑)消防监督管理水平为目标,针对火灾高危单位消防车道、疏散通道、紧急出口被占用堵塞,防火门被违规启闭等存在的巨大安全隐患,利用现有的安防视频监控设备,结合视频结构化技术,研制用于火灾高危单位的图像探测报警系统,通过视频比对等方式,实现对消防车道、疏散通道、紧急出口、防火门等的自动视频监控报警,降低目前物业监管和防火监督难度,能更为迅速地发现安全隐患,及时整改和处置,为火灾高危单位的日常监管提供有效技术手段,进而提高火灾高危单位的安全能力。

2. 需开启的研究任务

(1)消防和安防图像探测系统核心构架一体化研究。
(2)非结构化视频图像数据管理技术研究。
(3)视频图像语义检索技术研究。
(4)监控视频图像理解、描述技术研究。
(5)消防视频图像监控知识数据库的研制。
(6)火灾高危单位视频图像探测报警平台研制。

### (二)灭火器全生命周期感知与管理系统

1. 研究目标

为提高对灭火器的管理,针对现有灭火器生产阶段质量假冒伪劣、超期使用、后续无资质充装、维护保养不到位等突出问题,利用 RFID 技术,建立灭火器全生命周期感知与管理

系统.制定灭火器电子标志编码标准,通过唯一性标志对灭火器进行有效管理,构建灭火器溯源体系,有效提高灭火器生产、充装、检验、配送、采购、维保管理水平。

2.需开启的研究任务

(1)符合灭火器使用特性的专用电子标签研究。

(2)消防便携式移动智能读写终端及后端应用环境软件研究。

(3)应用系统和数据库数据同步及通信安全机制研究。

(4)灭火器电子标志统一编码标准研究。

(5)灭火器全生命周期感知与管理平台建设,包括数据中心平台,信息服务平台,电子标签签发子平台,灭火器生产、充装、检验、配送、采购、维保等相关数据采集与交换子平台的建设。

(6)灭火器电子标签、安全监管系统数据元以及数据通信接口等技术规范研究。

### (三)消防物联网感知信息数据共性访问平台

1.研究目标

针对现有消防感知数据比较分散、孤立、缺乏对各类消防信息数据共享与深入挖掘,数据利用效率较低的现状,通过建设消防物联网感知信息数据共性访问平台,为现有或将要部署的消防感知设备信息(火灾自动报警系统、自动喷水灭火系统、最不利点水压感知系统、建筑三维图纸、消防安全重点单位预案信息、市政道路/市政消火栓分布信息,及本课题陆续开发和研制的各类消防感知装备信息等)提供兼容的规则接口进行封装、接入而无须进行传感器更换.将原有各自独立的消防信息数据在统一平台上进行调用、处理、查询,实现不同消防感知信息数据源交换访问的可用、可信、可靠、可管,通过向政府部门和社会单位提供安全认证、机构注册、信息源注册、检索、组合等多项共性服务,为相关部门科学决策(消防安全信息异动监控、消防感知数据安全交互和共享)提供关键技术支撑,并为后期开发各类消防信息门户、集成应用、数据挖掘、决策支持、市民消防服务等应用提供权威的数据来源。

2.需开启的研究任务

(1)消防物联网感知信息数据共性访问平台注册体系研究。

(2)消防物联网感知信息数据共性访问平台信息源协同访问体系研究。

(3)消防物联网感知信息数据共性访问平台研制。

### (四)消防站典型应急救援装备电子标志管理系统

1.研究目标

针对消防站典型应急救援装备器材(破拆工具、生命探测仪、消防机器人等)管理,从平时训练、战时调度及保障保养的现实需求出发,通过技术攻关和技术融合,构建针对典型应急救援装备的电子标志编码标准,最终建立动态管理平台,实现对典型应急救援装备的实时动态监控,为全面提升应急救援装备器材的使用、管理和维护保养提供重要技术支撑。

2.需开启的研究任务

(1)电子标签及读写器技术的优化(抗金属、防频偏、防转移)研究。

(2)典型消防装备器材电子标志编码研究。

(3)应用程序、读写器和中间件之间的软件接口研究。

(4)典型应急救援装备管理平台构建和网络架构研究。

## （五）消防水源信息感知系统

### 1. 研究目标

针对目前天然水源水位、消防车辆停靠人工监测、消防水箱水量不清和市政消火栓压力无法精确获取等情况，通过研制低功耗的信息传感装置，精确掌握天然水源、人工水源及市政消火栓关键数据，实现消防水源的数字化管理，为灭火救援行动的展开提供可靠的信息数据，增强消防信息掌控能力，使现场消防队伍能够快速制定有针对性的供水方案，同时可用于消防水源的日常维护管理，提高工作效率。

### 2. 需开启的研究任务

（1）天然水源取水点（取水码头、停车位、水位）监控与信息采集装置研制。

（2）市政消火栓消防信息采集装置研制。

（3）人工水源信息采集装置研制。

（4）消防水源数据监控平台研制。

## （六）特种场所的特定人群位置与分布感知管理系统

### 1. 研究目标

针对特种场所的特定人群（医院、学校、养老院、残障基地、重大活动现场、特种实验室、涉密场所、监狱、看守所等）位置与分布的日常动态管理、应急疏散时快速定位与搜救的需求，通过研制人员定位信息采集装置，通过基于 RFID 的人员定位技术，实现特定人群所处位置信息快速采集和数字化整合，为特种场所的特定人群日常分布管理，也为公安机关消防机构更高效地定向引导救援提供技术保障和业务支撑。

### 2. 需开启的研究任务

（1）基于 TDOA 算法的特种场所特定人员定位技术研究。

（2）特种场所的特定人群位置与分布感知管理平台研究。

（3）定位与监控通用协议研究。

（4）特定场所定位与监控装置研究。

## （七）社会单位建筑消防设施关键监控点感知系统

### 1. 研究目标

以提高社会单位消防监督管理水平和应急响应能力为目标，针对社会单位内的各种建筑消防设施关键监控点（排烟送风口风压、最不利点水压等）的日常监督管理需求，为改变传统的人工近距离手动采集手段存在采集效率低下、操作复杂、测量数据结果受人为因素影响大等的不足，利用传感技术、物联网技术，实现对消防设施关键监控点监管信息的远程、动态、可靠采集，保障社会单位对消防设施监控点日常检查的可靠性，进而使公安机关消防机构在应急处置时，能够快速、可靠地掌握建筑消防设施的关键工况信息，为消防部门与社会单位消防安全员有效监管相关建筑消防设施可靠性提供科学手段和有效支撑。

### 2. 需开启的研究任务

（1）社会单位建筑消防设施关键监控点感知关键状态数据的分类研究。

（2）基于传感器的社会单位建筑消防设施关键状态感知技术的研究。

（3）面向社会单位建筑消防设施状态远程感知平台框架的搭建。

（4）开发便携式远程协同处置终端。

# 第七章 防火监督工作的实际监督

## 第一节 防火监督工作的实际问题

### 一、防火监督工作基本内容

当前城市化建设进度不断加快,城乡发展情况与过往有所不同,消防工作的开展也应随之改变。因此,当前防火监督体制的建设是消防工作非常关键的任务,其涉及范围较广,包含体制层面的监督工作和日常标准审查,规范管理等。防火监督负责包括多个主体,国家安全防控部门,消防管理部门以及消防环境负责人员等。同时,防火监督工作的开展需要借助相关器械和管理人员,具体内容包括日常实战演练与防火知识考察,日常管理消防环境的用电用火。另外要使用热感系统检测城市的热感情况,及时使用定位系统,对火灾情况及时定位并反馈火灾数据,由此进行防火消防的下一步计划。同时最为关键的是反馈防火监督工作的日常情况,对其基本特点进行把控,进一步提升防火意识,降低人民生命财产的安全隐患。

### 二、当前防火监督安全管理存在的问题与对策

随着现代化经济及科技的发展,现代化社会日益繁荣,但也呈现出各种各样的社会问题,其中较为显著的当数消防安全问题。因此加强防火监督安全的管理工作已成为当前工作的重心,只有这样才能降低火灾对人民群众人身和财产安全的威胁,构建一个和谐的社会。

(一)消防对构建和谐社会的重要性

新修订《中华人民共和国消防法》于 2009 年 5 月 1 日正式实施,对预防和减少火灾危害、保护人身和财产安全、服务全面建设小康社会、促进消防执法规范化,发挥了极其重要的作用。根据笔者近年来从工作中掌握的情况来看,消防部队在实施消防执法规范化程度、执法质量和水平总体上都有较大进步和提高,但与严格公正文明执法的总要求还有不小差距。社会单位自身发现隐患和解决问题的能力也有较大提高,但还是存在消防责任制落实不到位,不能第一时间解决问题。因此,探索实现消防部门如何做好防火监督工作和社会单位自身安全管理,是当前和今后一个时期的重要课题。

(二)防火监督安全管理中存在的问题

(1)由于公安消防机构实行的是现役体制,监督执法人员流动性大,队伍人员很不稳定,消防监督执法工作缺乏连续性和长远规划,每年都有一部分基层中队干部转岗到执法

岗位,对法律法规和业务知识缺乏系统地学习,不能适应执法岗位工作要求。从而在日常监督检查中不能够及时发现违法行为及火灾隐患,导致重大火灾隐患的形成大大增加。

(2)对于防火安全宣传不到位,人民群众的防火意识还不够完善,缺乏消防知识方面的学习,而且,对火灾的预防没有足够的重视。特别是在农村柴草垛未出村现象严重,将尚未熄灭的烟头随处乱扔,小孩玩火放鞭炮引发的火灾随处可见,一旦发生火灾,很容易出现连营火灾。

(3)一些人员场所特别是娱乐场所为了方便自己管理将安全出口锁闭;场所里疏散标示和应急照明灯数量不够或根本没有设置;有的疏散通道堆满杂物,违规用火用电等,造成极大安全隐患。个别场所没有按照消防规定设置火灾自动报警、自动灭火和防火卷帘等消防设施。另外,缺少水源也会给救援带来很大的困难,缺少水源且占用消防车道在火灾发生时极易出现大的事故,以上因素都为防火监督的检查工作带来一定的困难。

(4)消防设施存在的问题,随着科技的发展,消防设施也逐渐地推陈出新,技术含量较高。而部分消防控制室值班人员不能熟练操作使用。另外,社会单位给员工待遇差导致员工的流动性较大,新员工不能够及时得到培训对消防设施的熟悉度基本上是零,在火灾发生时不能有效地发挥自动消防设施的作用。

(5)单位对消防安全的意识不强,没有相应的规章制度,不能有效地降低火灾的发生率和伤亡率。为节约成本,没有设置消防安全管理人的职位,只是和其他的部门合在一起。导致了消防安全管理不到位、不规范。

(6)消防经费不足导致的消防部队车辆装备器材缺乏,消防器材和消防工作人员个人防护装备配备的不够及时,都会给灭火救援工作的顺利实施带来一定的影响,甚至威胁到消防人员的生命安全。个别偏远地区的消火栓老化,没有定期检修和更新,一旦发生火灾,必然会给社会及个人带来一定损失。

(三)应对防火监督安全管理的解决对策

(1)各级公安消防部门要以提高执法质量为核心,提高业务素质,严格执法、公正执法和文明执法,让人民群众实实在在感受到公安消防执法为民带来的实惠。抓好廉政教育,强化执法人员法纪意识,严格执行廉洁执法各项规定,增强执法人员拒腐防变能力。要增强执法队伍执法为民的意识、提高执法人员的履责能力,做到"理性、平和、文明、规范"执法。

(2)监督社会单位定期对内部的消防设施灭火器等消防器材进行检修,时刻保持消防通道的顺畅,配备完善的消防设施,定期制定消防演习,禁止在具有火灾爆炸危险隐患的场所使用明火。因特殊情况需要进行电、焊等明火作业时,应落实现场监护人,装配足够的灭火器材,并去除区域内的易燃易爆物品。禁止携带易燃易爆物品进入单位,禁止携带明火进入易燃易爆物品存储的区域。

(3)做好消防安全知识的宣传,在人员密集的场所加大宣传力度,下发消法安全知识宣传单页,张贴消防宣传标语,多途径的宣传消防知识。与电视媒体合作做好宣传的工作,播放火灾的记录,介绍火灾的危害和重要性树立典型人物,传播消防知识,让人民群众将消防安全意识植入脑海中,同时,消防部门要树立良好的形象。实地深入讲解关于火灾的基本常识,有效地促使群众掌握灭火的技能。提高人民群众对消防工作的认识。争取做到每个人都懂得如何防火,懂得在火灾中如何自救的良好局面。

（4）增加必要的消防安全设施，当发生火灾时及时使用灭火器材控制火情并打电话报警。保证附近有水源或在楼上设置水箱，安装报警设置以便于发生火灾时能够及时地疏散人群，降低火灾造成的人员伤亡。

（5）单位在履行《消防法》规定消防安全职责的基础上，建立健全消防的规章制度和执法细节，成立专门的检查监督小组，负责制度的正常运行，日常巡逻检查是否有违规现象。对管辖区域不符合安全条例的，给予警告责令整改，并向上级主管部门报告。切实做好消防安全工作，防微杜渐，将危害挡在门外。

（6）相关部门要做好消防部队车辆装备器材和消防人员防护配备的完善工作，保证火灾时消防人员的生命安全。一些偏远地区的市政部门要重视消防设施老化等问题并及时更换解决，尽最大努力保障社会人民财产安全。

### 三、我国防火监督体制建设的思考

现代市场经济不断发展，对城市建设起到了很大的带动作用，使城市的现代化建设进程不断加快，同时在电器功能上也不断完善，随之而来的还有越来越频发的火灾事故。这也对现代防火监督工作起到了很大的警示作用。由此也可以看出，目前的防火监督体制与现代建设和城市中的消防安全需求无法做到有效的衔接，或者说，当前的防火监督体制已经无法满足现代城市当中社会发展和经济建设的需求。必须要针对当前我国的防火监督体制进行细致的研究，通过系统全面的防火监督工作改革和体制的优化建设来跟上时代发展的步伐，提高对社会安全隐患的防治效果，及时的排查和清除安全隐患，保障人们的生命财产安全。

#### （一）防火监督体制建设优化的必要性

1. 促进社会和谐稳定发展的需求

无论是社会建设还是经济发展，其所依附的核心载体是人民群众。建筑项目、经济项目、社会公共设施的服务主体也是人民群众，而防火监督工作是保障人民群众生命财产安全与经济财产安全的重要措施和主要手段。防火监督工作水平和体制建设直接影响着人民群众的生命。要想实现社会和谐稳定发展，就必须要重视人民群众的生命安全。现代城市当中各项设施不断完善，经济建设水平也不断增长，这对于防火监督工作来说，将面临更多更大的挑战。只有明确了工作的目标才能够实现工作质量的提升，这也是建设现代和谐稳定社会的必然条件和保障措施以及迫切的需求。

2. 保障人民生命安全的基本要求

人民群众是构建和谐社会的主体，同时也是中华民族传承和现代人类文明发展的重要载体。归根结底，所有的设施、制度、体制、方法都是为人民群众服务的，如果人民群众的生命安全遭到威胁，必然会影响人类的延续。因此，防火监督工作实际上也是人类保证自身得以延续和向更高文明维度发展的必然条件和保障机制。所以，确保防火监督体制建设的科学化完善和合理优化也是保障人民生命安全的基本要求。

3. 国家经济建设发展的必然趋势

经济是改善人们生活水平和物质生活、精神生活质量的前提与基础。随着我国经济水平的不断增长和经济全球化的发展。我国的经济建设也实现了快速的进步，在其发展的过程中安全是其重要的工作内容，也是确保国家经济顺利发展的必要保障。无论是从安全角度还是建设推进的角度来讲,火灾事故都是威胁生命安全和建设进程快速推进的阻碍之一。只有不断提高人们的防火监督意识和火灾防范意识才能够实现国家经济建设发展的快速推进。如此来说,防火监督体制的建设是促进人民生活安全水平和国家经济建设稳步推进的必然保障和发展的必然趋势。

### (二) 当前防火监督体制发展存在的问题

#### 1. 防火应急实战差,执行力较弱

防火监督工作包括计划与执行,即从火灾情况出发,初步对其进行判断以通过客观情况调动消防力量,包括消防车,消防人员以及救援力量等,因而防火监督更是体系化,协调各方的重要工作。同时,防火监督布局后,要调动力量对其予以支持,此间不仅涉及人力调动,也涉及社会资源的使用。排除消防过程所遇见的困难,防火战斗力才是衡量防火工作顺利开展与否的关键,许多部门以军事化要求管理消防人员,但在实际防火中,仍存在监督不当,执行混乱等问题。此外,防火监督工作贯彻落实防火统一要求,但实际情况变化不定,科学应对变化的计策才是处理火情的关键。不仅如此,从技术监督出发,防火监督执行多停留在理论与口头,因此防火监督工作无法实现飞跃性提升。其间,防火人员的自我意志体现极为重要,如若临阵脱逃,不仅无法立刻解决火灾情况,更会影响其他人员生命安全,这一做法是极为不负责任和不专业的,如此对人民,对国家更是无法交代。

#### 2. 消防意识薄弱,安全隐患大

当前防火监督工作仍存在安全意识不足,防火工具安装滞后,使用方法不当等问题,进而导致进行消防演习或消防应急时工作滞后,火势控制难度大,生命安全隐患加大等问题。除此之外,消防人员的专业技能培训也包含安全意识培训,专业人员的职业技能培训是其职业能力专业性的重要保障,在安全培训实质上应投入较多的安全知识讲授课,而不是一味强调防火重要性。当前,存在多个方面问题,一是防火意识不足,导致意识带领下的懈怠,滞后,进而使得安全隐患不断扩大,原本可以通过自行使用消防栓扑灭的火势演变到需要调动消防车才能解决,由此浪费资源,加重消防负担。二是防火措施使用不当,包括负责人员对消防工具的使用,日常消防任务部署和消防演习的开展等,都不符合消防标准与规范,只是迫于需要展开的面子工程。因此消防安全隐患是由意识薄弱发展而来的,防火监督工作要首先克服这一难题,从而进行下一步工作部署。

#### 3. 防火质量低下,发展空间小

防火监督工作的顺利开展,需要密切联系防火实际情况,并积极调用城市资源,使城市防火资源得到有效配置,防火及时动员,由此完成整个防火工作布局。在实际情况中,防火资源的使用较为混乱,各地方的防火资源甚至未登记在档案之中,因此在进行防火监督工作过程中,当地防火资源的使用情况极为关键。不仅如此,防火工具需要更新换代,过往的防火设备不适用于当前格局的防火工作,并且许多地方改煤气为天然气防火工具需要更换,否则其内部化学原料与天然气发生反应,会造成更大程度的火灾破坏。另外,各地方针对防火监督工作的开展意识不强,未能有效对接当前防火技术发展的实际情况,许多防火工作的开展处于滞后和落后状态,由此防火监督工作虽然从制度层面有所升级,但发展空间只限于制度层面,未能在实际情况中得到展现。必须妥善管理防火资源,并加以重视,由此方能使尝试防火资源有效配置,进行防火预警和实操工作。

4. 防火程序烦琐,监督责任旁落

当前防火监督部门对于防火工作不够重视,在一些关键的防火措施的更换方面程序过于烦琐,例如防火栓过期需更换需要上报防火部门,防火部门要派遣人员进行调查,调查完毕需要回执,这些工作都需要在三个工作日以上才能完成交接,交接完毕还需要报给财务部门,财务部门再下放资金用于购进符合公司营运标准的防火栓,等新的防火栓到达后已经过去了半月,这样不仅浪费时间而且如果在这段时间发生火灾后果不堪设想,危险系数增加。监督的责任按照公司规定下放,但是有些防火部门对于责任划分不清,导致火灾发生之后的复盘工作无人受理,找不到明确的责任人,大多将责任直接推卸给防火部门,导致监督责任旁落,此举不仅责任不明更不利于防火工作和管理工作的开展,影响管理工作的积极性,还会造成更加难以预料的后果。

(三)防火监督体制创新的有效创新

1. 严格落实防火管理,提高实战能力

防火监督体制不能只停留在书面,要根据实际情况进行防火管理,包括日常的设备维护和检查,以及定期的消防演练等。任何企业和场所都需要有防火设备和防火装置,这是我国法律所规定的,如果缺乏这些设备可以向有关部门举报。除了规定的防火设备和设施外还需要防火定期演练,如果只是做计划而不实际操作的话,在火灾真正发生的时候就会遇到很多不可控的因素,比如消防通道的设置位置,消防栓以及其他消防设备的放置位置和设备的保质期以及应对不同程度火灾的应急变换措施。通过定期的消防演练可以确认消防通道的位置,其位置要选择在远离火灾和消防设备多的一侧,日常消防通道不允许任何理由被阻塞,根据火灾发生时模拟的烟雾来确定有毒气体浓度最高的位置,在消防通道两侧应该设置膜布和清水,保证随时可以提供给逃生者。日常的检查工作也不可马虎,包括设备的保质期和消防通道门能否开合,保证在火灾发生时一切消防用具和通道都能有效使用。

2. 加大防火安全管控,提升安全指数

安全管控防火监督工作是从工作立场到生命立场转变的重要表现,防火监督工作的开展不仅顺应防火部门的工作部署,更是各行各业在运营过程中必须遵守的安全法则,由此在用电用火安全的基础上,进行社会经济活动。防火监督工作的重中之重是提高各行业及消防人员安全意识,无论何时何地,生命安全第一位。当然,安全意识主要体现在两方面,一是日常生活的重视,二是专业知识的掌握与学习。务必极为重视日常用火用电情况,电路压力以及可燃物的堆放不能放松警惕,必须实时记录,比对安全标准进行隐患分析,一旦出现错误及时记录并依照专业操作进行修复。同时,相关人员要保持警惕,火灾发生往往具有不定性,突发性,要防患于未然,以免火情突袭而措手不及。另外,应当升级防火监督基本设备,尤其各地域的消防栓,警笛等,要增强其使用性能,提高报警速度,由此提升安全指数。

3. 促进消防资源整合,拓展发展空间

有效的消防管理需要整合所有可用的消防资源,让其合理配置达到最佳效果。近年来出现了很多高科技消防设备,例如,现在很多家庭都使用统一供给的天然气,其在使用过程中如果出现了火灾安全隐患就会触发报警器,可以做到立即切断气体流出,防止火灾的发生。对于很多不懂消防知识的旅客到达新的观摩点,就会依赖指示牌,因此消防工作可以以此开展,将消防栓以及消防器具的存放地点细致地展现在指示牌上,可以让大众直观的了解消防设备的位置和存量。值得注意的是森林火灾的防治,林火一旦发生就是争分夺秒的抢救,因为其蔓延速度太快,造成的财产损失也比较大,所以需要护林人员第一时间报出火源的位置方便消防工作的开展。因此对于这种情况可以利用定位资源来实现,护林人员可以装载 GPS 定位导航器,在火灾发生时及时定位火源点,将其直接通过云端数据传输到消防部门的系统当中。

4. 提高防火监督效率,健全责任体系

对于火灾的预防需要消防部门做到极致,但对于已经发生的火灾不可把责任乱扣,这需要企业和消防部门分片管理,提高防火监督效率并健全责任体系。所谓分片管理就是将消防管理划分区域,每个区域由一位消防主管负责,其还可以进行细致划分比如区域消防通道的负责权、区域消防设备的负责权、区域消防门的负责权等,这样就将责任分配到每个人身上关乎自身利益,自然就会加强日常的管理监督工作。处罚责任制需要细致划分,首先问责的是分区的负责人,其次是细致的分区负责人,这样的问责方式可以减少错误的产生,同时更加公平,也会让大的分区负责人更加认真地对待消防管理工作。这样不仅健全了责任体系,也提高了日常的监督效率,以及设备维护和通道肃清的工作也能更加顺畅的开展。

## 四、防火监督执法检查的现状及对策

防火监督检查工作的主要职责就是针对违反消防法律法规的行为责令整改与处罚。当前阶段,我国防火监督检查工作中依然存在很多实际问题,如制度不完善、岗位人员素质不平衡、监督检查力度不足、执法不严等,因而不能有效发现和消除火灾隐患。分析目前新体制新背景下防火监督检查工作现状以及相应的对策,是提高防火监督工作水平最有效的措施。

(一)我国防火监督检查工作现状

1. 缺乏完善的防火监督检查制度

伴随着经济社会的发展,我国消防执法领域的工作任务比较繁重,由于受到体制改革的影响,与防火相关的法律制度仍在试点完善,目前有关防火监督检查的法律不健全、制度在摸索、管理机制漏洞较多,这直接导致防火监督检查工作的作用无法得到有效发挥,尤其是在经济发展水平不高的地区,消防安全问题没有得到应有的重视,火灾事故频发,造成了巨大的人员财产损失,同时也威胁着人民群众的生命财产安全,对区域经济发展和社会稳定产生不利影响。

2. 防火监督检查工作人员整体水平有待提升

现阶段,我国防火监督检查人员队伍素质整体上还有很大提升空间。防火监督检查工作需要懂防火技术规范的人员为支撑,而我国防火监督检查工作者却有监督检查意识缺乏、执法能力参差不齐、执法队伍素质不高等问题,目前还没有得到有效解决,防火监督检查工作在保障人民财产和生命安全方面的作用没有得到完全发挥。

3. 防火监督检查责任落实不到位

外部监督管理和内部监督管理是防火监督执法监管的两种模式,其中外部监督管理主要就是指地方党委政府和部门承担的政府责任和部门的行业监管责任,国务院《消防安全责任制实施办法》有明确规定,这一环节监管缺失问题还是比较严重的;内部监督管理是指消防部门对自身的约束与管理,这一环节中,内部监督管理的作用其实也没有得到充分发挥。尽管设立了专门的消防监督管理机构,但法律管理岗位没有得到重视,导致执法监督工作依然处于瓶颈期。

## (二)我国防火监督检查工作的完善策略

### 1.健全和完善防火监督检查制度

制度为各项工作开展提供基本保障,因此,在防火监督检查工作中,需要制定和持续完善监督检查制度,为消防执法工作提供基本的依据。在完善防火监督检查制度的过程中,一定要结合新形势下防火监督检查工作需要,对常见的火灾隐患类型及特点、发生原因进行客观分析,采取针对性的防火监督检查措施,以铁腕手段整治火灾隐患。同时提高执法人员的消防执法水平,在"双随机、一公开"的背景下建立监督检查制度,纠正消防监管随意性大的问题,保证消防执法过程的公平、公正和公开。

### 2.提升防火监督检查队伍整体素质

防火监督检查工作应该以业务水平高、责任心较强的人员为基础,人员素质影响着防火监督检查工作水准,强化人员能力素质建设也是提升消防监督检查工作质量的关键一环。针对目前我国防火监督检查队伍整体素质能力较低的现状,我们需要强化人员培训和人才引进,定期组织岗位培训。首先,组织防火监督检查理论知识培训、消防法律法规学习以及相关的防火技术规范培训,提高岗位人员的执法水平;其次,开展思想政治教育工作,提高消防执法队伍的思想素质、业务素质,在健康和积极的思想状态下执行工作任务,提高其岗位责任意识,丰富岗位工作者的法律知识,提高其消防执法能力,使其能在岗位工作中严格落实工作制度,规范防火监督检查工作流程。此外,强化人员管理,形成规范的管理体制,比如通过建立奖惩机制激发人员工作积极性,建立责任追溯制度和执法过错责任追究制度,落实监督检查责任,全面提高消防队伍执法服务水平。

### 3.强化防火监督检查工作的预防体系建设

第一,加大防火监督检查工作宣传力度。尽管公众对消防工作有一定基础认知,但是多数人对防火监督检查工作缺乏深刻认知,这使得基层防火监督检查工作开展难度较大。基于此,提高群众对防火监督检查工作的认知程度十分必要。这需要政府部门以及主管部门联合采取宣传措施,建立良好的群众基础,提高群众对防火监督检查工作的支持力度和配合度。此外,在互联网时代下,可以借助媒体渠道,扩大宣传范围,引导群众形成主动防范火灾的意识。

第二,建立健全群众举报机制,比如完善"96119"举报热线、建设网络举报平台等,使群众能够参与到消防监督检查工作中来,扩大监督检查主体范围。公开曝光一批存在重大火灾事故的单位和场所,提高重大火灾事故曝光度,形成舆论攻势和警示。

第三,消防部门在开展防火监督检查工作的过程中,一旦发现存在火灾隐患的单位和场所,第一时间填发法律文书,责令整改;对于没有按照规定及时消除火灾隐患,威胁公共安全的单位或者场所,坚决按照法律程序罚款或停业,或查封,绝不姑息。

### 4.加强对防火监督检查工作的监管

防火监督检查工作的主要目的就是发现和消除火灾隐患,近年来我国火灾事故频发,给群众生命、财产安全造成极大损失,强化防火监督检查势在必行。建立和防火监督检工作直接相关的监管机制,要结合我国国情,针对防火监督检查实践工作中存在的问题及时纠正,持续改进防火监督检查工作质量。此外,在建立群众举报和参与机制的基础上,充分重视群众反映的问题和给出的意见,及时向群众公开调查结果,坚持公开的监督检查工作原则。出现违法违纪行为的工作人员,精准追责、严厉惩戒,全面提高防火监督检查工作质量。

5.建立健全公共消防设备系统

聚焦当前的消防监督检查工作实际,我们发现消防设备和系统不完善的问题比较明显,消防设备更新慢、老化多、维护保养不及时、消防系统瘫痪等问题严重威胁着公共安全,严重影响着消防日常监督检查及火灾扑救工作。

为了给防火监督检查工作的顺利开展提供保障,需要加大对消防设备和系统建设投入力度,尤其是一些公共娱乐场所和人员密集场所,同时更要强化消防日常检查,要重视经费投入,采取人防技术措施,结合十四五规划涉及"智慧消防"建设,投入经费,实现互联互通,资源共享,整合资源确保消防安全。

现代经济建设速度提高,伴随着生产活动开展、电器设备应用、建筑工程发展等多重因素影响,火灾发生风险也在提高,做好火灾预防是当前消防工作的核心任务。这就使得防火监督检查工作面临创新与改革新需求,当前我国的防火监督检查工作中依然存在很多实际问题,想要提高防火监督检查工作水平,要求我们能够在体制改革背景下,直面工作中存在的问题,并且提出针对性的解决方案,反思消防执法工作中的不足,逐步推进制度完善、人才队伍建设、监管机制构建⋯⋯

上文集中分析了当前我国消防监督检查工作现状及完善措施,以期提升防火监督检查工作水平。

# 第二节　消防监督专项工作

## 一、烟花爆竹管控

### (一)公安派出所烟花爆竹监管职责

根据国务院《烟花爆竹安全管理条例》、安监总局《烟花爆竹经营许可实施办法》等法律法规,结合工作实际,公安派出所主要承担三项监管职责:一是监管烟花爆竹零售场所(烟花爆竹批发单位、大型焰火燃放现场由市、区二级公安消防部门进行监管);二是监管自行燃放烟花爆竹的行为;三是查处打击现场的安全处置。

### (二)烟花爆竹零售场所检查要点

1.合法性
烟花爆竹零售场所应取得《烟花爆竹经营(零售)许可证》,许可证应在有效期内。

2.经营地点
实际经营地点应与许可经营的地址相一致。

3.设置要求
具备10 m²及以上独立经营场所,且烟花爆竹存放总量不超过200箱。

（1）设置在既有建筑物内的经营场所，一般采取专店或专柜的模式进行经营，烟花爆竹存放场所应与经营场所采用不燃材料进行完全物理分隔，且不得与其他货物混存；严禁与居民居住场所设置在同一建筑物内（包括下店上宅、前店后宅、附属商业网点等形式）。

（2）临时搭棚销售的经营场所，搭建材料应使用不燃材料，销售的产品应在封闭式集装箱内储存。

4.安全间距

与学校、幼儿园、医院、集贸市场等人员密集场所和加油站等易燃易爆生产、储存设施等重点建筑物，以及轨交站点、公交车站等重要交通设施保持100 m以上的安全距离。禁放区域内（如上海外环线以内）严禁设置烟花爆竹零售场所。

5.从业人员

销售人员应持有"烟花爆竹从业人员资格证"。

6.消防器材

经营场所内应配有灭火设施和器材，电气线路应做好穿管保护，照明灯具应做好防护措施，应张贴禁放、禁火、禁烟等安全警示标志。

7.销售产品

（1）产品等级。只能销售"个人燃放类"C、D级烟花爆竹，严禁销售礼花弹等"单位燃放类"A、B级烟花爆竹。

（2）进货渠道。根据《烟花爆竹安全管理条例》，对烟花爆竹经营实施统一采购、统一批发，严禁销售非法、超标、伪劣、假冒烟花爆竹产品。民警可检查烟花爆竹外包装、对比进货单等方式进行甄别，必要时应邀请市烟花爆竹批发企业到场协助。

8.实名登记

经营单位应要求购买人出示有效身份证件，如实记录购买人姓名、身份证号码、住址、购买地点、拟燃放地点、烟花爆竹品种数量等信息，并定期上报至公安派出所。如发现疑似可能在禁放区以内燃放的行为，应立即报告公安派出所。

（三）燃放烟花爆竹行为检查要点

1.燃放现场合法性

（1）禁止在禁放区域燃放。

（2）禁止在重污染天气期间燃放，具体以市环保、气象部门通过新闻媒体发布的重污染天气预报为准。

（3）禁止在下列场所燃放烟花爆竹：

①国家机关住地。

②文物保护单位。

③车站、码头、机场等交通枢纽，轨道交通设施以及地铁线路安全保护区内。

④易燃易爆危险物品生产、经营、储存单位。

⑤输变电、燃气、燃油等能源设施安全保护区内。

⑥医疗机构、幼儿园、学校、养老机构。

⑦商场、集贸市场、公共文化设施、宗教场所等人员密集场所。

⑧区人民政府划定并公布的其他区域、场所。

2. 燃放方式安全性

燃放烟花爆竹应当遵守下列燃放要求：

(1)不得燃放本市未准许经营的烟花爆竹,主要指礼花弹等"单位燃放类"A、B级烟花爆竹。

(2)不得在建筑物、构筑物内燃放或者从阳台、窗户向外抛掷烟花爆竹。

(3)不得向烟花爆竹零售点、行人、车辆、建筑物、构筑物、在建工地、树木、河道、公共绿地、窨井等投掷烟花爆竹。

(4)不得影响道路公共交通安全。

(5)不得采取危害公共安全和人身、财产安全的方式燃放。

3. 冷光烟花管理

公安部明确,所谓冷光烟花(又称冷焰火、冷烟花),是以烟火药为原材料制成的娱乐产品,应当纳入烟花爆竹管理,严格执行烟花爆竹安全管理有关规定。

### (四)查处打击现场安全处置要点

公安派出所发现非法储存、经营、运输烟花爆竹的行为,应立即派员封闭现场,调派专业运输车辆实施转运,确保处置现场安全有序。

1. 现场警戒

根据实际就地划定安全警戒区域,派员实施全程看护,禁止无关人员进入现场或接触非法产品。警戒区域内不得使用明火,清理危险物品,切断电源。

2. 调派转运车辆

通过电话方式,通知专业运输单位实施转运。通知时,应准确描述处置现场具体位置,初步清点的非法产品数量。运输单位会调派运输车辆和装卸工人。

3. 装车期间旁站看护

装车期间,公安派出所民警应在现场旁站看护,一是监督装卸工人按规定操作,轻拿轻放;二是逐一清点登记运输车辆车数、非法产品品种(一般分为礼花弹、擦炮、烟花、高升、鞭炮等)和数量;三是装车结束后,在关闭的车厢门处,采取加贴封条、设置软手铐等措施,防止运输期间违规开启车门,造成非法产品外流。

4. 严禁行为

(1)严禁使用警车、私家车等非专业车辆转运非法产品。

(2)严禁在派出所、消防中队等建(构)筑物内储存非法产品。

(3)严禁擅自侵占、转送非法产品。

(4)严禁在处置现场使用非防爆型电子产品(如摄像机、照相机等)。

## 二、易燃易爆危险品专项整治

### (一)易燃易爆危险品场所检查要点

主要对生产、储存、装卸易燃易爆危险品的工厂、仓库和专用车站、码头,易燃易爆气体和液体的充装站、供应站、调压站的建筑物进行消防安全检查。

1. 易燃易爆危险品生产场所

(1)消防设计是否符合国家法律、法规和技术规范、标准的要求,特别是安全布局、防火间距、消防车通道、消防水源、灭火设施、通信、报警装置等设置情况和消防设施运行状况。

重点检查报警信号和消防联锁装置是否被擅自关闭;对火灾自动报警和可燃气体探测器信号是否进行现场确认及记录;消防报警设备发生故障是否及时修复;消防设施是否挪作他用或遮挡消防器材;生产车间的建筑物安全出口、消防通道是否堵塞;生产建筑物内常闭式防火及防止可燃气体进入的门、窗是否处于开启状态。

(2)逐条检查易燃易爆化学物品生产场所自身履行消防安全职责、落实自身消防安全管理的情况。重点检查操作工是否按规定对生产设备和消防设施进行防火巡查,是否按时做好原始记录。

(3)检查重点岗位人员是否按规定进行消防安全培训,是否熟悉安全操作规程、应急安全操作措施和具有正确报火警、扑救初起火灾的技能。重点检查是否有人携带火种或穿钉子鞋、化纤服进入火灾爆炸区域;在火灾、爆炸危险场所内是否有吸烟或擅自动用明火作业;在火灾爆炸危险区域内是否乱拉临时电线;安全阻火设施不齐全完好的车辆是否进入火灾爆炸危险区域;是否在火灾爆炸危险区域内修理车辆;生产现场是否超量储存易燃易爆危险物品;搬运盛放可燃气体、易燃液体的金属容器时是否有摔、滚、抛、拖拉、撞击等现象;是否用汽油或易挥发的易燃溶剂擦洗设备、工具、地面和衣物等;盛放、输送易燃液体的管道、容器等设备、设施是否按规定设置静电导除设施或不定期检测维护;在易燃易爆生产区内是否使用手机等移动通信工具。

(4)检查其他消防安全问题,查处消防违法行为。

2.易燃易爆危险品储存场所

(1)检查仓库的使用性质是否改变。重点检查单位将丙、丁、戊类仓库改为甲、乙类仓库和甲、乙类仓库储存物品改变情况,避免因储存场地达不到安全储存要求而引发火灾、爆炸事故。在库房内进行物品的分装、倒灌、改装打包作业。

(2)储存场地是否符合国家法律、法规和技术规范、标准的要求,包括选址及平面布局要求、安全设施设备要求等。如三、四级耐火等级的库房内储存甲、乙类物品,存放甲、乙类物品的库房内设置办公室、休息室或宿舍。

(3)逐条检查易燃易爆化学物品储存场所自身履行消防安全职责、落实自身消防安全管理的情况。重点检查库房内超量储存物品,堆垛超面积超高,堵塞通道、通风设施和库门;物品出入库未进行核查登记或者入库后不定期检查;一级易燃液体、自燃物品和遇湿易燃物品露天储存;库房内的物品存放没有留出足够的垛距、墙距、柱距、顶距和灯距;非防爆机动车、铲车、叉车和吊装设备进入甲、乙类物品库房内作业,进入库房的铲车没有设置防止打火的安全装置;进入库区的机动车辆不安装熄火罩;在库区、库房和货场内停放和修理机动车辆;在库房内设置临时电线或移动式照明灯具;库区和库房内堆放拆箱、拆包下来的易燃可燃包装、垫衬材料;在库区内吸烟、携带火种进入库区或在库区内焚烧垃圾;液化气体、易燃液体地上储罐区的防火堤上开孔、挖洞不及时封堵,雨水排水阀门处于开启状态。

(4)检查重点岗位人员是否按规定进行消防安全培训,是否熟悉易燃易爆化学物品的种类、危险特性、储存地点、灭火方法、安全操作规程、应急安全操作措施和具有正确报火警、扑救初起火灾的技能;在装运易燃易爆危险物品的车辆上是否吸烟,灭火器是否失效;装卸易燃气体和液体时车辆是否有效连接静电接地装置;装卸易燃易爆危险物品时监护人员及随车人员是否在现场;易燃易爆危险物品运输车辆上的消防器材是否配备或已经失效;违反夏季易燃易爆危险物品运输时间的规定;易燃气体和液体装卸完毕未确认设备安全状况擅自启动车辆;装卸过程中,车辆的发动机未熄灭并切断总电源;不按核定载装量发货,造成车辆超载或过量充装。

(5)检查其他消防安全问题,查处消防违法行为。

3.易燃易爆危险品经营场所

(1)易燃易爆化学物品经营场所的选址和物品存放要求是检查重点。重点检查在存有易燃易爆危险物品实样的经营场所和附设仓库内设置住宿场所。在易燃易爆危险物品附设仓库内是否设置办公室、休息室;在易燃易爆危险物品经销商店内是否超量存放易燃易爆危险物品;在加油(气)站内是否设置经营性的住宿、餐饮和娱乐实施。

(2)检查经营场所消防设施是否符合国家标准或者国家有关规定,重点检查消防水源、灭火设施、通信、报警装置的设置情况和运行情况。

(3)逐条检查易燃易爆化学物品经营场所自身履行消防安全职责、落实自身消防安全管理的情况。特别是主管人员和业务人员的培训、火源和电源管理、出入库的核查登记、消防设施和器材的保养情况,严禁超量储存和违章操作。重点检查在易燃易爆危险物品经营场所和附设仓库内进行物品倒灌、分装作业;销售的易燃易爆危险物品无安全标签和安全技术说明书;在加油(气)站内吸烟或其他明火作业;在车辆发动机未熄火的情况下给车辆加油(气);加油站向不符合安全要求的饮料瓶、塑料桶等容器加注汽油;加气站为汽车、助动车上固定气瓶以外的容器加注液化石油气。

(4)检查其他消防安全问题,查处消防违法行为。

4.易燃易爆危险品施工场所

重点检查未办理动火许可证或动火证过期;动火时间、地点、动火作业人员或内容更改没有重新办理审证手续;未经现场情况确认在动火许可证上签字;不办理临时用电许可证;不配备动火监护人员;动火作业时监护人员擅自离岗;动火作业人员与动火许可证上的人员不相符;动火作业人员不持有效证件上岗;取样分析结果不合格或超时进行动火作业;未采取加设盲板等措施与生产系统有效隔离;未对设备进行置换、中和、清洗作业或作业不彻底;未清除动火区周围的可燃物或清除不彻底;未配备适用的消防设施或消防设施已失效;施工结束后不切断总电源,不对现场的遗留火种情况进行检查确认;随意进行上面动火下面油漆等交叉危险作业;氧气瓶和乙炔瓶间距小于 5 m 或距明火小于 10 m;乙炔瓶不戴阻火器、气瓶无夹具,表具、橡胶管损坏。

## (二)液化石油气(站)检查要点

1.基本常识

(1)液化石油气钢瓶总容量(包括使用钢瓶和备用钢瓶)按实瓶个数与单瓶容量的乘积总和计算。容量为 15 kg 的液化石油气钢瓶,容积按 35.5 L 计算;容量为 50 kg 的液化石油气钢瓶,容积按 118 L 计算;容量为 500 kg 的液化石油气钢瓶,容积按约 1 m³ 计算(1 000 L 合计 1 m³)。

(2)合法钢瓶应在钢瓶防护罩外侧设置钢印编号,并在瓶体上部标识"××公司"名称和公司司标,瓶颈处标识"××公司"专用色环。

(3)钢瓶连接橡胶管的使用期限为 18 个月,调压器的使用年限为 24 个月,到期应当更换。

(4)液石油化气设备与钢瓶距离超过 1.5 m 时,宜用固定的金属软管连接。

(5)一般单位如无特别原因,应采用低压集气或低压供气,即在钢瓶角阀出口直接安装专用减压阀。

（6）不得在同室使用或者存放两种以上气源及其他燃油等易燃易爆危险品。

（7）液化石油气灶台等设备在使用期间，应有人值守，每天用气结束后，应及时关闭钢瓶阀门。

2. 常见违章行为

（1）采用摇晃、加热、倒卧等方式的"强制性用气"行为。

（2）瓶库及其他非专用场所从事液化石油气灌装、倒灌、添加、排放作业。

（3）连接管未采用专用的耐油胶管或金属软管。

（4）钢瓶出现密封圈损坏、老化、变形或者螺纹磨损等情形还在使用。

（5）火锅店等的中小餐饮场所未设置专用的钢瓶储存场所，或未将实瓶、空瓶分区集中存放。

（6）使用氧气、乙炔气、氨气等可调式减压阀代替单位液化石油气专用减压阀。

（7）在地下室、半地下室、高层民用建筑内使用液化石油气钢瓶。

（8）生产、储存、经营液化石油气的场所与居住场所设置在同一建筑内。

（9）携带液化石油气钢瓶进入公共场所或者乘坐公共交通工具。

（10）在液化石油气生产、储存、经营、使用场所吸烟、使用明火。

3. 检查要点

（1）瓶装液化石油气供应站检查要点：

①检查供应站建筑构件、单体设置是否符合规范要求，包括围墙高度及实体墙情况、防火间距、地面材料、电气防爆、泄压、通风等情况。

②检查消防设施设置和运行情况，包括可燃气体浓度探测报警器的设置、消防水系统是否完好有效等。

③站内严禁排放钢瓶内液化石油气残液和气体。

④检查钢瓶查验制度的落实情况，对超过检验期、无合格证、瓶底座或手提护栏松动、腐蚀严重、表面漆层脱落的钢瓶不得送站充装。

（2）液化石油气相关技术要求：

①液化石油气钢瓶储存场所不得设置在楼层中间位置和中间楼层。储存场所的门、窗应直接向外开启，不得向厨房或建筑内开启。确实无法直接向外开启而向室内开启的，应采用双门斗密封措施，窗应向外开设。

②液化石油气钢瓶储存场所应设置必要的防爆泄压面，泄压面积与库房体积的比值（$m/m^3$）不宜小于 0.22，作为泄压面积的轻质屋盖和轻质墙体的重量不宜超过 120 kg/m 泄爆面应避开公众聚集场所和主要交通道路。爆炸危险区域应采用不发火花地坪，区域内所有电气设备均应为防爆型。

③液化石油气储存场所除待检修以外的钢瓶，总容量超过 10 $m^3$ 时，应设置固定式可燃气体浓度报警装置，报警信号接至防爆区域外昼夜有人值班场所。钢瓶总容量不超过 10 $m^3$ 的瓶库（供应站），也宜逐步改用固定式可燃气体浓度报警装置，以便及时发现危险状况。采用移动式可燃气体浓度报警仪的，要落实专门检测人员定时检测并做好记录。可燃气体浓度报警仪要定期检修标定，保证正常好用。

④瓶库建筑耐火等级不应低于二级，瓶库周围应划定禁火区域，设置明显的禁火标志。

⑤瓶库属严重危险级场所，应配置不少于 2 个 8 kg 以上干粉型或其他相应的灭火

器材。

⑥瓶库应控制室温,一般不应高于 45 ℃,超过 45 ℃时应采取有效的降温措施。

⑦室内供气管道不得穿越易燃易爆危险品仓库、配电间、变电室、电缆沟、烟道、进风道和重要设备用房等地方。

### 三、重大火灾隐患整治

(一)重大火灾隐患定义

重大火灾隐患是指违反消防法律法规,可能导致火灾发生或火灾危害增大,并由此可能造成特大火灾事故后果和严重社会影响的各类潜在不安全因素。

(二)重大火灾隐患判定标准

1. 直接判定

下列重大火灾隐患可以直接判定:

(1)生产、储存和装卸易燃易爆化学物品的工厂、仓库和专用车站、码头、储罐区,未设置在城市的边缘或相对独立的安全地带。

(2)甲、乙类厂房设备在建筑的地下室、半地下室。

(3)甲、乙类厂房、库房或丙类厂房与人员密集场所、住宅或宿舍混合设置在同一建筑内。

(4)公共娱乐场所、商店、地下人员密集场所的安全出口、楼梯间的设置形式及数量不符合规定。

(5)旅馆、公共娱乐场所、商店、地下人员密集场所未按规定设置自动喷水灭火系统或火灾自动报警系统。

(6)易燃可燃液体、可燃气体储罐(区)未按规定设置固定灭火、冷却设施。

2. 可不判定为重大火灾隐患的情形

(1)可以立即整改的。

(2)因国家标准修订引起的(法律法规有明确规定的除外)。

(3)对重大火灾隐患依法进行了消防技术论证,并已采取相应技术措施的。

(4)发生火灾不足以导致大火灾事故或严重社会影响的。

3. 综合判定

(1)人员密集场所存在表 7-1 中第 1~11 条要素 2 条以上(含本数,下同),可综合判定为重大火灾隐患。

(2)易燃易爆化学物品场所存在表 7-1 中第 12~17 条要素 2 条以上,可综合判定为重大火灾隐患。

(3)人员密集场所、易燃易爆化学物品场所、重要场所存在表 7-1 中任意要素 3 条以上,可综合判定为重大火灾隐患。

(4)其他场所存在表 7-1 中任意要素 4 条以上,可综合判定为重大火灾隐患。

**表 7-1　重大火灾隐患综合判定**

| 序号 | 要素 |
|---|---|
| 1 | 擅自改变建筑内的避难走道、避难间、避难层与其他区域的防火分隔设施,或避难走道、避难间、避难层被占用、堵塞而无法正常使用 |
| 2 | 建筑物的安全出口数量不符合规定,或被封堵 |
| 3 | 按规定应设置独立的安全出口、疏散楼梯而未设置 |
| 4 | 商店营业厅内的疏散距离超过规定距离的 25% |
| 5 | 高层建筑和地下建筑未按规定设置疏散指示标志、应急照明,或损坏率超过 30%;其他建筑未按规定设置疏散指示标志、应急照明,或损坏率超过 50% |
| 6 | 人员密集场所的高层建筑的封闭楼梯间、防烟楼梯间门的损坏率超过 20%,其他建筑的封闭楼梯间、防烟楼梯间门的损坏率超过 50% |
| 7 | 民用建筑内疏散走道、疏散楼梯间、前室室内的装修材料燃烧性能低于 B1 级 |
| 8 | 人员密集场所的疏散走道、楼梯间、疏散门或安全出口设置栅栏、卷帘门 |
| 9 | 除公共娱乐场所、商店、地下人员密集场所外的其他场所,其安全出口、楼梯间的设置形式及数量不符合规定 |
| 10 | 人员密集场所未按规定设置防烟排烟设施,或已设置但不能正常使用或运行 |
| 11 | 违反规定在公共场所使用可燃材料装修 |
| 12 | 未按规定设置消防车道或消防车道被堵塞、占用 |
| 13 | 建筑之间的既有防火间距被占用 |
| 14 | 城市建成区内的液化石油气加气站、加油加气合建站的储量达到或超过《汽车加油加气站设计与施工规范》(GB 50156—2012)对一级站的规定 |
| 15 | 丙类厂房或丙类仓库与集体宿舍混合设置在同一建筑内 |
| 16 | 未按规定设置除自动喷水灭火系统外的其他固定灭火设施 |
| 17 | 已设置的自动喷水灭火系统或其他固定灭火设施不能正常使用或运行 |
| 18 | 托儿所、幼儿园的儿童用房及儿童游乐厅等儿童活动场所,老年人建筑,医院、疗养院的住院部分等与其他建筑合建时,所在楼层位置不符合规定 |
| 19 | 地下车站的站厅乘客疏散区、站台及疏散通道内设置商业经营活动场所 |
| 20 | 擅自改变原有防火分区,造成防火分区面积超过规定的 50% |
| 21 | 防火门、防火卷帘等防火分隔设施损坏的数量超过该防火分区防火分隔设施数量的 50% |
| 22 | 丙、丁、戊类厂房内有火灾爆炸危险的部位未采取防火防爆措施,或这些措施不能满足防止火灾蔓延的要求 |
| 23 | 人员密集场所的建筑既有外窗被封堵或被广告牌等遮挡,影响逃生和灭火救援 |
| 24 | 高层建筑的举高消防车作业场地被占用,影响消防扑救作业 |
| 25 | 一类高层民用建筑的消防电梯无法正常运行 |
| 26 | 未按规定设置消防水源 |

表 10-9（续）

| 序号 | 要素 |
| --- | --- |
| 27 | 未按规定设置室外消防给水设施，或已设置但不能正常使用 |
| 28 | 未按规定设置室内消火栓系统，或已设置但不能正常使用 |
| 29 | 除旅馆、公共娱乐场所、商店、地下人员密集场所外的其他场所未按规定设置自动喷水灭火系统 |
| 30 | 消防用电设备未按规定采用专用的供电回路 |
| 31 | 未按规定设置消防用电设备末端自动切换装置，或已设置但不能正常工作 |
| 32 | 除旅馆、公共娱乐场所、商店、地下人员密集场所规定外的其他场所未按规定设置火灾自动报警系统 |
| 33 | 火灾自动报警系统处于故障状态，不能恢复正常运行 |
| 34 | 自动消防设施不能正常联动控制 |
| 35 | 违反规定在可燃材料或可燃构件上直接敷设电气线路或安装电气设备 |
| 36 | 易燃易爆化学物品场所未按规定设置防雷、防静电设施，或防雷、防静电设施失效 |
| 37 | 易燃易爆化学物品或有粉尘爆炸危险的场所未按规定设置防爆电气设备，或防爆电气设备失效 |

## 四、区域性火灾隐患综合治理

### （一）区域性火灾隐患综合治理简介

随着我国城市化和工业化规模不断升级，经济结构和质量效益日渐凸显。飞速发展背后，城市承载的安全运行压力也与日俱增，产生了许多城市消防安全管理新难题。一是在开发建设初期，部分地区片面追求招商引资和建设速度，忽视了对公共消防安全的规划、投入和源头管理，形成了一批消防安全管理主体责任缺失、火灾隐患和消防违法行为普遍存在、火灾事故屡次发生的消防安全重点区域。二是城市公共安全管理中大范围、跨边界、跨领域的综合隐患问题频繁出现，传统的职能部门权责分工已无法适应当前严峻的公共安全形势，消防部门单打独斗，常陷于被动。三是大量的外来人员缺乏必要的住房、教育、医疗等公共基础服务保障，滋生了一批居住条件破陋的棚户区、"城中村"和外来人员聚集地，产生的社会问题和矛盾冲突集中反映在火灾隐患屡禁不止、火灾事故多发等消防安全问题，极易成为社会关注热点，引起较大的社会负面影响。近年来，公安部消防局也高度重视区域性火灾隐患整治，将区域性火灾隐患综合治理作为年度消防工作考核的一项重要内容，着力推动各地深入开展此项工作。

### （二）区域性火灾隐患判定标准

对区域性火灾隐患判定，可以综合参考以下因素：

（1）火灾事故高发地区。近年来火灾事故起数、亡人数等指标明显上升，或曾发生多起人员伤亡和较大财产损失的地区。

（2）消防安全隐患突出地区。存在大量耐火等级低、防火间距不足、消防通道不畅、消防设施缺损等消防安全隐患,且成片联营的地区。

(3)消防基础设施薄弱地区。周边消防站点、水源不足,公共消防基础设施薄弱的地区。

(4)外来务工人员聚居地区。具有一定规模的外来务工人员聚集地,居住人员消防安全意识相对薄弱,"三合一"、违规用火用电等情况屡禁不止的地区。

(三)区域性火灾隐患综合治理要点

(1)针对基层基础薄弱、管理缺位问题,要推动在重点区域内实化运作消防安全"网格化"管理长效工作机制,建立由公安、消防、综治、街镇和村(居)委干部、消防志愿者等人员组成的消防日常"网格"监管体系,滚动开展拉网式消防排查整治,严防火灾隐患反复回潮。

(2)针对周边公安消防力量较远、属地面积较大的区域,要推动组建微型消防站或志愿消防队等基层消防组织,落实驻勤场地,人员、车辆装备和经费投入,定期开展器材装备维护保养、业务训练、实战演练,增强处置初起火灾战斗力。

(3)针对道路设置障碍致使消防车无法通行的,予以清除,对道路宽度在 3 m 以下的,进行道路拓宽或增设交会车场地。

(4)针对违法违章搭建建筑占用建筑防火间距的建筑物、雨棚或占用防火间距堆物的,要坚决予以拆除、清除;对防火间距不足的违章建筑,可通过拆除部分建筑,防火分隔或调整使用功能等措施解决;对防火分区超面积的,可采取防火分隔或增设喷淋、火灾自动报警系统等措施;对消防疏散通道不符合要求,以及住宿与生产、储存、经营等场所合用不符合消防技术标准的,要立即查封并按要求整改;对室内外消火栓系统不符合要求以及水源缺乏的单位场所,按规范增建消火栓系统及泵站,增设一定储量的消防水池、水箱;对通过技防、物防整改仍无法消除火灾隐患、符合消防安全规范技术标准的违章建筑,要坚决予以关停、拆除。

(5)针对"三合一"场所,对员工集体宿舍设置在车间或者仓库内的单位、场所,要令其立即停止使用,迁出所有住宿人员,确保住宿场所与加工生产、仓储等场所彻底分离;对临街商业用房或住宅内的生产加工和经营性场所,要责令其采用实体墙和符合耐火极限要求的楼板,并增设独立式烟感报警、简易水喷淋和辅助疏散设备等措施;严禁安装铁栅栏封堵窗口,确保发生火灾时,居住人员能够及时撤离。

(6)针对村民租住房屋,要督促街镇、村(居)委和物业管理部门加强村民租住房屋火灾隐患排查整改,强化对出租、承租方的消防安全宣传教育。要求出租、承租方签订消防安全承诺书,切实提高火灾防范意识和能力。对房屋承租人均使用面积小于 5 m² 的,应迁出部分人员;对使用液化石油气的租住房屋,督促其使用正规液化气钢瓶,有条件的统一更换液化气皮管;房间内电气线路必须按照有关技术标准要求敷设,更换老化线路并穿管保护;对租住房屋的窗户设置铁栅栏的,可采取在铁栅栏上开设紧急情况下便于从室内开启逃生的小窗。

# 参 考 文 献

[1] 李念慈,陶李华,熊军,等.建筑消防工程技术解读[M].北京:中国建筑工业出版社,2022.

[2] 刘晅亚.石油化工企业火灾风险与消防应对策略[M].天津:天津大学出版社,2021.

[3] 白如银.电力安全生产常用法律法规便查手册(2021版)[M].北京:中国电力出版社,2021.

[4] 闫宁,王小龙.消防安全教育18讲[M].北京:中国劳动社会保障出版社,2020.

[5] 张卢妍.建筑防烟排烟技术与应用[M].北京:中国人民公安大学出版社,2020.

[6] 安政,周慧惠.保卫·消防[M].北京:中国劳动社会保障出版社,2020.

[7] 陈长坤.消防工程导论[M].北京:机械工业出版社,2019.

[8] 朱国庆,刘洪永,陈南,等.消防救援技术与装备[M].徐州:中国矿业大学出版社,2020.

[9] 赵吉祥.应急与消防安全管理[M].长春:吉林教育出版社,2020.

[10] 何以申.建筑消防给水和自喷灭火系统应用技术分析[M].上海:同济大学出版社,2019.

[11] 朱红伟.消防应急通信技术与应用[M].北京:中国石化出版社,2020.

[12] 陈远栋,刘玮玮,李乃幸.物业安全与消防设施设备管理研究[M].北京:文化发展出版社,2020.

[13] 王英.新编消防安全知识普及读本[M].北京:中国言实出版社,2020.

[14] 陈景峰.消防安全管理实用模式[M].太原:山西人民出版社,2019.

[15] 张泽江,刘微,李平立,等.城市交通隧道火灾蔓延控制 绿色建筑消防安全技术[M].成都:西南交通大学出版社,2020.

[16] 周俊良,陈松.消防应急救援指挥[M].徐州:中国矿业大学出版社,2018.

[17] 毕伟民.2019消防全攻略 消防设施[M].北京:煤炭工业出版社,2019.

[18] 吴传嵩.消防员灾害现场医疗救助[M].北京:机械工业出版社,2018.

[19] 胡林芳,郭福雁.建筑消防工程设计[M].哈尔滨:哈尔滨工程大学出版社,2017.

[20] 顾金龙.城市综合体消防安全关键技术研究[M].上海:上海科学技术出版社,2017.